Mikroökonomie

Studien- und Arbeitsbuch

Von
Universitätsprofessor Dr. Edwin v. Böventer
Universitätsprofessor Dr. Gerhard Illing
Dr. Robert Koll

6., durchgesehene Auflage

R. Oldenbourg Verlag München Wien

Die Deutsche Bibliothek - CIP-Einheitsaufnahme

Böventer, Edwin von:
Mikroökonomie : Studien- und Arbeitsbuch / von Edwin v.
Böventer ; Gerhard Illing ; Robert Koll. – 6., durchges. Aufl. -
München ; Wien : Oldenbourg, 2001
ISBN 3-486-25672-6
NE: Illing, Gerhard:; Koll, Robert:

Rosenheimer Straße 145, D-81671 München
Telefon: (089) 45051-0
www.oldenbourg-verlag.de

Gedruckt auf säure- und chlorfreiem Papier
Druck: Huber KG, Dießen
Bindung: R. Oldenbourg Graphische Betriebe Binderei GmbH

ISBN 3-486-25672-6

Inhaltsverzeichnis

Vorwort (zur vierten bis sechsten Auflage)

In diesen Auflagen haben wir uns darauf beschränken können, den ganzen Text kritisch durchzusehen.

Vorwort (zur dritten Auflage)

Wieder wurde eine weitere Auflage des Studien- und Arbeitsbuches erforderlich. Wir haben diese Gelegenheit genutzt, das Buch gründlich zu überarbeiten und zu korrigieren. Für entsprechende Anregungen danken wir unseren Mitarbeitern und Studenten.

Vorwort (zur zweiten Auflage)

Aufgrund der überraschend großen Nachfrage ist bereits nach knapp zwei Jahren eine Neuauflage des Studien- und Arbeitsbuches notwendig geworden. Der erfreulich starke Anklang, den dieses Buch gefunden hat, hat uns ermuntert, die Aufgaben gründlich zu überarbeiten sowie in einigen Teilen zu erweitern. Dabei konnten wir auf zahlreiche Anregungen unserer Studenten sowie der Kursleiter zurückgreifen, für die wir uns sehr herzlich bedanken.

Um die Lesbarkeit attraktiver zu gestalten, haben wir bei der Neuauflage das TEX-Textverarbeitungssystem verwendet. Für die Mitarbeit danken wir Thomas Übelhör. Wir hoffen, mit der übersichtlicheren Gestaltung der Formeln einen zusätzlichen Anreiz zum selbständigen Studium der Mikroökonomie sowie ihrer Anwendungen auf wichtige Fragen der ökonomischen Theorie geschaffen zu haben.

Vorwort (zur ersten Auflage)

Mikroökonomische Probleme haben wir über einen langen Zeitraum in Vorlesungen und Übungen behandelt. Aus diesen Erfahrungen ist schließlich das Lehrbuch **von Böventer, "Einführung in die Mikroökonomie", München** entstanden. Seit langem lag es nahe, auch die in Übungen verwendeten Aufgaben zur Mikroökonomie (und deren Lösungen) zu sammeln und in Buchform zu veröffentlichen und damit den Wünschen vieler Studenten und den Empfehlungen des Verlags entgegenzukommen.

Die Ziele dieses Studien- und Arbeitsbuches sind mehrfacher Art. Es soll den Studenten die Mitarbeit in den Vorlesungen und Übungen erleichtern, indem es die Notwendigkeit, mitzuschreiben und Formeln zu notieren, weiter verringert. Es will das selbständige Studium der Ökonomie an Hand des Lehrbuches fördern. Schließlich soll es Anregungen zum Weiterstudium geben: deshalb werden auch Fragen und Probleme behandelt, deren Inhalte über das Anfängerniveau hinausgehen. Das Studien- und Arbeitsbuch folgt der bewährten Anordnung des Stoffes im Lehrbuch; bei den Aufgabenlösungen wird auf jeweils relevante Abschnitte dieses Lehrbuchs verwiesen.

Wir unterscheiden Wiederholungsfragen, Übungsaufgaben und weiterführende Fragen. An Hand der *Wiederholungsfragen* sollte man das erworbene Verständnis mikroökonomischer Begriffe und Zusammenhänge überprüfen. Die *Übungsaufgaben* bieten Gelegenheit, dieses Verständnis auf einfache Beispiele anzuwenden. Die *weiterführenden Fragen* behandeln Zusammenhänge, die in der Regel nicht Gegenstand einer einführenden Veranstaltung sind. Sie sollen beispielhaft zeigen, wie man das mikroökonomische Instrumentarium auf andere als die bisher behandelten Fragestellungen anwenden kann, und so den Übergang zu fortgeschrittenen Veranstaltungen und deren Literatur erleichtern.

Wir danken allen, die mitgeholfen haben, dieses Buch entstehen zu lassen, den Studenten, die in Vorlesungen und Übungen diesem Stoff ausgesetzt waren und dabei viele Anregungen gegeben haben, den vielen Kursleitern, mit denen gemeinsam im Laufe der Jahre mikroökonomische Fragen formuliert und Problemlösungen erörtert worden sind. Insbesondere danken wir Henning Wüster und Kai Vahrenkamp sowie Martin Arnold, Martin Köhler und Frank Strobel.

Die Aufgaben und Lösungen zu Kapitel I sind von Edwin von Böventer, zu den Kapiteln II und III von Robert Koll, zu den Kapiteln IV bis VI von Gerhard Illing erarbeitet worden.

I. Grundfragen und Methoden der Mikroökonomie

Kapitel I führt in ökonomische Fragestellungen und einige grundlegende Methoden und Lösungsansätze ein. Dieser Absicht entsprechend wird hier versucht, ökonomisches Denken zu üben; nur die ersten Schritte sollen getan werden in Richtung auf weitergehende Analysen, welche erst in späteren Kapiteln erfolgen. Die hier gestellten Fragen sind sehr allgemein und die angebotenen Antworten sind in vielfältiger Weise erweiterungsfähig, in vielen Fällen sind präzisere Antworten erst möglich, wenn die Fragen genauer formuliert werden. Manche Fragen sind als Anregungen für eigene Überlegungen und für Diskussionen gedacht: bei diesen wird auf die Formulierung einer Antwort verzichtet.

Für alle Kapitel gilt die Notation: Großbuchstaben sind jeweils als die "Namen" der Güter, Kleinbuchstaben als deren Mengen zu verstehen.

A) Wiederholungsfragen

Aufgabe 1

a) Geben Sie eine kurze Erläuterung der Begriffe "positive Ökonomie" und "normative Ökonomie" und geben Sie Beispiele.

b) Was ist eine Partialanalyse, was eine Totalanalyse?

c) Unterscheiden Sie zwischen Mikro- und Makroökonomie!

d) Arbeiten Sie wichtige Interessen und Probleme unserer Wissenschaft heraus.

Lösung

Vergleiche den Abschnitt "A. Volkswirtschaftliche Probleme".

a) Mit der *positiven Ökonomie* versucht man zu beschreiben und zu analysieren, ohne zu bewerten, während die *normative Ökonomie* ihre Lösungen an vorgegebenen Wertungen ausrichtet. Sie vergleicht und *bewertet* (auf Grund bestimmter Kriterien), welcher der möglichen Zustände der bessere ist. In der Praxis liegen auch positiven Analysen bestimmte Bewertungen zu Grunde.

b) Eine *Partial*analyse greift einen bestimmten (kleinen) Ausschnitt aus der Wirklichkeit heraus und analysiert ihn (etwa das Geschehen auf dem Automobilmarkt), ohne die Wirkungen möglicher Veränderungen auf *andere* Teile der Wirtschaft (etwa andere Märkte) und deren *Rück*wirkungen auf den betrachteten Markt zu berücksichtigen.

Eine *Total*analyse erfaßt das Ganze mit seinen wechselseitigen Zusammenhängen (etwa alle Märkte gleichzeitig). Partial- und Totalanalysen gibt es in vielen verschiedenen

Ausprägungen. (Volkswirtschaftliche Totalanalyse kann aus sozialwissenschaftlicher Sicht eine Partialanalyse sein.)

Aufgabe 2

a) Welche Arten von *Gütern* werden in der Volkswirtschaftslehre unterschieden? Was sind die jeweiligen Kritierien für die Unterscheidungen? Geben Sie Beispiele, insbesondere für *private* und *öffentliche Güter*.

b) Geben Sie Beispiele dafür, daß bei öffentlichen Gütern die Bedingungen der *Nicht-Rivalität* und der Gültigkeit des *Ausschlußprinzips* in jeweils unterschiedlichem Umfang erfüllt sind. Welche unterschiedlichen Konsequenzen sind möglich hinsichtlich institutioneller Regelungen?

c) Wie teilt man *Produktionsfaktoren* üblicherweise grob ein? Worin unterscheiden sich diese Faktoren qualitativ und inwieweit sind diese Unterschiede nur quantitativer Art? Wieviele Produktionsfaktoren gibt es? (Warum ist dies keine sinnvolle Frage?)

d) Welche Aussagen sind möglich bezüglich der Vermehrbarkeit von Faktoren? Geben Sie Beispiele.

e) Inwieweit sind Freizeit, Gesundheit und Umwelt ökonomische Güter? Wovon hängt dies ab?

Lösung

Vergleiche Abschnitt B.1 "In der Volkswirtschaftslehre betrachtete Güter", insbesondere für Frage (a).

b) Die *Rivalität* hängt häufig vom Umfang der Nutzung ab. Mit zunehmender Nutzung kann es zu wachsenden wechselseitigen Behinderungen kommen (zum Beispiel bei der Nutzung eines Parks und beim Genuß der Landschaft). Der *Ausschluß* selbst kann mehr oder weniger hohe *Kosten* verursachen (zB. bei der Erhebung von Autobahngebühren) und ein wichtiger Faktor bei der Entscheidung über freie gegenüber kostenpflichtiger Nutzung sein. Ähnliches gilt für die Nutzung der Umwelt und die Messung beziehungsweise die Kontrolle von Emissionsmengen.

c) Wieviele Produktionsfaktoren "es gibt", hängt von der Genauigkeit der beabsichtigten Unterscheidungen ab, und diese ergibt sich aus dem Analysezweck und den Analysemethoden (zB. bei der Betrachtung verschiedener Arbeits- oder Bodenmärkte nach Qualitätsmerkmalen, räumlicher Ausdehnung).

e) Kurz gesagt: Soweit sie als knapp angesehen werden (dies wird später noch erläutert) und die Menschen bereit sind, dafür zu zahlen oder Opfer zu bringen. Dies wiederum hängt (unter anderem) von der Qualität (zB. der Umwelt) und vom erreichten Lebensstandard beziehungsweise vom Einkommen ab.

Aufgabe 3

a) Geben Sie verschiedene Prinzipien der Verteilung knapper Güter an. Nennen Sie Beispiele.

b) Was sind die jeweiligen Vor- und Nachteile?

c) Welche übergangslösungen oder Kombinationen der genannten Prinzipien haben Sie beobachtet? Erörtern Sie Beispiele innerhalb einer Familie, einer Unternehmung, einer Gemeinde, einer internationalen Organisation.

d) Erörtern Sie die Vor- und Nachteile von Märkten und Bürokratien, von Wettbewerb und Zusammenarbeit, von Zentralisierung und Dezentralisierung der Organisationen und Entscheidungen, von Privateigentum und Gemeineigentum sowie von unterschiedlich großen materiellen Anreizen.

Lösung

Vergleiche Abschnitt B.2 "Prinzipien der Verteilung und Verwendung von Gütern", insbesondere für (a) bis (c).

d) Diese Teilfrage ist als Anregung für die Diskussion gedacht. Allgemein gesagt geht es durchweg um die *Wahl zwischen Extremen* oder mehr oder weniger *ausgewogenen Lösungen*. Welcher Grad der Ausgewogenheit in bezug auf das gesetzte Ziel optimal ist, hängt von den jeweiligen technologischen und wirtschaftlichen *Gegebenheiten* und möglichen Entwicklungen sowie von gesellschaftlichen und politischen *Werten* ab, welche wiederum im allgemeinen das Ergebnis historischer Prozesse sind.

Bei der Frage der Zentralisierung (Konzentration) zum Beispiel ist abzuwägen zwischen möglichen Vorteilen (Nachteilen) von *Großbetrieben* der Verwaltung oder der Produktion und den möglichen Vorteilen (Nachteilen) der *Konsumentennähe* oder *Bürgernähe*. Inwieweit das Optimum ein Kompromiß zwischen den Extremen ist, hängt vom Einzelfall ab. Die Abwägung der Einflußfaktoren, die einen solchen Kompromiß bestimmen, liegt im Kern ökonomischen Denkens. Allgemein formuliert werden immer wirtschaftliche *Beschränkungen* und *Beurteilungen* ("Präferenzen") gegenübergestellt werden. In den folgenden Kapiteln werden solche Entscheidungssituationen jeweils viel enger gefaßt.

Aufgabe 4

a) Welche Typen von Wirtschaftssubjekten unterscheidet man üblicherweise? Schildern Sie die wesentlichen Unterschiede.

b) Was für Ströme an Gütern und Zahlungen fließen zwischen den Wirtschaftssubjekten?

c) In welchen Fällen fließen sie gleichzeitig und gleichen einander aus, in welchen nicht?

d) Wo gibt es einen Ausgleich zwischen Strömen, wo ist eine direkte Zuordnung entgegengesetzter Ströme nicht möglich?

e) Was sind externe Effekte?

Lösung

Vergleiche Abschnitt C.1 "Typen von Wirtschaftssubjekten in einer Marktwirtschaft". Eingehendere Erörterungen erfolgen in den Kapiteln II und III.

Aufgabe 5

a) Was sind die charakteristischen Aufgaben des Staates in unserer Wirtschaftsordnung?

b) Geben Sie eine vorläufige Antwort bezüglich der Aufgaben des Staates bei bei der Behandlung externer Effekte. Welche institutionellen Möglichkeiten haben staatliche Instanzen?

Lösung

Vergleiche als vorläufige Antwort Abschnitt C.1 sowie Abschnitt F.3 in Kapitel V.

Aufgabe 6

a) Setzen Sie sich kritisch mit den Begriffen der Nutzen- beziehungsweise der Gewinnmaximierung auseinander. Welche alternativen Ziele von Wirtschaftsubjekten sind denkbar?

b) Inwieweit sind die Ziele der Haushalte und des Staates schwerer als jene der Unternehmen zu erfassen?

Lösung

a) und **b)**: Vergleiche Abschnitt C.2.

Aufgabe 7

a) Schildern Sie wichtige wirtschaftliche Alternativen, zwischen denen sich Wirtschaftssubjekte entscheiden.

b) Wovon hängt es ab, wie Alternativen beurteilt werden?

c) Was sind volkswirtschaftliche Kosten? Inwiefern redet man von Opportunitätskosten?

d) Erläutern Sie in diesem Zusammenhang, was unter einem trade-off und einer Transformationsrate zu verstehen ist. Wovon hängen – allgemein formuliert – deren numerische Werte ab?

e) Beschreiben Sie kurz die Aufgabe der Kosten-Nutzen-Analyse.

Lösung

Vergleiche Abschnitt C.3 "Wirtschaftliche Alternativen".

a) Erweitern Sie die im Abschnitt C.3 angegebene Liste. Wesentlich dabei ist, ob man unter zwei konkurrierenden Zielen eine mehr oder weniger ausgewogene Lösung ins Auge faßt, ob nur kleine Veränderungen in Richtung des einen Zieles zu Lasten des anderen betrachtet werden oder ob schließlich eines der beiden Ziele ganz ausgeschaltet wird. Auf Konsumgüter angewendet heißt das: es macht einen großen Unterschied, ob Wurst und Käse in einem als ausgewogen angesehenen Verhältnis angeboten werden und dieses Verhältnis ein wenig verändert wird oder ob schließlich nur noch Wurst *oder* Käse in Erwägung gezogen werden. Bei *Veränderungen* in den Mengen zweier Güter beziehungsweise in den Realisierungsmöglichkeiten kommt es sowohl auf die Ausgangssituation als auch den Geschmack des betreffenden Wirtschaftssubjekts an. Diese Unterschiede drücken sich in den Krümmungen der Linien in den Abbildungen in Abschnitt C.3 des Kapitels I aus. Dabei ist zu beachten, daß die entsprechenden Kurven je nach Problemstellung linksgekrümmt oder rechtsgekrümmt sein können; bei zwei positiv bewerteten Gütern sind sie im allgemeinen linksgekrümmt. Vergleiche dazu auch die Abbildung 2.2 in Kapitel II.

b) Bei der Bewertung ist wichtig, wieviel von einem Gut man "*schon hat*" und inwieweit man sich an eine bestimmte Konstellation – einen bestimmten Lebens- oder Konsumstil – *gewöhnt* hat und wie flexibel man in der Produktion etwa in bezug auf die Variation von Produktionsprozessen ist, oder wie der *gegebene Zustand* etwa der Umwelt aussieht und beurteilt wird. Erwartungen über *zukünftige* Möglichkeiten spielen auch eine wichtige Rolle.

c) Die volkswirtschaftlichen Kosten einer (gegebenen, wohl definierten) Alternative sind die Güter beziehungsweise die Möglichkeiten ("Opportunitäten"), auf welche man zugunsten dieser Alternative verzichten muß. Dabei legt man das geringstmögliche Opfer zugrunde. Am einfachsten ist der Fall, wenn man die Alternative durch ihre Geldkosten messen kann.

Aufgabe 8

a) Welche Rolle spielen Modelle in der volkswirtschaftlichen Analyse?

b) Welche vereinfachenden Annahmen liegen einem "statischen mikroökonomischen Totalmodell einer Ein-Punkt-Wirtschaft" zugrunde?

c) Was ist ein Markt?

d) Nennen und charakterisieren Sie die verschiedenen Marktformen.

Lösung

a) bis **c)**: Zur Beantwortung genügen hier die Aussagen im Abschnitt D.1.

d) Vergleiche Abschnitt D.2a.

Aufgabe 9

a) Was ist ein Mengenanpasser?

b) Was ist eine Nachfragefunktion, was eine Angebotsfunktion?

c) Was spricht für die als "normal" angesehenen Verläufe der Nachfrage- und Angebotsfunktionen?

d) Warum ist das Modell, das in der Abbildung des Abschnitts D.2b beschrieben wird, ein Partialmodell?

e) Was ist der Gleichgewichtspreis?

f) Bei welchem Preis ist die umgesetzte Menge am größten? Begründen Sie dies durch Vergleiche mit anderen Preisen.

Lösung

a) Vergleiche die Abschnitte D.1 und 2.

b) Nachfrage- und Angebotsfunktionen eines Gutes geben – für jeweils eine vorgegebene wirtschaftliche Situation – für jeden *beliebigen Preis* des Gutes die *jeweilige Menge* des Gutes an, welche die *Nachfrager* zu *kaufen* (Nachfragefunktion) beziehungsweise die *Anbieter* zu *verkaufen bereit sind* (Angebotsfunktion). Eine Nachfrage- oder eine Angebotsfunktion ist nur dann "wohl definiert", wenn für alle betrachteten Preise alle *anderen Bestimmungsgründe* der *Nachfrage* beziehungsweise des *Angebots* die gleichen sind. Häufig ist es wichtig, daß deren *Niveau* jeweils angegeben ist. (Diese Zusammenhänge werden später genauer erläutert.)

c) Mögliche technisch formulierte Antworten sind: *zusätzlich konsumierte* Mengeneinheiten eines Gutes werden immer niedriger bewertet (haben geringeren 'Grenznutzen'), vor allem im Vergleich zu anderen Gütern, deren Mengen bei einer Budgetbeschränkung ja gleichzeitig vermindert werden müßten. *Zusätzlich anzubietende* Gütereinheiten kosten immer mehr (verursachen steigende 'Grenzkosten').

d) und **e)**: Vergleiche Abschnitt D.2b.

f) Vergleiche Abschnitt D.2b. Oberhalb des Gleichgewichtspreises ist die *nachgefragte* Menge kleiner, unterhalb des Gleichgewichtspreises die *angebotene* Menge kleiner als die Gleichgewichtsmenge dieses Gutes. Die umgesetzte Menge ist jeweils das *Minimum* der bei einem bestimmten Preise angebotenen und der nachgefragten Mengen.

Aufgabe 10

a) Geben Sie Beispiele für knappe und freie Güter.

b) Wovon hängt es ab, ob ein Gut zur einen oder zur anderen Kategorie von Gütern gehört?

c) Geben Sie Beispiele dafür, daß ein Gut von der einen in die andere Kategorie wechselt.

d) Überlegen Sie, inwieweit der Zeithorizont der wirtschaftenden Menschen im Zusammenhang mit den beiden vorhergehenden Teilfragen wichtig sein kann.

e) Beschreiben Sie verbal, warum bei vorgegebener Menge das (rechnerische) Produkt aus Gleichgewichtspreis und zugehörigem Nachfrageüberschuß immer gleich Null ist.

Lösung

a) Vergleiche Abschnitt D.2c.

b) Ob ein Gut ein freies oder knappes Gut ist, hängt nicht nur von den vorhandenen *Mengen* des Gutes und den *Wünschen* (Präferenzen) der Menschen ab, sondern auch von den verfügbaren Mengen *anderer* Güter ab, die – als *Komplemente* – zusammen mit diesem Gut oder – als *Substitute* – anstelle dieses Gutes konsumiert werden (können). Bei den Konsumwünschen spielen oft Sitten und Gebräuche, aber auch gesetzliche Bestimmungen eine Rolle, also historische Gegebenheiten und die wirtschaftliche Entwicklung im weitesten Sinne des Wortes. Solche Fragen werden später noch häufiger zu diskutieren sein.

c) Hierbei ist insbesondere an Güter zu denken, welche durch erhöhte Inanspruchnahme der Umwelt beziehungsweise auf Grund eines geschärften Umweltbewußtseins knapp geworden sind (etwa Luft und Wasser in bestimmten Gegenden der Welt).

d) Langfristig können alle freien Güter knapp werden. Eine korrekte ökonomische Bewertung müßte auch die Knappheit, die erst in der Zukunft eintritt, berücksichtigen. Kurz und allgemein gesagt: Je weiter die Menschen in die Zukunft schauen, desto eher werden mögliche spätere Entwicklungen (etwa in der Energiewirtschaft) schon in der Gegenwart bei wirtschaftlichen Entscheidungen berücksichtigt.

e): Vergleiche Abschnitt D.2c.

Aufgabe 11

Betrachten Sie verschiedene (unterschiedlich steile beziehungsweise flache) Verläufe von Angebots- und Nachfragefunktionen.

a) In welchem Falle wird der Preis allein von der Nachfrage bestimmt, in welchem Falle allein vom Angebot?

b) In welchem Falle wird die Menge (allein) von einer Marktseite bestimmt? Wie wirken sich dementsprechend Verschiebungen des Angebots oder der Nachfrage aus?

Lösung

Es kommt entscheidend auf die Preiselastizitäten an.

a) Bei *völlig unelastischem Angebot* (senkrechte Angebotskurve in Abbildung 1.1a) bestimmt die Nachfrage allein den Gleichgewichtspreis. Verschiebungen der Nachfragekurve führen allein zu Preisvariationen.

Bei *völlig starrer Nachfrage* (senkrechte Nachfragekurve in Abbildung 1.1b) bestimmt das Angebot allein den Preis. Änderungen des Angebots haben lediglich Preiswirkungen.

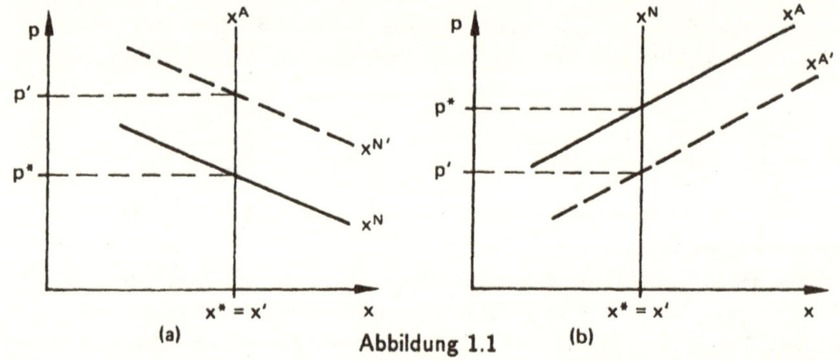

Abbildung 1.1

b) Bei *unendlich elastischem Angebot* (waagrechte Angebotskurve in Abbildung 1.2a) bestimmt die Nachfrage (allein) die Menge. Verschiebungen der Nachfragekurve bewirken lediglich Mengenänderungen, der Preis wird unabhängig von der Nachfrage festgelegt.

Bei *unendlich elastischer Nachfrage* (waagerechte Nachfragekurve in Abbildung 1.2b) bestimmt das Angebot allein die Menge. Änderungen des Angebots beeinflussen nur die Gleichgewichtsmenge, der Preis wird unabhängig vom Angebot bestimmt.

Weitere Erörterungen solcher Fragen folgen unter anderem in Kapitel IV.

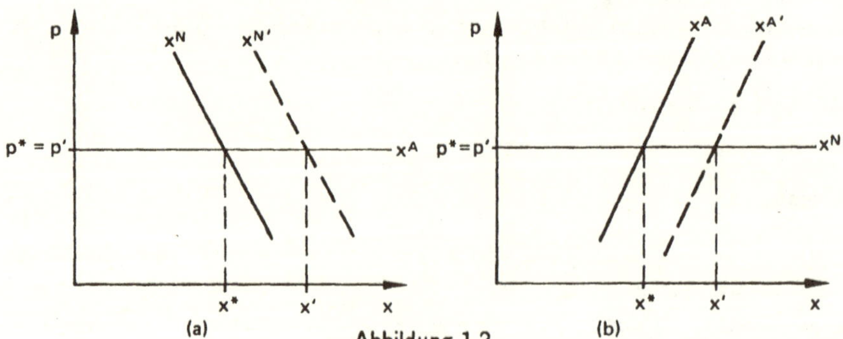

Abbildung 1.2

Aufgabe 12

Die *Identifikation* von Angebots- und Nachfragefunktionen.

a) Geben Sie eine kurze (einfache, verbale) Erläuterung des Problems, aus beobachteten Preis- und Mengendaten auf dahinter liegende ökonomische Beziehungen oder Funktionalzusammenhänge (Angebots- und Nachfragefunktionen) zu schließen.

b) Betrachten Sie den Fall, daß eine (relativ) große Preissenkung mit einer (relativ) kleinen Mengenerhöhung einhergeht. Warum kann man aus dieser Beobachtung nicht ohne weiteres auf eine (relativ) steile Nachfragefunktion oder geringe Nachfrageelastizität in bezug auf den Preis schließen?

Lösung

Eine Anwendung finden Sie in Aufgabe 1 der weiterführenden Fragen.

a) Vergleiche Abschnitt D.2d "Das ökonomische Identifikationsproblem".

b) Die geringe Mengenreaktion der Nachfrage kann darin begründet sein, daß gleichzeitig die *Einkommen* der Nachfrager gesunken sind (und/oder auch die Preise von konkurrierenden Gütern zurückgegangen sind). Die Menge könnte sogar zurückgehen, wenn der (negative) Effekt niedrigerer Einkommen den (positiven) Effekt niedrigerer Preise mehr als kompensiert, die *Verschiebung der Nachfragefunktion* selbst (nach links) größer ist als die *Bewegung auf der Nachfragefunktion* (nach rechts). Dies kann man sich leicht an Hand einer Abbildung klarmachen (es wird später vertieft).

Aufgabe 13

Komparativer Vorteil und *'einfacher' Vorteil* bei der Produktion oder den Kosten.

a) Was besagt der komparative Vergleich gegenüber einem 'einfachen' Vergleich?

b) Worauf sind diese Konzepte anwendbar?

c) Erklären Sie, wann Wirtschaftseinheit (Produzent) A bei Gut X gegenüber Y in Vergleich zu Wirtschaftseinheit B einen komparativen Vorteil hat.

d) Was besagt komparativer Vorteil über die absolute Überlegenheit? Ist ein komparativer Vorteil bei *beiden* Gütern möglich?

Lösung

a) Beim 'einfachen' Vorteil werden die Produktionsmengen (beziehungsweise die Produktionskosten) *zweier Güter* bei *einem Produzenten oder* die Produktionsmengen (beziehungsweise die Kosten) *eines* Gutes bei *verschiedenen* Produzenten verglichen. Beim *komparativen Vorteil* geht es dagegen um einen *doppelten Vergleich*, nämlich *verschiedener Produktionsmengen* (beziehungsweise Kosten) bei *verschiedenen Produzenten*.

b) Auf verschiedene Wirtschaftseinheiten ganz allgemein. Vergleiche Abschnitt E.1c in Kapitel I.

c) Wirtschaftseinheit A hat gegenüber B bei Gut X im Vergleich zu Y einen komparativen Vorteil, wenn A bei X *mehr überlegen* ist als bei Y *oder* bei X *weniger unterlegen* ist als bei Y.

d) Im obigen Beispiel kann A gegenüber B bei *beiden* Gütern unterlegen sein. Komparativer Vorteil besagt also für sich nichts über absolute Überlegenheit oder absolute Unterlegenheit.

Komparativer Vorteil ist aber notwendigerweise nur bei einem Gut möglich (π^A in Abschnitt E.1b kann nur entweder größer *oder* kleiner sein als π^B sein, aber nicht beides gleichzeitig).

Zum Konzept des komparativen Vorteils vergleiche auch Aufgabe 4 im Abschnitt V.B.

Aufgabe 14

a) Beschreiben Sie folgende Begriffe: Marginalanalyse, Ertragsfunktion, Grenzertrag, abnehmender Grenzertrag, Wertgrenzprodukt.

b) Warum orientiert man sich bei der Optimierung zum Beispiel von Produktionsergebnissen an marginalen Größen und nicht an durchschnittlichen Größen?

c) Beschreiben Sie verbal die beiden in Abschnitt E.2a betrachteten Optimierungsprobleme.

d) Begründen Sie in einfachen Worten die beiden angegebenen Entscheidungsregeln.

Lösung

a) bis **c)** Vergleiche Abschnitt E.2a.

d) Die *Inputregel* besagt, daß die Kosten des Einsatzes einer weiteren Faktoreinheit – hier der Faktorpreis q – nicht größer sein dürfen als der dadurch erzielbare zusätzliche Erlös in Form des Wertgrenzproduktes $p\triangle x$.

Nach der *Outputregel* darf für eine zusätzliche Produkteinheit $\triangle x = 1$ der zusätzliche Faktoraufwand – hier in Form von $q\triangle v$ – nicht größer sein als der erzielbare zusätzliche Erlös – hier in Form des Produktpreises p.

Die beiden Regeln unterscheiden sich durch die gewählte Bezugsgröße – in einem Fall die Faktormengeneinheit, im anderen Fall die Outputmengeneinheit.

Aufgabe 15

a) Charakterisieren Sie das Entscheidungsproblem eines Unternehmers, der ein Gut unter Verwendung eines Faktors in zwei Betriebsstätten produziert und den Gesamtoutput maximieren möchte. Wie soll er die eingekaufte Faktormenge auf die

Betriebsstätten verteilen? Wo lassen sich Beschränkungen finden, wo gehen Bewertungen ein?

b) Was ist eine Transformationsfunktion?

c) Wie kann man sie aus Ertragsfunktionen ableiten?

d) Woraus resultiert ihre Krümmung?

Lösung

a) bis **d)**: Vergleiche Abschnitt E.2b.

Aufgabe 16

Zum Verlauf der Transformationsfunktion: Zeigen Sie,

a) daß aus geradlinigen Ertragsfunktionen jeweils lineare Transformationsfunktionen, aus Ertragsfunktionen mit abnehmenden Grenzerträgen jeweils "normale" rechtsgekrümmte (vom Ursprung konkave) Transformationsfunktionen und aus Ertragsfunktionen mit steigenden Grenzerträgen jeweils linksgekrümmte (vom Ursprung konvexe) Transformationsfunktionen resultieren und

b) daß es bei zunächst steigenden und später fallenden Grenzerträgen auf die insgesamt vorhandenen Faktormengen ankommt, wie der Verlauf der Transformationsfunktion im einzelnen aussieht.

Lösung

a) und **b)**: Man braucht nur in der Abbildung des Abschnitts E.2 jeweils unterschiedliche Verläufe der Ertragsfunktionen (für den zweiten und den vierten Quadranten) zu Grunde zu legen und sodann die Faktorbeschränkungs-Gerade mehr oder weniger weit hinauszuschieben.

Man unterstellt wie in der Abbildung zu E.2b eine lineare Beschränkung (Teil a und dritter Quadrant in d) und betrachtet zweckmäßigerweise jeweils drei verschiedene Aufteilungen der Faktormengen – im Verhältnis (1) 100 : 0, (2) 50 : 50 und (3) 0 : 100. Daraus resultieren eindeutige Mengen x_1 und x_2, welche zunächst im zweiten und vierten Quadranten einzuzeichnen sind und sodann im ersten Quadranten wiedergegeben werden.

Ganz analog ist in der Abbildung zu E.2b für den Fall steigender Grenzerträge zu verfahren.

Diese Problemstellung wird in Aufgabe 2 der weiterführenden Fragen wieder aufgenommen.

B) Übungsaufgaben

Aufgabe 1

a) Skizzieren Sie in eigenen Worten die Eigenart eines ökonomischen Entscheidungsproblems, wenn unter zwei Produktionsprozessen zu wählen ist.

b) Betrachten Sie verschiedene vorgegebene Faktormengen $\bar{v}$ ($\bar{v}_a = 3$; $\bar{v}_b = 6$; $\bar{v}_c = 8$) und deren optimale Aufteilung auf die beiden in der Tabelle in Abschnitt E.2b zu Grunde gelegten Produktionsprozesse mit jeweils $\bar{v} = v^1 + v^2$.

Lösung

a) Vergleiche Abschnitt E.2b.

b) Es ergibt sich bei $\bar{v}_a = 3 \quad v_a^1 = 2;\ v_a^2 = 1$, bei $\bar{v}_b = 6 \quad v_b^1 = 3; v_b^2 = 3$, bei $\bar{v}_c = 8 \quad v_c^1 = 4; v_c^2 = 4$.

Aufgabe 2

Komparativer Vorteil und '*einfacher*' Vorteil bei der Produktion oder den Kosten.

a) Wenn Einheit A entweder die Menge x^A oder die Menge y^A und B entweder die Menge x^B oder die Menge y^B produzieren kann, was besagt dann 'komparativer Vorteil des A bei Gut X'? Was gilt dann für B? Erläutern Sie dies an diesem Zahlenbeispiel:

$x^A = 150, \quad y^A = 75 \qquad$ und $\qquad x^B = 100, \quad y^B = 100.$

b) Wie groß ist der komparative Vorteil $KV_{x/y}^{A/B}$ des A gegenüber B für Gut X gegenüber Gut Y?

Lösung

a) 'Komparativer Vorteil des A' bei X bedeutet in diesem Falle das gleiche wie komparativer Nachteil des B bei Y, wenn nämlich gilt

$$\frac{x^A}{y^A} > \frac{x^B}{y^B} \quad \text{beziehungsweise} \quad \frac{x^A}{x^B} > \frac{y^A}{y^B}.$$

b) In diesem Beispiel haben wir

$$KV_{x/y}^{A/B} = \frac{150}{75} > \frac{100}{100} \quad \text{beziehungsweise} \quad \frac{150}{100} > \frac{75}{100}.$$

A hat einen komparativen Vorteil *und* einen absoluten Vorteil bei X, weil 150 > 100, B hat einen komparativen und absoluten Nachteil bei X.

Diese Fragen werden in der Wiederholungs- und Übungsaufgabe 4 des Kapitels V wieder aufgenommen.

Aufgabe 3

Erläutern Sie an Hand der Zahlen der letzten Aufgabe die Vorteile des Tausches. Nehmen Sie an, zu Anfang seien von beiden Wirtschaftssubjekten A und B jeweils die Hälfte der vorhandenen, hier nicht ausdrücklich betrachteten Produktionsfaktormengen für Gut X und für Gut Y eingesetzt worden.

a) Um wieviel kann die Gesamtproduktion erhöht werden, wenn sich die beiden Wirtschaftssubjekte A und B nach dem Prinzip des komparativen Vorteils spezialiseren?

b) Nehmen Sie an, der Tausch selbst verursache keine Kosten. Bei welcher Austauschmengen-Relation beziehungsweise welcher Preisrelation der beiden Güter können beide Partner einen Vorteil aus der Spezialisierung und dem Tausch ziehen? Erläutern Sie dies an Hand von Beispielen. Bedenken Sie dabei die Beziehungen zwischen angenommenen Preisrelationen und dem möglichen Vorteildes Tausches.
(Beachten Sie dabei, daß ohne weitere Informationen über die Nachfrage – wie sie in Kapitel II behandelt wird – keine Ableitungen über Preise und Tauschmengen möglich sind und deshalb hier mit Annahmen über getauschte Mengen gearbeitet werden muß.)

c) Bei welchen Mengen- beziehungsweise Preisrelationen liegen die jeweiligen Grenzen der Tauschbereitschaft der beiden Partner, bei deren Erreichen der eine beziehungsweise der andere Partner nichts mehr gewinnt?

d) Was würde geschehen, wenn diese Grenzen überschritten würden?

Lösung

a) In der *Ausgangssituation* – gekennzeichnet durch den linken oberen Index o seien die produzierten Mengen

$$^{o}x^{A} = 75 \qquad ^{o}y^{A} = 37.5 \qquad ^{o}x^{B} = 50 \qquad ^{o}y^{B} = 50.$$

Mit der *Spezialisierung* – gekennzeichnet durch den Index s – werden folgende Mengen möglich

$$^{s}x^{A} = 150 \qquad ^{s}y^{A} = 0 \qquad ^{s}x^{B} = 0 \qquad ^{s}y^{B} = 100.$$

Die *Gesamtmengen* sind infolgedessen

in der Ausgangssituation:	$\sum {}^{o}x = 125$	$\sum {}^{o}y = 87.5$
nach der Spezialiserung:	$\sum {}^{s}x = 150$	$\sum {}^{s}y = 100$
und die *Differenzen* sind:	$\Delta x = 25$	$\Delta y = 12.5.$

b) Die Mengenrelation von X zu Y in der Ausgangssituation (dem Autarkiezustand) ohne Tausch in A ist 150/75 = 2 und in B 100/100 = 1.

(i) Eine *Tausch-Mengenrelation* x/y von 1.5 ist für beide von Vorteil (das bedeutet eine *Preisrelation* p_x/p_y von 2/3 als dem reziproken Wert der Mengenrelation). Wenn A von den 150 Einheiten des Gutes X an B (als Beispiel) 75 X abgibt ($x^{AB} = 75$) und dafür als y^{BA} von B 50 Y erhält, ergeben sich Konsummengen x_c und y_c in folgender Höhe *nach dem Tausch*

$$x_c^A = 75 \qquad y_c^A = 50 \qquad x_c^B = 75 \qquad y_c^B = 50.$$

In diesem Falle sind die Konsummengen der beiden Güter für A und B gleich; es hat A von Y 12.5 Einheiten mehr und B hat 25 X mehr als im Autarkiezustand.

Als weiteres Beispiel:

(ii) Für $p_x/p_y = 5/6$ und angenommene Tauschmengen $x^{AB} = 54$ und $y^{BA} = 45$ (= $54 \cdot 5/6$) sind die möglichen Konsummengen *nach dem Tausch*

$$x_c^A = 96 \qquad y_c^A = 45 \qquad x_c^B = 54 \qquad y_c^B = 55.$$

Hier hat A von X 21 Einheiten *mehr und* von Y 7.5 Einheiten *mehr*, während B von X 4 Einheiten *mehr und* von Y 5 Einheiten *mehr* als im Autarkiezustand hat. Bei der Preisrelation 5/6 ist offensichtlich B weniger gut dran als bei der Preisralation 2/3.

c) Im letzten Beispiel ist gegenüber (i) $p_x/p_y = 2/3$ bei (ii) $p_x/p_y = 5/6$ A relativ besser, B relativ schlechter dran, weil die Tauschrelation sich mehr zur Autarkierelation für B *hin* und von der für A *weg* bewegt hat. Bei einer Tauschrelation, welche sich den Autarkieverhältnissen von B immer mehr nähert, hat schließlich B gar nichts mehr zu gewinnen. Entsprechendes gilt für A, wenn die Preisrelation sich immer mehr dem Wert 1/2 nähert: dann hätte A aus dem Tausch nichts gewonnen.

Die Grenzen der Tauschbereitschaft liegen somit bei Preisrelationen von *mindestens* $p_x/p_y = 1/2$ für A und *höchstens* $p_x/p_y = 1$ für B.

d) Bei $p_x/p_y < 1/2$ würde *auch B* das Gut X, bei $p_x/p_y > 1$ würde *auch A* das Gut Y verkaufen wollen. In beiden Fällen käme es zu keinem Tausch, da es für Y im einen, für X im anderen Falle keinen Abnehmer gäbe.

Aufgabe 4

Erläutern Sie die Resultate der Aufgabe 3 an Hand eines Diagramms. Wenden Sie dabei die Erkenntnisse an, die Sie an Hand der Abbildung in Abschnitt E.1 gewonnen haben.

Lösung

In der Abbildungen 1.3a und 1.3b sind die Autarkie-Produktionsmöglichkeiten durch die (dicken) Geraden A und B, die angenommenen Konsummengen durch die Punkte P^A und P^B, die Resultate der in Übungsaufgabe 2 vorgenommenen Tauschakte im Falle (i) durch die Bewegungen nach T in Abbildung 1.3a und im zweiten Beispiel (ii) durch die Bewegungen von C^A beziehungsweise P^A nach T^A und von C^B beziehungsweise P^B

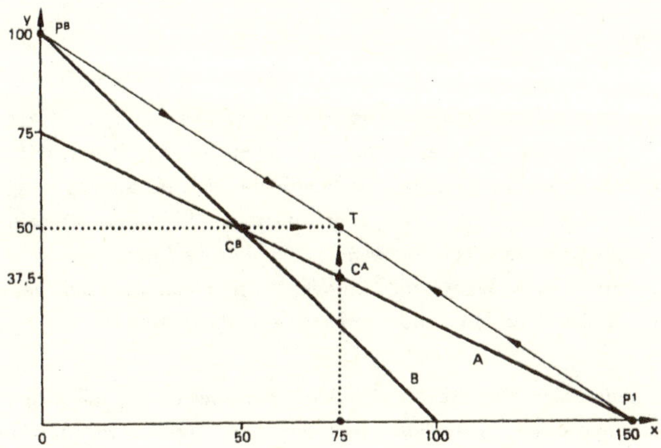

(a)

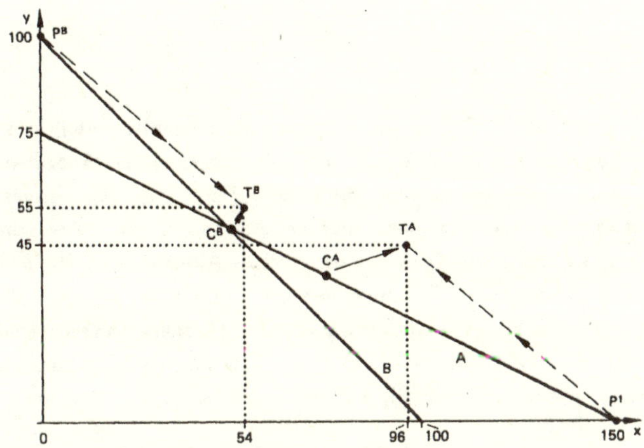

(b)

Abbildung 1.3

nach T^B in Abbildung 1.3b gekennzeichnet. Je *steiler* die Linie P^AT^A, desto besser ist A dran, und je flacher P^BT^B, desto besser ist B dran (vorausgesetzt, die gewünschten Tauschmengen können realisiert werden).

Aufgabe 5

Gehen Sie von der Betrachtung der absoluten Vorteile je einer der beiden Wirtschaftseinheiten zur Betrachtung der absoluten Überlegenheit einer Wirtschaftseinheit bei allen betrachteten Gütern über. Legen Sie hierfür die gleichen alternativen Produktmengen wie in Übungsaufgabe 3 zu Grunde, aber unterstellen Sie für A, daß dafür jeweils doppelt so große Faktoreinsatzmengen notwendig sind. Für die Ermittlung der Mengen pro Kopf setzen Sie für B eine Bezugsgröße im Werte von 1 ein, während Sie für A jeweils die Bezugsgröße 2 wählen, die Produktmengen für A aus Aufgabe 2 pro Kopf also jeweils halbieren.

a) Was ändert sich hierdurch an den Aussagen über die Vorteilhaftigkeit der Spezialisierung und des Tausches? Vergleichen Sie das Ergebnis mit der Abbildung 1.3.

b) Was implizieren – gegenüber Aufgabe 4 – die *neuen Annahmen* über den nunmehr möglichen Lebensstandard in A?

Lösung

a) (Diese Frage ist im Prinzip im Abschnitt E.1b beantwortet.) A spezialisiert sich weiterhin auf Gut X, B auf Gut Y. An der *Richtung* der Spezialisierung und des Tausches ändert sich nichts. Für die jeweils *gleiche Ressourcenmenge* betrachtet, schrumpft mit der neuen Annahme über dienotwendigen Faktoreinsatzmengen die Produktionsmöglichkeiten-Gerade A auf den halben Abstand vom Nullpunkt. Legt man deshalb für A die *doppelten* Faktormengen wie für B (*oder* für B die halben Faktormengen) zu Grunde, so hat man wieder das alte Bild (beziehungsweise: eine Verkleinerung um die Hälfte) – in jedem Falle also keine änderung des Prinzips, welches über die Vorteilhaftigkeit der Spezialiserung und des Tausches abgeleitet wurde.

b) Der Lebensstandard in A muß gegenüber den früheren Annahmen *in der Größenordnung* um die Hälfte niedriger liegen, weil die Produktionsfaktoren jetzt nur halb so produktiv sind wie vorher und deshalb die gleiche Produktmenge auf die doppelte Faktormenge verteilt werden muß.

Weiterführend kann hier noch erwähnt werden: Die Nachfrage in A ist bei verringertem Lebensstandard anders als vorher und damit wären auch die *quantitativen Ergebnisse* einer Ableitung anders, je nachdem um was für Arten von Gütern es sich bei X und Y handelt.

Aufgabe 6

Nehmen Sie an, in B seien 100 Faktoreinheiten an der Produktion beteiligt, die eine Entlohnung von je 1 Geldeinheit erhalten (weitere Kosten seien hier der Einfachheit halber vernachläßigt).

Überlegen Sie, wie hoch die Entlohnung in A je Faktoreinheit sein kann, wenn dort unter Zugrundelegung der Zahlen von Übungsaufgabe 1a jeweils 200 Faktoreinheiten eingesetzt werden müssen. Gibt es für diese Entlohnung Obergrenzen und Untergrenzen?

Lösung

Wie in Übungsaufgabe 2 würde Gut X nur in A, Gut Y nur in B produziert. Gut X, in A produziert, darf nicht teurer sein, als wenn es in B produziert wird, sonst wäre A bei diesem Gut nicht konkurrenzfähig (und erst recht nicht bei Gut Y). 100 Einheiten X würden in B insgesamt 100 Geldeinheiten kosten. 150 Einheiten X in A dürfen deshalb nicht mehr als 150 Geldeinheiten kosten: da deren Erlös an 200 Faktoreinheiten geht, bleiben je Faktoreinheit nur 150/200 = 0.75 Geldeinheiten je Faktoreinheit als *Obergrenze* für die mögliche Entlohnung pro Kopf in A.

Andererseits gibt es auch eine *Untergrenze* für die Faktorentlohnung in A im Vergleich zu B. Denn B darf seine Konkurrenzfähigkeit gegenüber A bei Gut Y nicht verlieren. Das wäre der Fall, wenn die 75 Einheiten Y von A billiger angeboten werden könnten als – je Stück – die 100 Einheiten von B, die Entlohnung der Faktoreinheiten in A also 75/200 Geldeinheiten unterschreiten würde.

Für die absolut unterlegene Wirtschaftseinheit wird im Vergleich zu der anderen überlegenen Wirtschaftseinheit bei der Entlohnung der Produktionsfaktoren

> die *Obergrenze* gesetzt durch die *Produktivitätsrelation* beim Gut mit *komparativem Vorteil* (hier π_x) und
>
> die *Untergrenze* gesetzt durch die *Produktivitätsrelation* beim Gut mit *komparativem Nachteil* (hier π_y).

Für die Entlohnungsrelation $l \equiv l^A/l^B$ bei möglichen Produktmengen x^A, y^A und x^B, y^B sowie bei Faktormengen v^A und v^B gelten deshalb die Grenzen

$$\pi_x \equiv \frac{x^A/v^A}{x^B/v^B} \quad \leq \quad l \quad \leq \quad \frac{y^A/v^A}{y^B/v^B} \equiv \pi_y$$

So bleibt der komparative Vorteil als absoluter Vorteil der überlegenen Wirtschaftseinheit bestehen, und der komparative Nachteil der unterlegenen Wirtschaftseinheit wird nicht in einen absoluten Konkurrenznachteil verwandelt.

Je nach der Produktivität verschiedener Industrien in verschiedenen Wirtschaftseinheiten kann sich so über entsprechende Anpassungen bei Faktorentlohnungen eine Tauschkonstellation herausbilden, bei der auch absolut unterlegene Industrien konkurrenzfähig sind. Solche Anpassungsmechanismen laufen auch über Preise und Wechselkurse einerseits sowie über produzierte Mengen und dabei auftretende Kostenänderungen andererseits.

C) Weiterführende Fragen

Aufgabe 1

a) Gehen Sie von folgender Information aus: von der Periode 0 zur Periode 1 geht der Preis p des Gutes X von $p^o = 12$ auf $p^1 = 10$ zurück; währenddessen steigt die nachgefragte Menge von X um 8 von $x^o = 10$ auf $x^1 = 18$. Was können Sie daraus ableiten bezüglich der Steigung der Nachfragefunktion?

b) Nehmen Sie an, währenddessen sind alle anderen Einflüsse konstant geblieben und Veränderungen der Nachfrage können außer durch die Preise nur auf Grund von Einkommensänderungen geschehen sein. Preis- und Einkommenswirkungen seien linear additiv. (War eine Einkommenswirkung von 3 Mengenheinheiten vorhanden, würde dies einen Preiseinfluß von 6 auf 3 oder 3 Einheiten beinhalten, also eine Neigung der Nachfragefunktion dx/dp = 3/2.)
Welche Aussagen sind nun möglich, wenn außer $p^o = 12$ bekannt ist, daß das Ausgangseinkommen $E^o = 100$ war und für die Periode 1 folgende Fälle untersucht werden:

(i) $p^1 = 12$ und $E_c^1 = 140$,

(ii) $p^1 = 10$ und $E_a^1 = E^o = 100$, $E_b^1 = 120$ oder $E_d^1 = 80$.

Lösung

a) Solange nicht bekannt ist, ob sich gleichzeitig die Nachfragefunktion auf Grund anderer Einflüsse verschoben hat, läßt sich nichts ableiten.

b) Für den Fall (i) ist die Mengenänderung allein auf die Einkommenserhöhung zurückzuführen und es gilt dx/dE = 8/40 = 0.2. Man weiß damit nur, daß sich die Nachfrage von A nach C verschoben hat und kann nichts über die Steigung der Nachfragefunktion aussagen. Für die anderen Fälle hat man die Kombination von Preiseffekten und Einkommenseffekten, welche jeweils als Summe 8 Mengeneinheiten ausmachen.

Im einen Extrem bei $E_a^1 = 100$ ist die volle Mengenänderung der Preisänderung zuzuschreiben, es gilt also die in der Abbildung 1.4 durch (a) gekennzeichnete Nachfragefunktion mit dx/dp = 8/(-2) = -4. (Im anderen Extrem, wenn bei p = 10 auch für $E_c^1 = 140$ die Menge 18 wäre, würde die Nachfragefunktion durch C und Q verlaufen, die Preiswirkung also gleich Null sein.)

Bei $E_b^1 = 120$ ist offensichtlich der Einkommenseffekt halb so groß wie bei der doppelt so großen Einkommenssteigerung auf 140, der Preiseffekt muß somit gleich 4 sein. Bei $E_d^1 = 80$ hat man Einkommenswirkungen in Höhe von -4 und die Preiswirkung muß +12 gewesen sein, damit sich eine Gesamtwirkung von 8 = -4 + 12 ergibt. Beobachtet man also, daß für p = 10 die Nachfragefunktion durch Punkt Q verläuft, dann muß für p = 12 sich die Nachfragefunktion bei $E_b^1 = 120$ um $0.2 \cdot (120 - 100) = 4$ und bei

$E_d^1 = 80$ um $0.2 \cdot (80 - 100) = -4$ verschoben haben, aber im ersten Fall um 4 weiter *rechts* durch Punkt B und im zweiten Falle um 4 weiter *links* durch Punkt D verlaufen.

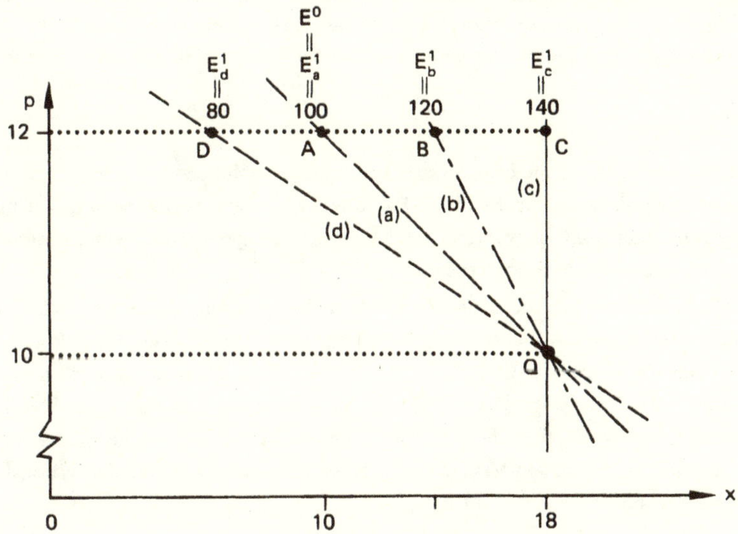

Abbildung 1.4

Aufgabe 2

Unterstellen Sie die Situation der Wiederholungsaufgabe 16. Überlegen Sie, welche Konsequenzen sich aus unterschiedlich großen Faktormengen – etwa beim Vergleich kleiner und großer Länder – für die internationale Arbeitsteilung ergeben können.

Lösung

Wenn in Abbildung 1.5 die beiden Güter etwa gleich hoch bewertet werden (etwa gleiche Preise haben), dann ist für die kleine Faktormenge $\bar{v}$ eine Spezialisierung auf nur eines der beiden Güter günstig, während bei $\bar{v}$ eher eine ausgewogene Lösung optimal ist, so daß von beiden Gütern etwas produziert wird.

Deshalb beobachtet man bei kleineren Ländern eher eine Spezialisierung als bei größeren Ländern. Bei der kleinen Faktormenge $\bar{v}$ bewegt man sich für beide Produktionsfunktionen im Bereich steigender Grenzerträge, deshalb ist die Transformationsfunktion linksgekrümmt. Bei der viel größeren Faktormenge $\bar{\bar{v}}$ befindet man sich bei beiden Produktionsfunktionen im Bereich abnehmender Grenzerträge. In dazwischen liegenden Fällen kann je nach dem genauen Verlauf der Ertragsfunktionen die Transformationsfunktion einen annähernd linearen Verlauf haben.

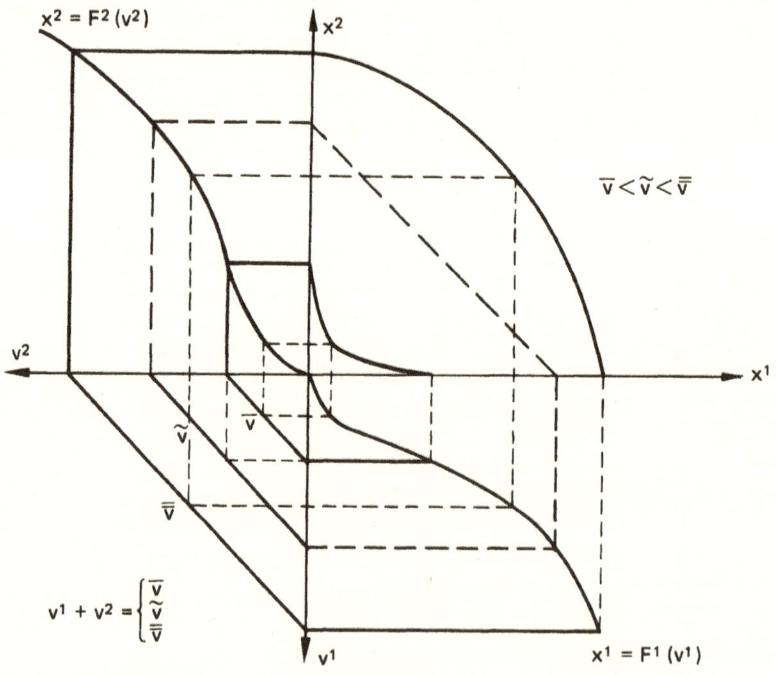

Abbildung 1.5

II. Die Theorie des Haushalts

A) Wiederholungsfragen

Aufgabe 1

a) Skizzieren Sie wichtige Alternativen, vor denen der Haushalt steht, wenn er über
   - die Einkommenserzielung,
   - den Güterkonsum

   entscheidet.

b) Erläutern Sie die einschränkenden Annahmen, die für den Modellhaushalt getroffen werden, und überlegen Sie deren Zweck.

Lösung

Wichtige Anhaltspunkte finden Sie in der Einleitung zur *Theorie des Haushalts*. Diese sind im folgenden nochmals zusammengefaßt, wobei die angeführten Alternativen nur eine Auswahl darstellen.

a1) Mit der Erzielung von **Einkommen** verbindet der Haushalt unterschiedliche Zwecke: Einkommen dient zum Kauf von Waren und Dienstleistungen, zur Erhöhung des Geld- und/oder Sachvermögens, zur Unterstützung von Vereinen und bedürftigen Personen usw. Die Höhe des Einkommens bestimmt weitgehend die Menge der ökonomischen Alternativen, zwischen denen der Haushalt wählen kann: Zusätzliches Einkommen eröffnet neue Möglichkeiten; eine gegebene Höhe des Einkommens beschränkt den Entscheidungsspielraum des Haushalts.

Einkommen wird auf unterschiedliche Art erzielt. Bei der Herausarbeitung der Entscheidungsalternativen des Haushalts werden im besonderen das Arbeitseinkommen, das Besitzeinkommen und der Unternehmergewinn betrachtet.

Das Arbeitseinkommen:

Der Haushalt entscheidet, wie er die zur Verfügung stehende Zeit auf Arbeits- und Freizeit aufteilen soll. Der Entscheidungsspielraum kann für die Haushalte sehr unterschiedlich sein: Ein-Personen-Haushalte sind auf Grund der bestehenden Konventionen und Regelungen (zB. Tarifvertrag) relativ stark beschränkt; dennoch gibt es für viele die Möglichkeit, mehrere Arbeitsverhältnisse einzugehen. Besteht der Haushalt aus mehreren Personen, hat er mehr Wahlmöglichkeiten, da einzelne Haushaltsmitglieder eine

Arbeit aufnehmen (aufgeben) können. Geht der Haushalt neben der nicht-selbständigen noch einer selbständigen Tätigkeit nach, muß er auch hier zu einer Aufteilung kommen.

Bei einer ausschließlich selbständigen Tätigkeit hat der Haushalt den größten Entscheidungsspielraum in der Wahl seiner Arbeitszeit; allerdings wird der selbständige Haushalt oft nicht nach der geleisteten Arbeitszeit entlohnt, sondern nach der vereinbarten und erbrachten Leistung. Selbständige Tätigkeit schließt Aufgaben ein, wie sie für das Führen eines Unternehmens typisch sind. Hier hat der Haushalt zu entscheiden, welchen Teil seiner Arbeitszeit er für die rein fachliche Tätigkeit verwenden soll (zB. der Architekt für das Erstellen eines Bauplans) und welchen Teil für die Unternehmensführung (zB. die Verwaltung des Architekturbüros). Damit ist die Einkommensart "Unternehmergewinn" betroffen, die weiter unten erläutert wird.

Arbeitsleistungen unterscheiden sich durch die Qualifikation des Leistenden und werden in der Regel danach entlohnt. Die Qualifikation kann durch Fort- und Weiterbildung erhalten und vermehrt werden. Der Haushalt hat sich im Rahmen einer Mehrperiodenplanung festzulegen, ob, wieviel und wann er in sein "Humankapital" investieren möchte oder ob er in der betrachteten Periode lieber mehr arbeiten und Einkommen erzielen möchte.

Besitzt der Haushalt *mehrere* Qualifikationen, so hat er zu entscheiden, welche er davon anbieten will. Seine Entscheidung kann je nach Arbeitsmarktsituation unterschiedlich ausfallen. Will der Haushalt seinen "Fächer" an Qualifikationen erhalten, sind die eben diskutierten Überlegungen zur Investition in das Humankapital hier analog anzuwenden.

Das Besitzeinkommen

Der Haushalt entscheidet, wie er die sonstigen in seinem Besitz befindlichen Ressourcen (zB. Grundstücke, Gebäude, Maschinen, Geldkapital) nutzen möchte, ob mehr zu eigenem Konsum oder, indem er sie anderen Wirtschaftssubjekten (in der Regel gegen Entgelt) zur Nutzung überläßt. Dabei geht es einmal um die Nutzung vorhandener Bestände wie auch darum, in welchem Ausmaß das laufende Einkommen zum Konsum oder zur Vermehrung des Vermögens (Sparentscheidung), aus dem zukünftiges Einkommen erzielt werden kann, verwendet werden soll. Oft sind unterschiedliche Anlageformen mit unterschiedlichem Risiko verbunden. Die Höhe des künftig zu erwartenden Einkommens hängt dabei nebem dem Vermögensumfang von der Streuung auf die unterschiedlichen Risikoklassen ab (Portfolioentscheidung). In diesem Zusammenhang hat der Haushalt zu entscheiden, ob er mehr sicheres und (meist) niedriges oder mehr risikoreiches, aber hohes Einkommen vorzieht.

Zur Erzielung von Arbeits- und Besitzeinkommen werden meist Verträge (Kauf-, Miet-, Pacht-, Kreditverträge, usw.) zwischen Wirtschaftssubjekten abgeschlossen; man spricht deshalb von Kontrakteinkommen. Die Einkommenshöhe wird durch Preise und Mengen bestimmt. In letzter Zeit hat man sich besonders um die Analyse von Verträgen und Vertragsstrukturen (Kontrakttheorie) gekümmert. Man betrachtet die institutionellen Regelungen (zB. Verträge) für ökonomische Aktivitäten nicht mehr so sehr als Parameter, sondern – vor allem in der längerfristigen Entscheidungssituation – als variable Größen und untersucht, welchen Einfluß unterschiedliche institutionelle Regelungen auf das optimierende Verhalten der Wirtschaftssubjekte haben.

Gesamtwirtschaftlich haben institutionelle Regelungen die Aufgabe, bei Verhandlungen zwischen Wirtschaftssubjekten häufig wiederkehrende Entscheidungen zu standardisieren. Sie vermindern so – im Vergleich zu einem nicht geregelten Zustand – die von allen beteiligten Wirtschaftssubjekten bei der Entscheidungsfindung und -durchführung zu leistenden Aufwendungen (*Transaktionskosten*), da der Entscheidungsablauf und bestimmte Konsequenzen der Entscheidung allen Beteiligten von vorneherein bekannt sind.

Der Unternehmergewinn

Den Unternehmergewinn als Differenz zwischen Erlösen und Produktionskosten kann man formal als Residualeinkommen betrachten; er stünde damit nicht in der Dispositionsgewalt des Haushalts. Interpretiert man ihn aber als Entlohnung für den speziellen Produktionsfaktor "unternehmerische Leistung", den der Haushalt zusätzlich zu Arbeit, Boden und Kapital zur Verfügung stellt, so bestehen auch hier Entscheidungsalternativen; diese betreffen nicht nur die Aufteilung zwischen Arbeitszeit und Freizeit, sondern auch die Frage, ob die Arbeitszeit zur Erstellung von mehr fachlicher Leistung oder mehr unternehmerischer Leistung verwendet werden soll. Denken Sie an einen selbständigen Ingenieur: Er kann zum Beispiel seine Arbeitszeit mehr auf die Erbringung rein fachlicher Leistungen verwenden oder sich mehr um die Organisation seines Ingenieurbüros, um Finanzierung, Abrechnung, Marketing usw. kümmern. Ein bestimmtes Gesamteinkommen kann so mit einer insgesamt geringeren Arbeitszeit erzielt werden. Aus vielen Erfahrungen weiß man, daß bei gegebener Arbeitszeit das Gesamteinkommen mit einer Veränderung der angesprochenen Aufteilung variiert.

a2) Der Haushalt verwendet das erzielte Einkommen in unterschiedlicher Weise. Er kann Konsumgüter kaufen oder sparen, die Ersparnisse auf unterschiedliche Art anlegen (zinslos oder zinsbringend, risikolos oder risikoreich). Beim Kauf von Investitionsgütern ist er nicht an seine individuelle Ersparnis gebunden, da ja alle Investitionsprojekte finanzierbar sind, deren reale Ertragsrate nicht kleiner als der Realzins ist (Fisherschès Trennungstheorem). Bei der Festlegung des **Güterkonsums** entscheidet der Haushalt, welche Güter, in welchen Mengen und in welchen Qualitäten nachgefragt werden sollen.

Die geplante Ausgabensumme und das laufende Einkommen in einer bestimmten Periode müssen nicht übereinstimmen: Der Haushalt kann mehr ausgeben, also auf Kredit kaufen; er kann weniger ausgeben, also sparen, was im vorausgehenden Abschnitt erwähnt worden ist.

In einer bestimmten Periode gekaufte und konsumierte Mengen können auseinanderfallen: Der Haushalt kann auf Lager kaufen oder vom Lager konsumieren; er kann Terminkontrakte abschließen, die eine spätere Lieferung beinhalten.

Oftmals sind die Menge, die Qualität und/oder der Preis eines Gutes dem Haushalt unbekannt. Er hat über das Ausmaß an Suchaufwendungen zur Ermittlung dieser Größen zu entscheiden.

b) Die angegebenen Entscheidungsalternativen werden in der Volkswirtschaftslehre an verschiedenen Stellen analysiert. In der Einführungsphase ist das Modell des Haushalts einfach gehalten: Der Modellhaushalt entscheidet in der ersten Modellvariante bei gegebener Ausgabensumme nur über die Mengen der nachzufragenden Güter.

In der zweiten Modellvariante der Theorie des Haushalts entscheidet er bei eventuell gegebenem Gewinneinkommen nur über die Mengen der anzubietenden Faktoren und der nachzufragenden Güter. Entscheidungen über alle übrigen Alternativen sind wegen einschränkender Annahmen entweder nicht nötig (zB. Vermögensentscheidungen wegen der Ein-Perioden-Betrachtung), oder sie können als bereits getroffen angesehen werden. Dieses Setzen von Annahmen dient (vor allem in der Einführungsphase) dazu, nicht interessierende Fragestellungen auszuschließen und/oder die Analyse einfach zu halten.

Aufgabe 2

Zur Präferenzordnung des Modellhaushalts (vergleiche Abschnitt II.D des Lehrbuchs):

a) Erläutern Sie die formale Bedeutung jeder der 8 in Abschnitt D getroffenen Annahmen.

b) Überlegen Sie, welche analytischen Probleme diese Annahmen vermeiden helfen.

Lösung

a) Alle notwendigen Erklärungen finden Sie im Abschnitt D des Lehrbuchs.

b) Man stelle sich vor, die entsprechenden Annahmen wären nicht getroffen worden.

Vollständigkeit: Es wäre zu unterscheiden zwischen Güterbündeln, die der Haushalt beurteilen kann, und jenen, die er überhaupt nicht einordnen oder nur in bezug auf bestimmte Güterbündel einordnen kann. Die "Ratlosigkeit" des Haushalts bei der Einordnung eines bestimmten Güterbündels müßte nicht gegenüber allen Güterbündeln gelten.

Die Bewertung zweier Güterbündel wäre möglicherweise nicht eindeutig.

Transitivität: Das Bewertungsschema des Haushalts wäre sehr kompliziert, da logisch nicht nachvollziehbar. Man müßte sogenannte Ringpräferenzen zulassen, wo die Bewertung zweier Güterbündel davon abhängt, mit welchen Güterbündeln man sie sonst noch vergleicht (vgl. im Lehrbuch den Abschnitt D.2c "Zur Transitivitätsannahme").

Rationale Wahl: Aus der Bewertung kann man nicht auf das Handeln schließen und umgekehrt. Der realisierte Zustand der Welt muß nicht das Ergebnis optimierenden Handelns sein; es wäre daher auch müßig, ein solches Optimierungskalkül zu suchen.

In der Mikroökonomie geht man in der Regel davon aus, daß der gegebene Zustand der Welt Ergebnis optimierenden Verhaltens der Wirtschaftssubjekte ist, welche einschränkende Bedingungen zu beachten haben. Man betrachtet es als die Aufgabe des Ökonomen, jenes Optimalkalkül oder jene Kalküle und jene Nebenbedingungen zu finden, die den gegebenen Zustand der Welt erklären.

Nichtsättigung: Obwohl man nur unterschiedliche Mengen betrachtet – zum Beispiel die Qualität konstant hält –, richtet sich der Haushalt in seiner Bewertung nicht nach den Mengen. Aus klaren Mengenrelationen kann man nicht mehr auf die Bewertung schließen. Es gibt Sättigungspunkte und -grenzen, die bei der Analyse zusätzlich zu beachten sind.

Stetigkeit: Man kann keine Indifferenzkurven zeichnen; beziehungsweise hat man Bereiche abzugrenzen, für die Indifferenzkurven definiert sind. Die Analysen der Mengenwirkungen von Preisvariationen müssen dies berücksichtigen und werden so wesentlich komplizierter.

(Strenge) Konvexität: Konkave Indifferenzkurven führen zu Randlösungen, die die Darstellung der abzuleitenden individuellen Nachfrage- und Angebotsfunktionen komplizierter gestalten und die Aggregation zu Marktfunktionen zusätzlich erschweren. Analoge Überlegungen sind bei der Annahme (nur) schwacher Konvexität anzustellen.

Beschränkte Substituierbarkeit: Trotz Stetigkeit und strenger Konvexität der Präferenzen haben Preisänderungen nicht immer Mengenwirkungen zur Folge, falls Indifferenzkurven eine Mengenachse berühren; man müßte jeweils angeben, bei welcher Preishöhe der Haushalt die Nachfragemenge eines gegebenen Gutes trotz Preisvariation nicht verändert (vgl. Abschnitt F.3a). In der Realität ist solches Nachfrageverhalten zwar zu beobachten; aus didaktischen Gründen wollen wir es im vorliegenden einfachen Haushaltsmodell jedoch ausschließen.

Stetige Differenzierbarkeit in allen Punkten: In der Ökonomie wird die Mathematik als Hilfsmittel verwendet, um die Analyse kürzer und klarer zu gestalten. Wären die Indifferenzkurven nicht stetig differenzierbar in allen Punkten, wäre das zu analysierende Entscheidungsproblem mathematisch nicht so einfach zu beschreiben.

Aufgabe 3

Leiten Sie mit Hilfe des totalen Differentials die Beziehung zwischen Grenznutzen und Grenzrate der Substitution bei konstantem Nutzenniveau ab. Wie verändert sich das Grenznutzenverhältnis mit zunehmender Substitution des Gutes 1 durch das Gut 2 bei streng konvexen Indifferenzlinien?

Lösung

Sie finden die Lösung im Abschnitt E.1 "Geometrische Bestimmung des optimalen Konsumplans".

Streng konvexe Indifferenzkurven drücken aus, daß sich der Haushalt durch den Konsum zusätzlicher Einheiten eines bestimmten Gutes dann insgesamt nicht schlechter gestellt sieht (konstantes Nutzenniveau), wenn er auf immer weniger Einheiten eines anderen Gutes verzichten muß. Formal gilt:

Die (negative) Substitutionsrate ist gleich dem reziproken Grenznutzenverhältnis, also für den gegebenen Zwei-Güter-Fall

$$-\frac{dx_1}{dx_2} = \frac{\partial u/\partial x_2}{\partial u/\partial x_1}.$$

Die Grenzrate der Substitution kann man auch als Tauschverhältnis interpretieren. Sie gibt an, welche Mengen an Gut 1 der Haushalt maximal hergäbe, wenn ihm eine zusätzliche Einheit des Gutes 2 angeboten würde. Die strenge Konvexität der Präferenzordnung – wie sie in dieser Aufgabe unterstellt ist – äußert sich in folgendem: Werden dem Haushalt weitere Einheiten des Gutes 2 angeboten, so vermindert sich jene Menge an Gut 2, die der Haushalt jeweils maximal hergeben würde. Man bezeichnet dies auch als *Gesetz von der abnehmenden Grenzrate der Substitution.* Im Urteil des Haushalts wird Gut 2 immer wertvoller, so daß er eine immer geringere Menge dieses Gutes gegen jeweils zusätzliche Einheiten des Gutes 1 eintauschen würde.

Aufgabe 4

Ein Haushalt hat die Wahl zwischen verschiedenen Mengen der Konsumgüter 1 und 2. Seine Präferenzordnung in bezug auf diese Güter läßt sich durch ein System streng konvexer Indifferenzkurven darstellen.

a) Den Zusammenhang zwischen Einkommenshöhe und Nachfrage nach dem Gut 2 (die "Engel-Kurve") kann man mit Hilfe der Einkommens-Konsum-Kurve ableiten. Machen Sie sich durch eine Skizze klar, wie man dabei vorgeht.

b) Kann man schon an der Lage der Indifferenzkurven erkennen, ob der Haushalt beide Güter als superior betrachtet? Warum können nicht beide Güter zugleich inferior sein?

c) Warum kann ein Gut nicht bei jedem Einkommen inferior sein? Warum ist die Existenz inferiorer Güter kein Widerspruch zur Nichtsättigungsannahme?

d) Den Zusammenhang zwischen Preis und Nachfrage nach dem Gut 1 (die Nachfragekurve) kann man mit Hilfe der Preis-Konsum-Kurve ableiten. Machen Sie sich durch eine Skizze klar, wie man dabei vorgeht.

Lösung

a) Die Einkommens-Konsum-Kurve ist der geometrische Ort aller nutzenmaximalen Konsumpläne bei gegebenen Preisen und variierendem Einkommen. Sie gibt die Mengen der beiden Güter an, die der Haushalt bei steigender Budgetsumme nachfrägt (vgl. Abbildung 2.1); damit sind zugleich die Ausgabenanteile für beide Güter festgelegt.

Eine <u>lineare</u> Einkommens-Konsum-Kurve steht für konstante Ausgabenanteile. Der Haushalt betrachtet die Güter 1 und 2 als "superior", da Einkommens- und Nachfragemengenänderung gleichlaufend erfolgen.

Mit variierendem Einkommen ist oft ein sozialer Aufstieg (Abstieg) des Haushalts verbunden: In diesem Fall ist die Annahme plausibel, daß sich die Einstellung des Haushalts in bezug auf bestimmte Güter ändert. Im zweiten Beispiel der Abbildung 2.1a vermindert sich die Wertschätzung des Haushalts gegenüber Gut 2, wenn das Einkommen den Wert M_2 übersteigt. Gut 2 wird als inferior eingeschätzt, da dem Einkommensanstieg

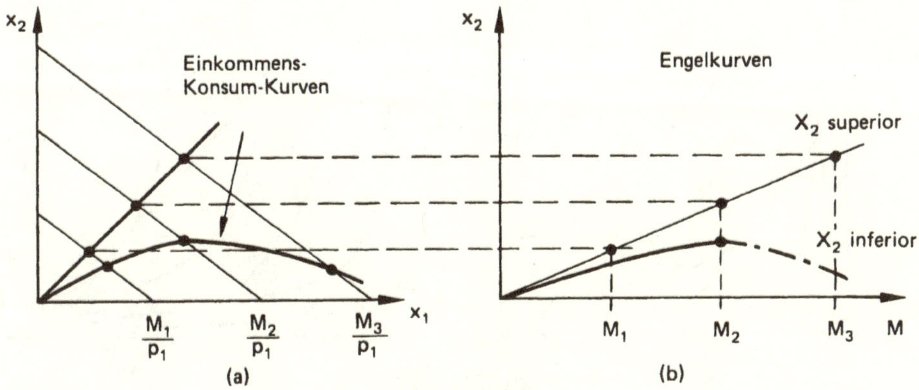

Abbildung 2.1

ein Rückgang der Nachfragemenge gegenübersteht; bei einer Budgetsumme größer M_2 vermindern sich sogar absolut die Ausgaben für dieses Gut.

Die Informationen, die die Einkommens-Konsum-Kurve je Gut enthält, kann man in ein Gütermengen-Budgetsummen-Diagramm übertragen: Man erhält die *Engel*-Kurve (vgl. Abbildung 2.1b).

Bei einer ansteigenden Engelkurve betrachtet der Haushalt das gegebene Gut als superior, die Einkommenselastizität ist positiv. Bei einer fallenden Engelkurve beurteilt der Haushalt das gegebene Gut als inferior, die Einkommenselastizität ist negativ. Eine lineare Engelkurve ergibt sich aus einer linearen Einkommens-Konsum-Kurve. Die Einkommenselastizität der Nachfrage ist eins: die Nachfragemenge steigt genau um denselben Prozentsatz, um den sich das Einkommen erhöht.

Bei einer unterlinear (überlinear) ansteigenden Engelkurve ist die Einkommenselastizität ist kleiner (größer) Eins.

Einkommens-Konsum-Kurven spielen bei der Aggregation von Nachfragefunktionen über die Haushalte eine wichtige Rolle. Vgl. die Wiederholungsfrage 2 im Kapitel "Koordination".

b) Mit dieser Frage wird die graphische Intuition des Lesers besonders angesprochen.

Die Klassifikation nach superioren und inferioren Gütern beschreibt unterschiedliche Mengenreaktionen der Haushalte auf Einkommensvariationen. Die Preise und damit die Steigung der Budgetgeraden bleiben unverändert. Wer sich mehrere Parallelen zur Budgetgeraden und damit auch Tangentialpunkte mit Indifferenzkurven vorstellen kann, der kann auch aus der "Lage der Indifferenzkurven" sehen, ob beide Güter superior sind. Sie sind dann superior, wenn der weiter außen liegende Tangentialpunkt eine größere Konsummenge von *beiden* Gütern enthält. Enthält der weiter außen liegende Tangentialpunkt von einem bestimmten Gut eine geringere Konsummenge, so handelt es sich um ein inferiores Gut.

Der weiter außen liegende Tangentialpunkt kann nicht von beiden Gütern geringere Konsummengen enthalten; das läßt schon die graphische Intuition nicht zu. Beide

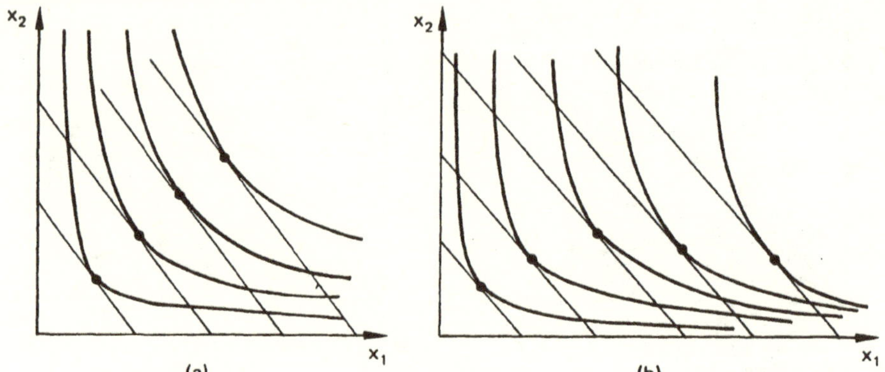

(a) Abbildung 2.2 (b)

Güter können nicht zugleich inferior sein, soll bei konstanten Preisen die Budgetsumme voll ausgeschöpft werden.

c) Aus demselben Grund kann ein bestimmtes Gut auch nicht bei jedem Einkommen inferior sein, falls negative Gütermengen ausgeschlossen sind. Beispiel: Bei einem Einkommen von Null fragt der Haushalt vom Gut i die Menge Null nach. Erhöht sich das Einkommen geringfügig und ist Gut i inferior, so müßte der Haushalt negative Mengen konsumieren, was annahmegemäß ausgeschlossen ist.

Inferioriät eines Gutes und Nichtsättigungsannahme beziehen sich auf unterschiedliche Sachverhalte. Inferiorität beschreibt eine bestimmte Mengenreaktion des Haushalts bei einer Einkommensänderung. Die Nichtsättigungsannahme legt das Bewertungsverhalten des Haushalts bei bestimmten Mengendifferenzen gegebener Güter*bündel* fest. Selbst wenn der Haushalt ein bestimmtes Gut als inferior betrachtet, kann er der Annahme der Nichtsättigung genügen, wenn er auf Grund des höheren Einkommens größere Mengen anderer Güter nachfrägt.

d) Lesen Sie den Abschnitt F3.a des Lehrbuchs.

Die Preis-Konsum-Kurve ist der geometrische Ort aller nutzenmaximalen Konsumpläne bei variierendem Preis eines Gutes (hier Gut 1) und gegebenem Einkommen und Preis des anderen Gutes (hier Gut 2). Sie gibt die optimalen Mengen der beiden Güter an, die der Haushalt bei variierendem Preis des Gutes 1 unter sonst gleichen Bedingungen nachfrägt. Die *Gestalt* der Preis-Konsum-Kurve ist durch die in Aufgabe 3 besprochenen 8 Annahmen an die Präferenzordnung des Haushalts noch nicht festgelegt. Dies liegt daran, daß Vorzeichen und absolute Größe des Einkommenseffekts einer Preisänderung noch offen sind (Lesen Sie dazu den Abschnitt F4 des Lehrbuchs).

In Abbildung 2.3a finden Sie (als Beispiel) Nachfragemengen der beiden Güter eingetragen, die sich bei unterschiedlichen Preisen des Gutes 1 ergeben mögen, wobei gilt $p_1^0 < p_1^1 < p_1^2$. Mit zunehmendem Preis des Gutes 1 sind die Konsumpläne Q_1, Q_2 und Q_3 nutzenmaximal, d.h. wir haben zusätzlich unterstellt, daß die nutzenmaximale Nachfrage nach Gut 1 mit steigendem Preis dieses Gutes stetig abnimmt; es ergibt sich

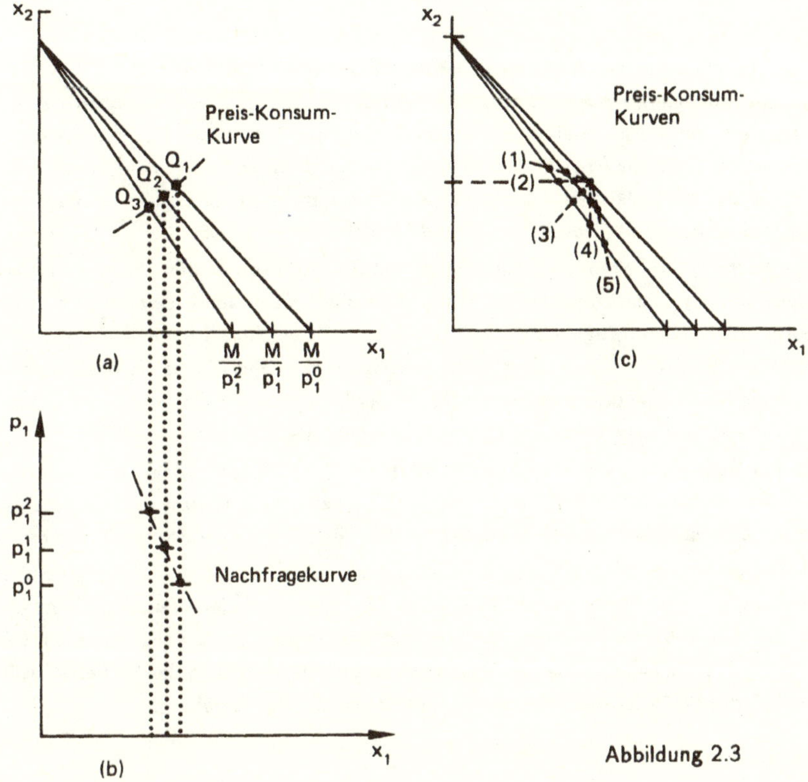

Abbildung 2.3

eine (im betrachteten Preisbereich) ansteigende Preis-Konsum-Kurve.

Die Informationen, die die Preis-Konsum-Kurve enthält, kann man in ein Preis-Mengen-Diagramm des Gutes 1 übertragen; man erhält die *Nachfragekurve* des Gutes 1 (vgl. Abbildung 2.3b). Die Nachfragekurve hat eine negative Steigung, solange mit steigendem p_1 die Nachfrage nach Gut 1 abnimmt. Gut 1 ist ein *normales* Gut. Wie wir wissen, legen die 8 Annahmen an die Präferenzordnung des Haushalts die Gestalt der Preis-Konsum-Kurve noch nicht fest. Wir können uns denkbare Alternativen überlegen. In Abbildung 2.3c sind fünf mögliche Verlaufstypen eingezeichnet.

Kurve (3) stimmt mit der in Abbildung 2.4a eingetragenen Preis-Konsum-Kurve überein: Bei steigendem Preis des Gutes 1 nehmen die nutzenmaximalen Nachfragemengen des Gutes 1 und des Gutes 2 ab: der Haushalt betrachtet die Güter 1 und 2 offenbar als Komplemente. Die Nachfragekurve des Gutes 1 ist negativ geneigt, Gut 1 ist ein sogenanntes *normales* Gut. Die Kreuzpreiselastizität des Gutes 2 in bezug auf den Preis des Gutes 1 ist negativ.

Gemäß Kurve (1) nimmt die nutzenmaximale Nachfragemenge des Gutes 1 ab, jene des Gutes 2 aber zu: der Haushalt betrachtet Gut 2 offenbar als Substitut für Gut 1. Gut 1 wird (immer noch) als *normales* Gut betrachtet, die Nachfragekurve des Gutes 1 ist negativ geneigt. Die Kreuzpreiselastizität des Gutes 2 in bezug auf den Preis des Gutes

1 ist positiv.

Das Verhalten des Haushalts gemäß Kurve (2) stellt insofern einen Grenzfall dar, als die nutzenmaximale Konsummenge des Gutes 2 *nicht* auf Preisvariationen des Gutes 1 reagiert, der Ausgabenanteil des Gutes 2 also konstant bleibt. Die Kreuzpreiselastizität ist Null. Solche Preis-Konsum- Kurven liegen in vielen Problemstellungen vor, die anhand der nachfolgenden Übungsaufgaben behandelt werden (vgl. zum Beispiel die Nutzenfunktionen der Haushalte (1) und (2) der Übungsaufgabe 3).

Das Nachfrageverhalten des Haushalts gemäß Preis-Konsum-Kurve (4) ist ebenfalls ein Grenzfall: die Konsummenge des Gutes 1 reagiert nicht auf Preisänderungen dieses Gutes, die Konsummenge des Gutes 2 nimmt ab. Die Nachfrage nach dem Gut 1 ist (im betrachteten Preisbereich) völlig preisunelastisch. Dies Preiselastizität des Gutes 1 ist Null; die Nachfragekurve steht senkrecht auf der Mengenachse. Die Kreuzpreiselastizität des Gutes 2 in bezug auf den Preis des Gutes 1 ist negativ.

Gemäß Preis-Konsum-Kurve (5) betrachtet der Haushalt Gut 1 als *Giffen-Gut*: mit steigendem Preis des Gutes 1 nimmt die Nachfrage zu. Die Preiselastizität der Nachfrage nach Gut 1 ist positiv; die Nachfragekurve des Gutes 1 hat eine positive Steigung.

Lassen wir immer höhere Preise des Gutes 1 zu, leuchtet ein, daß die eingezeichnete Steigung der Preis-Konsum-Kurven (4) und (5) nicht mit jeder Preishöhe p_1 vereinbar ist: Überschreitet der Preis des Gutes 1 einen bestimmten Wert, beugen sich die Preis-Konsum-Kurven (4) und (5) zur X_2- Achse zurück; es hängt von der Preiselastizität es Gutes 1 ab, bei welchem Wert von x_2 sie sich der X_2-Achse nähern.

B) Übungsaufgaben

Aufgabe 1

Ein Haushalt verfügt über ein Budget von 100 Geldeinheiten, das er für den Kauf zweier Güter verwendet. Die Preise der Güter betragen 20 beziehungsweise 10 Geldeinheiten.

a) Bestimmen Sie die Gleichung für die Budgetgerade und stellen Sie diese graphisch dar. Welche ökonomische Bedeutung hat sie für den Konsumenten?

b) Welche Größen sind maßgeblich für den Verlauf der Budgetgeraden und wie wirken sich Änderungen dieser Größen aus?

Lösung

a) Die Budgetrestriktion beschreibt die Menge der finanzierbaren Konsumpläne. Man geht davon aus, daß die Entscheidung über den zum Kauf von Gütern zur Verfügung stehenden Geldbetrag (Budgetsumme) bereits getroffen worden ist. Die Budgetrestriktion legt fest, daß die Budgetsumme M gleich der (geplanten) Ausgabensumme ist. Im Zwei-Güter-Fall kann man letztere schreiben als $p_1x_1 + p_2x_2$; also lautet die Gleichung der Budgetgeraden:

$$M = p_1x_1 + p_2x_2 \qquad \text{beziehungsweise}$$

$$x_2 = \frac{M}{p_2} - \frac{p_1}{p_2} \cdot x_1$$

Setzt man die angegebenen Werte für M, p_1 und p_2 ein, erhält man $x_2 = 10 - 2x_1$.

Das absolute Glied der Budgetgleichung ($M/p_2=10$) gibt das Realeinkommen, gemessen in Einheiten des Gutes 2, des Haushalts an. (Das Realeinkommen, gemessen in Einheiten des Gutes 1, ist $M/p_1=5$.) Die Steigung der Budgetgeraden erhält man als erste Ableitung der Budgetgleichung nach x_1:

$$\frac{\partial x_2}{\partial x_1} = -\frac{p_1}{p_2} = -2$$

Der Differentialquotient $\partial x_2/\partial x_1$ gibt die relative Bewertung der beiden Güter durch den *Markt* an, welche gleich dem (negativen) reziproken Preisverhältnis ist. $\partial x_2/\partial x_1$ sagt, wie viele Einheiten des Gutes 2 man zusätzlich kaufen kann, wenn man auf eine Einheit von Gut 1 verzichtet.

Im gegebenen Beispiel ist die Steigung der Budgetgeraden (das negative reziproke Preisverhältnis) gleich -2. Für eine Einheit des Gutes 1 kann man sich auf dem Markt 2 Einheiten des Gutes 2 kaufen: Gut 1 ist zwei Einheiten des Gutes 2 wert.

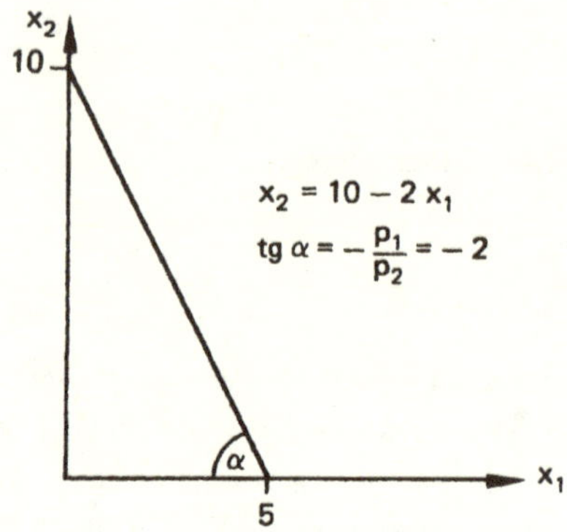

Abbildung 2.4

Die Budgetgerade stellt die Menge aller – unter den gegebenen Umständen – finanzierbaren Konsumpläne dar. Sie beschreibt die "Konsummöglichkeiten".

b) Das Niveau der Konsummöglichkeiten wird durch das Realeinkommen (hier M/p_2) bestimmt. In der Graphik wird dies durch die "Lage" der Budgetgeraden (im Vergleich zum Koordinatenursprung) angedeutet. Die relativen Wahlmöglichkeiten des Haushalts auf dem Markt hängen vom Preisverhältnis ab ("Gestalt" der Budgetgeraden). Eine höhere (niedrigere) Budgetsumme erweitert (beschränkt) die Konsummöglichkeiten. Ein höherer (niedrigerer) Preis verändert die relativen Wahlmöglichkeiten des Haushalts auf dem Markt: Steigt der Preis von Gut 2, erhält man für eine Einheit dieses Gutes mehr von Gut 1 und umgekehrt.

Verändern sich die Budgetsumme und die Preise gleichmäßig, zB. indem man sie mit einer Konstanten k multipliziert, so bleiben die Konsummöglichkeiten des Haushalts davon unberührt, was aus der folgenden Formel leicht abzulesen ist:

$$x_2 = \frac{kM}{kp_2} - \frac{kp_1}{kp_2} \cdot x_1 .$$

Die Lage und Gestalt der Budgetgerade bleiben unverändert.

Aufgabe 2

Benutzen Sie die Annahmen über die Präferenzordnung der Haushalte, um zu zeigen, daß Indifferenzkurven sich nicht schneiden können!

Lösung

Eine Indifferenzkurve ist der geometrische Ort all jener Güterbündel, die der Haushalt untereinander gleich bewertet; jeder Indifferenzkurve wird ein Nutzenindex zugeordnet. Unterschiedliche Indifferenzkurven haben unterschiedliche Nutzenindizes, aus denen unmittelbar hervorgeht, welche der beiden Güterbündelmengen der Haushalt vorzieht.

Vgl. auch die Erklärungen zur entsprechenden Abbildung im Abschnitt D.3b. Die Güterbündel x und x" beziehungsweise x und x' liegen auf unterschiedlichen Indifferenzkurven. Aus der Annahme der Vollständigkeit folgt, daß der Haushalt x" dem Güterbündel x' vorzieht oder umgekehrt. Eine Gleichbewertung ist ausgeschlossen, da x" und x' auf unterschiedlichen Indifferenzkurven liegen.

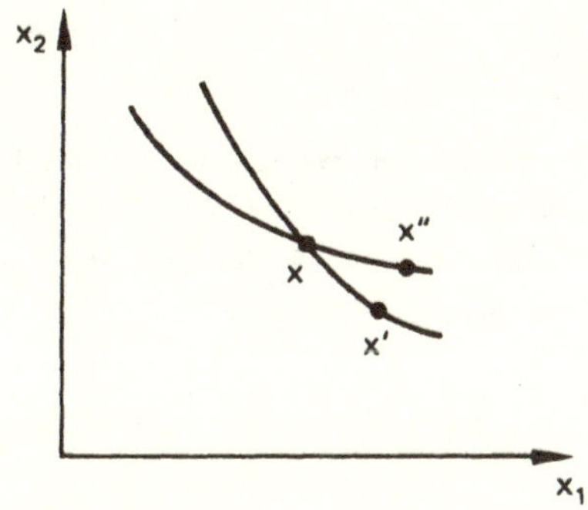

Abbildung 2.5

Die in Abbildung 2.5 wiedergegebenen Indifferenzkurven schneiden sich und haben Güterbündel x gemeinsam. Der Haushalt bewertet die Güterbündel x und x' beziehungsweise x und x" gleich. Aus der Annahme der Transitivität folgt damit, daß der Haushalt auch die Güterbündel x' und x" als gleich bewertet, was einen Widerspruch zur Annahme der Vollständigkeit darstellt. Genügt die gegebene Präferenzordnung den Annahmen der Vollständigkeit und Transitivität, können sich die diese Ordnung beschreibenden Indifferenzkurven nicht schneiden.

Aufgabe 3

Die Präferenzordnungen von drei Haushalten lassen sich durch folgende Nutzenfunktionen beschreiben:

$$(1) \quad u = x_1 x_2 \qquad (2) \quad u = x_1^2 x_2^2 \qquad (3) \quad u = x_1^2 + x_2^2$$

a) Skizzieren Sie für jede der genannten Nutzenfunktionen eine Indifferenzkurve für ein beliebiges Nutzenniveau.

b) Welche Präferenzordnungen entsprechen nicht allen Annahmen? Welche Annahmen sind dies?

c) Skizzieren Sie für jede der Nutzenfunktionen den Verlauf der Grenzrate der Substitution von Gut 2 durch Gut 1 in Abhängigkeit von x_1.

d) Berechnen Sie die Grenzrate der Substitution von Gut 2 durch Gut 1 fürHaushalt (2) für ein Nutzenniveau von 16 in den Punkten x' = (2,2) und x" = (4,1). Welche

Aussagen bezüglich der Substitutionsbereitschaft des Haushalts lassen sich aus diesen Ergebnissen ableiten?

e) Für einen vierten Haushalt ist die Grenzrate der Substitution konstant. Skizzieren Sie einen möglichen Verlauf seiner Indifferenzkurven. Was läßt sich über die Einschätzung der beiden Güter durch diesen Haushalt aussagen?

f) Zwei der Haushalte (1)-(3) haben die gleiche Präferenzordnung. Welche sind dies? Womit ist diese übereinstimmung zu begründen?

Lösung

a) Eine Indifferenzkurve ist der geometrische Ort aller Güterbündel, denen der Haushalt den gleichen Nutzenindex (zB. u) zuordnet. Es ist nützlich, die Nutzenfunktionen so umzuformen, daß die auf der Ordinate abzutragende Variable X_2 auf der linken Seite des Gleichheitszeichens steht:

$$(1)\quad x_2 = \frac{u}{x_1} \qquad (2)\quad x_2 = \frac{\sqrt{u}}{x_1} \qquad (3)\quad x_2 = \sqrt{u - x_1^2}$$

Bei der Anfertigung der Graphiken ist zu beachten, daß nur positive Gütermengen zulässig sind, also $x_1, x_2 > 0$.

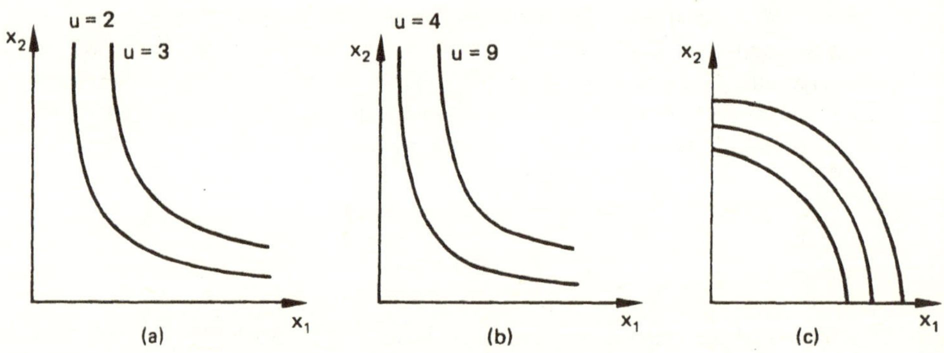

Abbildung 2.6

Aus den oben angegebenen Gleichungen sieht man sofort, daß sich die Indifferenzkurven der Haushalte (1) und (2) mit zunehmender Menge des Gutes 1 allmählich an die Achse dieses Gutes annähern, also streng konvex verlaufen. Die Haushalte (1) und (2) schätzen "wohl proportionierte" Güterbündel höher ein als extrem proportionierte. Genauer gesagt: Die Haushalte (1) und (2) ziehen zwei gegebenen, nutzengleichen Güterbündeln deren gewogene arithmetische Mittel vor.

Anders bewertet Haushalt (3): Er schätzt einseitig strukturierte Güterbündel höher ein; er findet es vorteilhafter, sich auf den Konsum eines bestimmten Gutes zu konzentrieren, als mehrere Güter *zugleich* nachzufragen. Die Indifferenzkurven des Haushalts (3) schneiden beide Mengenachsen, nämlich die Achse des Gutes 2 bei $x_2 = \sqrt{u}$ und die Achse des Gutes 1 bei $x_1 = \sqrt{u}$. Die Haushalte (1) und (2) vermindern bei gegebener Nutzenposition mit ansteigender Konsummenge des Gutes 1 die Nachfragemenge von X_2 in *abnehmender Rate*: Die Indifferenzkurven der Haushalte (1) und (2) verlaufen konvex. Der Haushalt (3) reduziert bei gegebener Nutzenposition mit zunehmender Konsummenge des Gutes 1 die Nachfragemenge von X_2 in *ansteigender Rate*: Die Indifferenzkurve des Haushalts (3) hat eine konkave Gestalt.

Die Steigung der Indifferenzkurven aller drei Haushalte ist durchweg negativ, deren Präferenzordnungen genügen der Annahme der Nichtsättigung. Die erste Ableitung der Gleichungen der Indifferenzkurven ist folglich in allen Fällen negativ; sie ist gleich der Substitutionsrate.

$$(1)\quad \frac{\partial x_2}{\partial x_1} = -\frac{u}{x_1^2} < 0 \qquad (2)\quad \frac{\partial x_2}{\partial x_1} = -\frac{\sqrt{u}}{x_1^2} < 0 \qquad (3)\quad \frac{\partial x_2}{\partial x_1} = -\frac{x_1}{\sqrt{u - x_1^2}} < 0$$

Mit der Substitutionsrate beschäftigen wir uns in Teilaufgabe c). Die Substitutionsrate des Haushalts (3) wird mit zunehmendem x_1 dem Absolutbetrag nach immer größer, das heißt, die Steigung der Indifferenzkurve wird immer größer, was einen konkaven Verlauf impliziert.

b) Die Präferenzordnungen der Haushalte (1) und (2) entsprechen allen gesetzten Annahmen. Haushalt (3) verletzt ganz offensichtlich die Annahme der Konvexität. Ein gewogenes arithmetisches Mittel zweier Güterbündel, die auf derselben Indifferenzkurve liegen, bewertet er geringer als die Güterbündelauf der Indifferenzkurve. Die Annahme der Konvexität verlangt genau das gegenteilige Verhalten.

c) Aus den Gleichungen der Indifferenzkurven, wie sie in a) angegeben sind, lassen sich leicht Skizzen für den Verlauf der Grenzrate der Subsitution der drei Haushalte ableiten. Die Grenzrate der Substitution hat auf Grund der Annahme der Nichtsättigung einen negativen Wert. Bei konstanter Nutzenposition – wir analysieren Indifferenzlinien – muß mit zunehmender Konsummenge an Gut 1 die Nachfragemenge an Gut 2 abnehmen.

Mit zunehmender Konsummenge an Gut 1 steigt die (negative) Grenzrate der Substitution $(-\partial x_2/\partial x_1)$ für die Haushalte (1) und (2) an, wie die zweite Ableitung der Gleichungen der Indifferenzlinien zeigt; die (negative) Steigung der Indifferenzkurven wird – für diese beiden Haushalte – immer flacher. Die Kurve der Substitutionsrate $(|\partial x_2/\partial x_1|)$ nähert sich immer mehr der X_1-Achse an. Sowohl Haushalt (1) wie Haushalt (2) geben für eine zusätzliche Einheit von Gut 1 immer *weniger* von Gut 2 her.

Haushalt (3) ist bereit, für jeweils zusätzliche Einheiten von Gut 1 immer *größere* Mengen von Gut 2 herzugeben, bis er nur noch Gut 1 konsumiert. Die Indifferenzkurven des Haushalts (3) haben einen konkaven Verlauf, wie in a) gezeigt worden ist. Mit zunehmender Konsummenge an Gut 1 verringert sich die (negative) Substitutionsrate in diesem Fall, die negative Steigung wird immer steiler.

d) Setzen wir u = 16 und $x_1' = 2$ beziehungsweise x"$_1$ = 4 in die Gleichung der Substitutionsrate ein, erhalten wir

$$\frac{\partial x_2}{\partial x_1} = -1 \qquad \frac{\partial x_2}{\partial x_1} = -\frac{1}{4}.$$

Wie wir aus der Antwort zu Frage a) wissen, variiert die Substitutionsrate mit der Konsummenge x_1. Im ersten Fall ist der Haushalt bereit, auf eine Einheit von Gut 2 zu verzichten, wenn er mindestens eine Einheit von Gut 1 bekommt. Im zweiten Fall ist er zum genannten Verzicht nur bereit, wenn er mindestens 4 Einheiten von Gut 1 bekommt. Je weniger der Haushalt von einem Gut konsumiert, desto unwilliger ist er beim Tausch, auf weitere Einheiten dieses Gutes zu verzichten, d.h. desto größere Mengen des einzutauschenden Gutes fordert er als "Entschädigung".

e) Bei konstanter Grenzrate der Substitution lassen sich Güterbündel finden, bei denen der Haushalt (4) indifferent ist, ob sie gleichmäßig oder extrem proportioniert sind. Bei gegebener Nutzenposition substituiert er ein Gut gegen das andere in *konstanter* Proportion; dabei ist er bereit, bei einer bestimmten Konsummenge des einen Gutes auf das andere Gut völlig zu verzichten.

f) Haushalt (1) und Haushalt (2) haben die gleiche Präferenzordnung. Sei $u = x_1 \cdot x_2$ und $v = x_1^2 \cdot x_2^2$, so ist $v = u^2$. v ist eine monotone Transformation von u. Eine monotone Transformation verändert eine Nutzenindexfunktion nicht, da sie die durch diese beschriebene ordinale Bewertung der Güterbündel unverändert läßt.

Aufgabe 4

Ein Haushalt konsumiert zwei Güter und maximiert seinen Nutzen bei einer gegebenen Budgetsumme M und gegebenen Preisen dieser Güter.

a) Die Präferenzordung des Haushalts läßt sich durch ein System streng konvexer Indifferenzkurven darstellen. Skizzieren Sie das Haushaltsoptimum.

b) Leiten Sie für den allgemeinen Fall ab, welche Bedingungen im Haushaltsoptimum erfüllt sein müssen. Welche Beziehung zwischen der Grenzrate der Substitution und dem Preisverhältnis läßt sich damit unter Zuhilfenahme des in Wiederholungsaufgabe 3 abgeleiteten Ergebnisses herstellen?

c) Berechnen Sie die nutzenmaximalen Mengen für folgende Werte: $u = x_1 x_2$; $M = 140$; $p_1 = 7$ und $p_2 = 20$.

d) Welche Veränderungen würden das Haushaltsoptimum beeinflussen?

e) Unterstellen Sie den Haushalt der Aufgabe 3e). Leiten Sie graphisch für gegebene Güterpreise und gegebene Budgetsumme den nutzenmaximalen Konsumplan ab. Wie unterscheiden sich die Optimalbedingungen dieses Konsumplans von jenen, die Sie in b) abgeleitet haben? Wie ändern sich die Ergebnisse, falls die Güterpreise variieren?

Lösung

a)

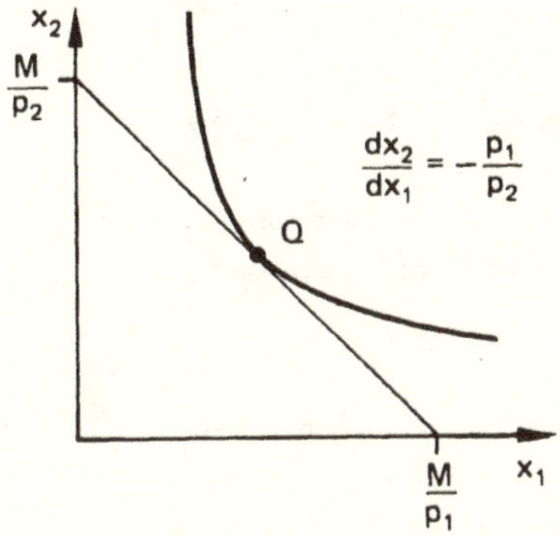

Abbildung 2.7

(Vgl. die erste Abbildung im Abschnitt E.1).

b) Die Lösung finden Sie im Abschnitt E.2. Sie erhalten als Ergebnis

$$\frac{\partial u/\partial x_1}{\partial u/\partial x_2} = \frac{p_1}{p_2}$$

Im Abschnitt E.1 ist abgeleitet worden:

$$-\frac{dx_2}{dx_1} = \frac{\partial u/\partial x_1}{\partial u/\partial x_2}$$

Damit ergibt sich auch

$$-\frac{dx_2}{dx_1} = \frac{p_1}{p_2} \qquad \text{oder} \quad dx_1 p_1 + dx_2 p_2 = 0.$$

Im optimalen Konsumplan entspricht die relative Bewertung der beiden Güter durch den Haushalt der Bewertung durch den Markt.

c) Als Grenznutzen ergeben sich für dieses Beispiel $du/dx_1 = x_2$ und $du/dx_2 = x_1$. Damit lassen sich die beiden Bedingungen für den optimalen Konsumplan anschreiben:

$$\frac{\partial u/\partial x_1}{\partial u/\partial x_2} = \frac{x_2}{x_1} = \frac{p_1}{p_2} = \frac{7}{20} \qquad \text{und} \qquad 140 = 7x_1 + 20x_2.$$

Als Ergebnis erhält man die nutzenmaximalen Konsummengen $x_1^* = 10$ und $x_2^* = 3,5$.

d) Eine Veränderung der vorgegebenen Größen (M, p_1, p_2) beeinflußt den optimalen Konsumplan, wie in Übungsaufgabe 1a beschrieben.

Eine gleichmäßige Veränderung der Preise *und* der Budgetsumme läßt den Konsumplan unverändert ebenso wie eine monotone Transformation der Nutzenfunktion.

e) Bei *konstanter* Substitutionsrate, dh. bei linearen Indifferenzkurven, sind Randlösungen möglich.

(i) Wenn im optimalen Konsumplan

$$\frac{dx_2}{dx_1} > -\frac{p_1}{p_2} \quad \text{gilt, wird nur Gut 2 konsumiert;}$$

der Haushalt bewertet Gut 2 höher als der Markt, kann aber durch einen weiteren Verzicht auf Gut 1 die Nutzenposition nicht mehr verbessern.

(ii) Wenn hingegen

$$\frac{dx_2}{dx_1} < -\frac{p_1}{p_2} \quad \text{gilt, wird nur Gut 1 konsumiert;}$$

der Haushalt bewertet Gut 1 höher als der Markt, kann aber durch einen weiteren Verzicht auf Gut 2 seine Nutzenposition nicht mehr verbessern.

(iii) Wenn die (relative) Bewertung der beiden Güter durch den Haushalt der Bewertung durch den Markt entspricht, also wenn

$$\frac{dx_2}{dx_1} = -\frac{p_1}{p_2} \ ,$$

ist bei linearen Indifferenzkurven der optimale Konsumplan nicht eindeutig bestimmt: Randlösungen wie auch innere Lösungen sind nutzenmaximal; die Budgetgerade und die Indifferenzkurve der nutzenmaximalen Konsumpläne sind deckungsgleich.

Aufgabe 5

Ein Haushalt wählt bei gegebener Nutzenfunktion und gegebenem Einkommen zwischen verschiedenen Mengen zweier Konsumgüter.

a) Zeigen Sie in einer Skizze, wie man die Nachfrage nach dem Gut 2 in Abhängigkeit von dessen Preis ableiten kann.

b) Bestimmen Sie die Nachfragefunktion für Gut 2, wenn $u = x_1 \cdot x_2$, $M = 140$ und $p_1 = 7$ gegeben sind.

c) Angenommen die Nachfragefunktion sei $x_2 = 8 - p_2$. Wie hoch ist die Preiselastizität der Nachfrage bei $p_2 = 2$? Warum kann man daraus nicht generell schließen, daß die Nachfrage des Haushalts nach diesem Gut preisunelastisch ist?

d) Unterstellen Sie die Situation der Teilaufgabe b). Bestimmen Sie den Einkommens- und Substitutionseffekt, falls sich der Preis des Gutes 2 von 20 auf 5 Einheiten ermäßigt.

Lösung

a) In der nachfolgenden Graphik werden 3 unterschiedliche Preise für das Gut 2 unterstellt, wobei gilt $p_2^1 < p_2^2 < p_2^3$.

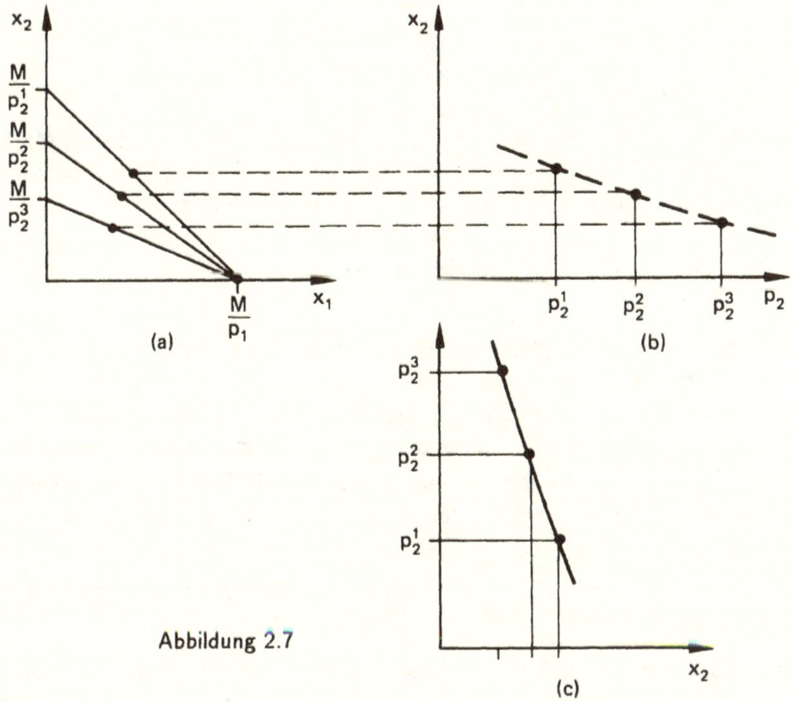

Abbildung 2.7

Im Gütermengendiagramm (a) nehmen wir zu den drei Preisen p_2^1, p_2^2 und p_2^3 nutzenmaximale Konsumpläne an. Die sich ergebenden Nachfragemengen tragen wir mit den jeweiligen Preisen des Gutes 2 in das Preis-Mengen-Diagramm (b) ein und man erhält drei Punkte einer Nachfragekurve. Diagramm (c) bringt die konventionelle Darstellung einer Nachfragekurve: Der Preis wird auf der Ordinate abgetragen, die Menge auf der Abszisse.

b) Der Haushalt dieses Beispiels besitzt als nominale Erstausstattung eine Budgetsumme M = 140. Bei gegebenem Preis für das Gut 1 ($p_1 = 7$) und alternativen Preisen für Gut 2 sind die nutzenmaximalen Konsummengen der beiden Güter zu bestimmen. Die Budgetrestriktion lautet $140 = 7x_1 + p_2x_2$. Es handelt sich um ein Maximierungsproblem unter einer Nebenbedingung. Der Lagrangeansatz des Problems lautet

$$L = x_1x_2 + \lambda(140 - 7x_1 - p_2x_2).$$

Es ist nach den Variablen x_1, x_2 und λ abzuleiten. Die optimalen Werte liegen dort, wo die ersten Ableitungen den Wert Null haben.

$$\text{(1)} \qquad \frac{\partial L}{\partial x_1} = x_2 - \lambda \cdot 7 = 0$$

$$\text{(2)} \qquad \frac{\partial L}{\partial x_2} = x_1 - \lambda \cdot p_2 = 0$$

$$\text{(3)} \qquad \frac{\partial L}{\partial \lambda} = 140 - 7x_1 - p_2 x_2 = 0$$

Man bringt bei den Bedingungen (1) und (2) die Ausdrücke mit dem Lagrange-Multiplikator λ auf die rechte Seite und dividiert (1) durch (2). Das Ergebnis entspricht der Bedingung "Grenznutzenverhältnis gleich Preisverhältnis". Man erhält

$$\text{(4)} \qquad \frac{x_2}{x_1} = \frac{7}{p_2} \qquad \text{beziehungsweise} \qquad x_1 = \frac{p_2 x_2}{7}.$$

Wird (4) in (3) eingesetzt, erhält man nach einfachen Umformungen die Nachfragefunktion für Gut 2: $x_2 = 70/p_2$.

Es handelt sich um eine negativ geneigte Nachfragefunktion: die Nachfrage nach Gut 2 nimmt mit steigendem Preis ab. Gut 2 ist ein "normales" Gut. Jeder Punkt der Nachfragekurve $x_2 = 70/p_2$ ist durch die Bedingungen (3) "Auslastung der zur Verfügung stehenden Budgetsumme" und (4) "Verhältnis der Grenznutzen gleich Preisverhältnis" gekennzeichnet.

Die Nachfrage nach dem Gut 2 ist *isoelastisch*; die Nachfrageelastizität ist bei jedem Wert für p_2 gleich -1.

c) Man beachte, daß die Nachfragefunktion dieser Teilaufgabe ($x_2 = 8 - p_2$) nicht aus Nutzenfunktionen abgeleitet werden kann, die den Annahmen der Aufgabe 2 in Teil A entsprechen.

Die Preiselastizität der Nachfrage $\eta(x_2, p_2)$ ist definiert als

$$\eta = \frac{\partial x_2}{\partial p_2} \cdot \frac{p_2}{x_2}.$$

Die Ableitung der Nachfragefunktion nach dem Preis p_2 ist im gegebenen Fall konstant und gleich -1; der Ausdruck p_2/x_2 variiert mit dem Preis des Gutes 2. Somit zeigt sich, daß die Preiselastizität der Nachfrage nach Gut 2 beim gegebenen Beispiel eine variable Größe ist. Da der Ausdruck p_2/x_2 mit p_2 variiert, gilt: Je höher der Preis desto elastischer die Nachfrage.

Für $p_2 = 2$ beträgt die Preiselastizität $\eta(x_2, p_2) = -1 \cdot 2/6 = -1/3$. Steigt der Preis des Gutes 2 um ein Prozent, nimmt die Nachfrage nach diesem Gut unter sonst gleichen Bedingungen um ein drittel Prozent ab. Beim gegebenen Preis ($p_2 = 2$) liegt die Nachfrage zwar im sogenannten unelastischen Bereich [-1,0]. Bereits bei einem Preis von 4 ergibt sich eine Elastizität von -1. Je höher der Preis bereits liegt, desto mehr verliert der Anbieter dieses Gutes bei einer weiteren einprozentigen Preissteigerung an Nachfrage; bis schließlich bei einem Preis von 8 die Nachfrageelastizität gegen $-\infty$ geht. Die Nachfragefunktion ist *homogen vom Grade Null in den Preisen und dem Einkommen*. Bei einem Preis von $p_2 = 10$ fragt der Haushalt 7 Einheiten des Gutes 2 nach. Eine Verdoppelung der Preise und der Budgetsumme läßt die Konsummengen unverändert. Bei $p_1 = 14$ und M = 280 ergibt sich eine Nachfragefunktion $x_2 = 140/p_2$. Für $p_2 = 20$ erhält man wieder die Nachfragemenge $x_2 = 7$.

d) Der *Substitutionseffekt* gibt jene Mengenänderung an, die der Haushalt realisieren würde, wenn er *nur* die Preisänderung in Betracht ziehen müßte, also auf seiner bisherigen Nutzenposition verbleiben könnte.

Wie wir aus der Aufgabe 4c) wissen, betragen bei den Preisen $p_1 = 7$ und $p_2 = 20$ die nutzenmaximalen Konsummengen $x_1^* = 10$ und $x_2^* = 3,5$ Einheiten. Bezeichnen wir diesen Konsumplan mit Q. Der Haushalt ordnet dem Konsumplan Q einen Nutzenindex $u^* = 10 \cdot 3,5 = 35$ zu. Die Grenzrate der Substitution ergibt sich aus der Ableitung der Gleichung der Indifferenzkurve:

$$u^* = 35 = x_1 \cdot x_2$$

$$x_2 = \frac{35}{x_1}$$

$$\frac{dx_2}{dx_1} = -\frac{35}{x_1^2}$$

Beim Konsumplan Q ($x_1^* = 10, x_2^* = 3,5$) ist die Grenzrate der Substitution gleich -0.35 und damit gleich dem bisherigen (negativen reziproken) Preisverhältnis ($-p_1/p_2 = -7/20 = -0.35$).

Nach der Senkung des Preises von Gut 2 beträgt das Preisverhältnis $-p_1/p_2 = -7/5 = -1.4$. Welchen Konsumplan S würde der Haushalt wählen, wenn er bei geänderten Preisen seine bisherige Nutzenposition $u^* = 35$ beibehalten möchte? Man setzt das neue Preisverhältnis in die obige Gleichung der Grenzrate der Substitution ein

$$\frac{dx_2}{dx_1} = -\frac{35}{x_1^2} = -1.4$$

und erhält $x_1 = 5$. Aus der Gleichung der Indifferenzkurve $35 = x_1 \cdot x_2$ ergibt sich für $x_1 = 5$ die Konsummenge $x_2 = 7$. Der Konsumplan S (bisherige Nutzenposition, neue Preise) lautet also $x_1 = 5$ und $x_2 = 7$. In bezug auf Gut 2 beträgt der Substitutionseffekt $\Delta x_2 = 7 - 3,5 = 3,5$. Der Haushalt würde die Konsummenge an Gut 2 allein aufgrund der Preissenkung um 3,5 Einheiten erhöhen. Den Konsum des relativ teurer gewordenen Gutes 1 würde er um 5 Einheiten verringern.

Der Konsumplan S ($x_1 = 5, x_2 = 7$) würde bei den neuen Preisen $p_1 = 7, p_2 = 5$ die gegebene Budgetsumme M=140 nicht ausschöpfen, da $7 \cdot 5 + 5 \cdot 7 = 70$. Das Realeinkommen des Haushalts, gemessen in Einheiten des Gutes 2, ist von 7 auf 28 Einheiten gestiegen. Der Haushalt kann sich durch eine Verausgabung der restlichen 70

Geldeinheiten besserstellen, den damit verbundenen mengenmäßigen Mehrkonsum an Gut 2 bezeichnet man als *Einkommenseffekt*.

Bei den Preisen $p_1 = 7$ und $p_2 = 5$ und voller Verausgabung der Budgetsumme M=140 erhält man als nutzenmaximalen Konsumplan T: $x_1^{**} = 10$ und $x_2^{**} = 14$. In bezug auf das Gut 2 beträgt der Einkommenseffekt also $\triangle x_2 = 14 - 7 = 7$. Da der Haushalt mit steigendem Realeinkommen mehr von Gut 2 konsumiert, betrachtet er es als *superior*. Denkt man an den Gesamteffekt der Preissenkung, so erhöht der Haushalt die Konsummenge des Gutes 2 von 3,5 auf 14 Einheiten, er betrachtet es also als *normales* Gut.

Der mengenmäßige *Gesamteffekt* der Preissenkung bei Gut 2 (+10,5) setzt sich also aus dem Substitutionseffekt (+3,5) und dem Einkommenseffekt (+7) zusammen. Dem neuen Konsumplan ordnet der Haushalt einen Nutzenindex $u^{**} = 10 \cdot 14 = 140$ zu.

Der Anstieg des Realeinkommens wirkt sich auch auf das Gut 1 aus $\triangle x_1 = 10 - 5 = 5$; der Minderkonsum durch die relative Verteuerung dieses Gutes wird gerade ausgeglichen. Der Gesamteffekt einer Preisänderung des Gutes 2 in bezug auf die Nachfragemenge des Gutes 1 *Kreuzpreiseffekt* ist Null. Dieses Ergebnis drückt sich auch in einer *Kreuzpreiselastizität* (des Gutes 1 in bezug auf den Preis des Gutes 2) von Null aus.

Der Preis des Gutes 2 fällt auf ein Viertel, die Nachfragemenge des Gutes 2 vervierfacht sich. Die Konsummenge des Gutes 1 bleibt bei konstantem Preis p_1 unverändert: Der Haushalt (dieser Aufgabe) hält trotz Preisvariation die *Ausgabenanteile* für die verschiedenen Güter konstant; er betrachtet also Gut 2 im Vergleich zu Gut 1 weder als *Substitut* (hier wäre die Kreuzpreiselastizität η_{x_1,p_2} positiv) noch als *Komplement* (hier wäre die Kreuzpreiselastizität η_{x_1,p_2} negativ).

Aufgabe 6

Ein Haushalt mit der Nutzenfunktion $u = x_1 \cdot x_2$ verfügt über eine Erstausstattung von Gut 1 in Höhe von $\bar{x}_1$. Sonst erhält er kein Einkommen.

a) Bestimmen Sie seine Budgetrestriktion, wenn die Preise p_1 und p_2 gegeben sind. Fertigen Sie eine Skizze an.

b) Leiten Sie die Nachfragefunktion für Gut 2 ab.

c) Ermitteln Sie die Kreuzpreiselastizität für Gut 2 in bezug auf p_1. Welches Vorzeichen hat diese?

Lösung

a) Der Haushalt dieses Beispiels besitzt eine reale Erstausstattung an Gut 1. Man könnte auch sagen: Der Haushalt hat in der betrachteten Periode ein Realeinkommen in Höhe von $\bar{x}_1$. Eine Variation des Preises von Gut 1 verändert naturgemäß die reale Vermögensposition dieses Haushaltes nicht (im Gegensatz zur Situation in der Aufgabe 7).

Wie die Nutzenfunktion sagt, konsumiert der Haushalt neben Gut 1 auch Gut 2. Käufe von Gut 2 kann er nur "finanzieren", wenn er von seiner Erstausstattung an Gut 1 etwas verkauft.

Die für diesen Haushalt relevante Budgetrestriktion legt fest, daß der Marktwert der Erstausstattung (das Einkommen) gleich der Ausgabensumme für die Güter 1 und 2 ist. Sie lautet

$$p_1 \cdot \bar{x}_1 = p_1 \cdot x_1 + p_2 \cdot x_2 \quad \text{oder}$$

$$x_2 = \frac{p_1}{p_2} \cdot (\bar{x}_1 - x_1)$$

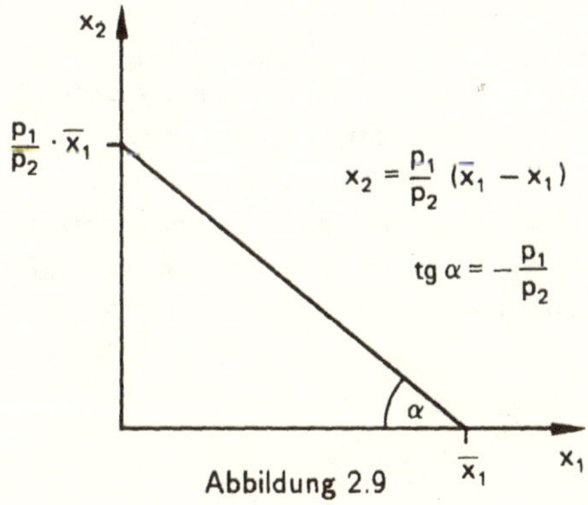

Abbildung 2.9

b) Es ist die Nutzenfunktion $u = x_1 \cdot x_2$ zu maximieren, unter der Nebenbedingung $M - p_1 \cdot x_1 - p_2 \cdot x_2 = 0$. Der Lagrangeansatz für das gegebene Problem lautet

$$L = x_1 \cdot x_2 + \lambda \cdot (\bar{x}_1 \cdot p_1 - x_1 \cdot p_1 - x_2 \cdot p_2)$$

Man leitet nach den Variablen x_1, x_2 und λ ab und setzt die Ableitungen gleich Null:

(1) $$\frac{\partial L}{\partial x_1} = x_2 - \lambda \cdot p_1 = 0$$

(2) $$\frac{\partial L}{\partial x_2} = x_1 - \lambda \cdot p_2 = 0$$

(3) $$\frac{\partial L}{\partial \lambda} = \bar{x}_1 \cdot p_1 - x_1 \cdot p_1 - x_2 \cdot p_2 = 0$$

Man erhält drei notwendige Bedingungen für den nutzenmaximalen Konsumplan. Die ersten beiden lassen sich zusammenfassen zu

(4) $$\frac{x_2}{x_1} = \frac{p_1}{p_2} \quad \text{beziehungsweise} \quad x_1 = \frac{p_2}{p_1} \cdot x_2.$$

In die dritte Bedingung eingesetzt, erhält man die Nachfragefunktion für Gut 2:

$$x_2 = \frac{\bar{x}_1 \cdot p_1}{2 \cdot p_2}.$$

Sie ist negativ geneigt: Mit steigendem Preis des Gutes 2 geht die Nachfrage nach diesem Gut zurück. Die Nachfragekurve ist isoelastisch.

Die Nachfragefunktion für Gut 1 ist $x_1 = 0.5 \cdot \bar{x}_1$. Die Nachfrage nach Gut 1 ist preisunelastisch und nur von der Nutzenfunktion und der Erstausstattung abhängig.

c) Die Kreuzpreiselastizität des Gutes 2 in bezug auf p_1 $\eta(x_2, p_1)$ ist ein Maß für die Mengenreaktion der Nachfrage nach Gut 2 bei einer Variation von p_1, beinhaltet also eine Aussage über die eben abgeleitete Nachfragefunktion. Sie ist definiert als

$$\eta(x_2, p_1) = \frac{\partial x_2 \cdot p_1}{\partial p_1 \cdot x_2}.$$

Der Differentialquotient $\partial x_2 / \partial p_1$ ist $\bar{x}_1/(2p_2)$; da $p_1/x_2 = 2p_2/\bar{x}_1$ ergibt sich eine Kreuzpreiselastizität von +1. Gut 2 ist also ein Substitut für Gut 1; die Menge verändert sich im selben Ausmaß wie der Preis. Steigt der Preis des Gutes 1 um ein Prozent, nimmt die Nachfrage nach Gut 2 ebenfalls um ein Prozent zu. Die Kreuzpreiselastizität des Gutes 1 in bezug auf p_2 ist jedoch Null, da im gegebenen Fall die Nachfrage nach Gut 1 völlig preisunelastisch ist. In der in b) abgeleiteten Nachfragefunktion des Gutes 1 taucht der Preis p_1 nicht als Argument auf.

Aufgabe 7

Die Auswirkung der Änderung eines Güterpreises auf den optimalen Konsumplan eines Haushalts kann in einen *Einkommens-* und in einen *Substitutionseffekt* zerlegt werden.

a) Führen Sie diese Zerlegung zeichnerisch sowohl für den Fall durch, daß ein Gut teurer, als auch für den Fall daß es billiger wird.

b) Nehmen Sie an, der Haushalt reagiere nicht auf die Preiserhöhung eines Gutes mit einer Verringerung der Nachfragemenge eben dieses Gutes. Kann es sich in diesem Fall um ein superiores Gut handeln?

Lösung

a) Die angesprochenen Graphiken finden Sie als die erste und die dritte Abbildung des Abschnitts F.4 im Lehrbuch.

b) Der Preis des Gutes 2 *erhöhe* sich.

Der Substitutionseffekt (Q nach S) ist negativ; da der Konsumplan T die gleiche Menge des Gutes 2 enthält wie der gegebene Konsumplan Q, ist der Einkommenseffekt bei abnehmendem Realeinkommen positiv: Gut 2 ist ein *inferiores* Gut. Mengenänderung und Einkommensänderung sind gegenläufig.

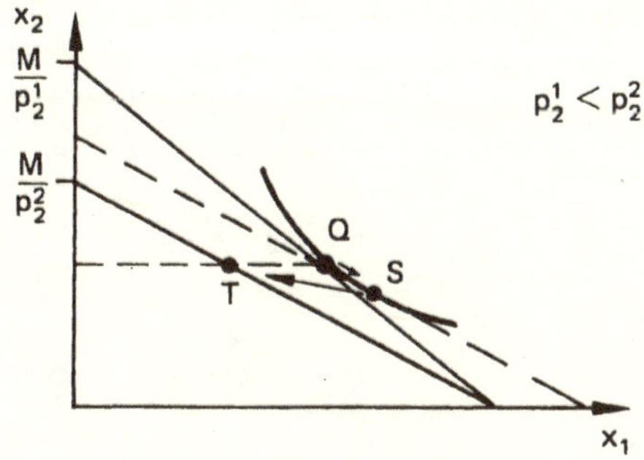

Abbildung 2.10

Aufgabe 8

Der Nutzen eines Haushalts hängt von der konsumierten Menge des Gutes X und der Freizeit F ab; die Nutzenfunktion lautet: $u = x^{\alpha} \cdot F^{(1-\alpha)}$ mit $0 < \alpha < 1$. T ist die Gesamtzeit, die in Arbeitszeit und Freizeit zerfällt ($T = A + F$). Der Haushalt erhält einen Unternehmensgewinn (-anteil) in Höhe von $G°$ Geldeinheiten zugewiesen, der Lohnsatz sei l, der Preis des Gutes X sei p.

a) Wie lautet die Budgetrestriktion?

b) Geben Sie die notwendigen Bedingungen für ein Haushaltsoptimum an.

c) Bilden Sie in einer Skizze ein Haushaltsoptimum ab und leiten Sie bei variablem Lohnsatz die Arbeitsangebotsfunktion ab.

d) Leiten Sie nunmehr die Arbeitsangebotsfunktion algebraisch ab und interpretieren Sie das Ergebnis.

e) Wie lautet das Ergebnis in d), wenn man unterschiedlich hohe Gewinneinkommen G betrachtet?

Lösung

a) Der Haushalt besitzt eine nominale Erstausstattung $G°$ (Unternehmergewinn) und eine reale Erstausstattung T (Zeit). Eine Teilmenge der Gesamtzeit bietet er den Unternehmen zum Marktlohn l als Arbeitszeit an. Ein Tausch von Zeit zwischen den Haushalten sei ausgeschlossen. Die Budgetrestriktion legt fest, daß der Haushalt die Bedingung "Einnahmen = Ausgaben" beachtet. Die Einnahmen des gegebenen Modellhaushalts bestehen aus dem Arbeitseinkommen ($l \cdot A$) und dem Gewinneinkommen $G°$, die er für den Kauf des Gutes X ausgibt: $l \cdot A + G° = p \cdot x$ oder, unter Berücksichtigung von $A = T - F$, $l \cdot T + G° = p \cdot x + l \cdot F$.

Der Haushalt verwendet die gesamte Erstausstattung, bewertet zum Marktwert, und sein Gewinneinkommen, um dafür Gut X und Freizeit zu kaufen.

$$x = \frac{l \cdot T + G°}{p} - \frac{l}{p} \cdot F$$

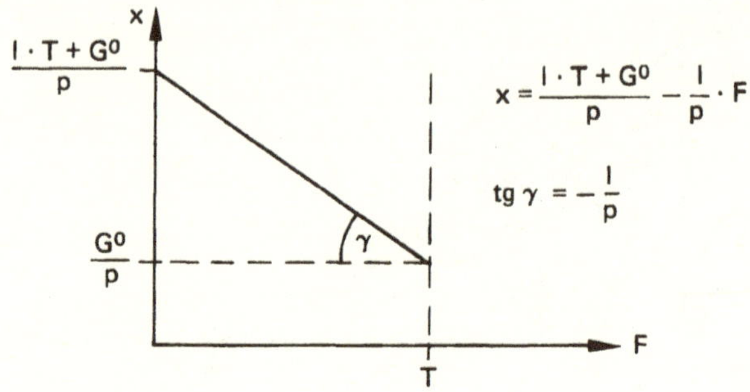

Abbildung 2.11

Selbst wenn der Modellhaushalt nicht arbeiten möchte, also F = T, könnte er $G°/p$ Einheiten des Gutes X konsumieren. Da der Haushalt annahmegemäß Zeit nicht zukaufen kann, kann er den Unternehmergewinn nur zum Kauf des Gutes X verwenden.

b) Es ist die Nutzenfunktion $u = x^{\alpha} \cdot F^{(1-\alpha)}$ zu maximieren, unter der Nebenbedingung $l \cdot T + G° - px - lF = 0$. Aus dem Lagrangeansatz

$$L = x^{\alpha} \cdot F^{(1-\alpha)} + \lambda \cdot (l \cdot T + G° - px - l \cdot F)$$

lassen sich durch Ableitung nach x, F und λ die notwendigen Bedingungen für einen nutzenmaximalen Konsumplan bestimmen:

(1) $$\frac{\partial L}{\partial x} = \frac{\partial u}{\partial x} - \lambda \cdot p = 0$$

(2) $$\frac{\partial L}{\partial F} = \frac{\partial u}{\partial F} - \lambda \cdot l = 0$$

(3) $$\frac{\partial L}{\partial \lambda} = l \cdot T + G° - p \cdot x - l \cdot F = 0$$

Die Bedingungen (1) und (2) lassen sich zusammenfassen: Man bringt die Ausdrücke mit dem Lagrange-Multiplikator auf die rechte Seite und dividiert Bedingung (1) durch Bedingung (2); man setzt die gegebene Nutzenfunktion ein und erhält

(4) $$\frac{\alpha F}{(1-\alpha)x} = \frac{p}{l},$$

d.h. im nutzenmaximalen Konsumplan ist das Verhältnis der Grenznutzen von Freizeit und Konsumgut X gleich dem Verhältnis der Preise dieser Güter. Ferner wird die Budgetsumme voll verausgabt; es gilt also Bedingung (3)

$$l \cdot T + G° - px - l \cdot F = 0.$$

c)

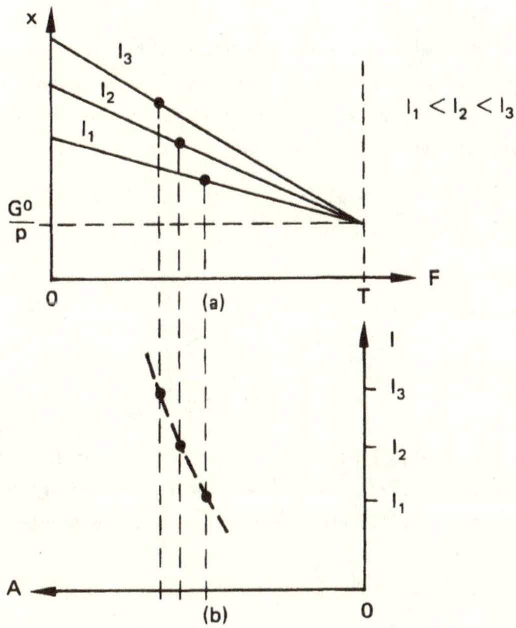

Abbildung 2.12

Die Abbildung 2.12b braucht nur um die Ordinate gedreht zu werden, um die konventionelle Darstellungsform der Arbeitsangebotsfunktion zu haben.

d) Die Nachfragefunktion nach *Freizeit* erhält man, wenn man aus der in b) abgeleiteten Bedingung (3) mit Hilfe von (4) die Gütermenge x eliminiert.

$$F = (1-\alpha)(T + \frac{G^\circ}{l})$$

Man bezeichnet sie auch als Lohn-Freizeit-Kurve.

Die *Arbeitsangebotsfunktion* ergibt sich aus A = T - F, also

$$A = \alpha T - (1-\alpha)\frac{G^\circ}{l}.$$

Die Arbeitsangebotsfunktion des gegebenen Beispiels ist positiv geneigt, hat also einen "typischen" Verlauf. Mit steigendem Lohnsatz bietet der Modellhaushalt gemäß seinem Optimalkalkül mehr Arbeitszeit an:

$$\frac{\partial A}{\partial l} = (1-\alpha)\frac{G^\circ}{l^2} > 0, \qquad \text{da} \quad 0 < \alpha < 1.$$

Die Steigung der Arbeitsangebotskurve wird mit zunehmendem Lohnsatz l flacher und mit wachsendem Gewinnanteil G° steiler.

Die Kreuzpreiselastizität des Arbeitsangebots in bezug auf den Preis des Gutes X ist Null; eine Variation von p läßt die Arbeitsangebotsfunktion A(l) unverändert. Der Güterpreis p ist kein Argument dieser Funktion.

Die Nachfrage des Haushalts nach Freizeit ist annahmegemäß auf maximal T Einheiten beschränkt. Es läßt sich im gegebenen Beispiel jener Lohnsatz l° bestimmen, bei dem der Haushalt gerade T Einheiten Freizeit nachfragt, dh. keine Arbeitszeit anbietet. Der Haushalt tritt also als Anbieter auf dem Arbeitsmarkt auf, falls der Marktlohn

$$l > l^\circ = \frac{(1-\alpha)G^\circ}{\alpha T} \quad \text{ist.}$$

Die Arbeitsangebotsfunktion lautet somit

$$A = \begin{cases} \alpha T - (1-\alpha)\frac{G^\circ}{l} & \text{für} \quad l \geq \frac{(1-\alpha)G^\circ}{\alpha T} \\ 0 & \text{für} \quad l \leq \frac{(1-\alpha)G^\circ}{\alpha T} \end{cases}$$

Die Arbeitsangebotsfunktion $A(p, l; G^\circ, T)$ weist in Abhängigkeit von einer bestimmten (kritischen) Lohnhöhe l° unterschiedliche Definitionsbereiche auf. Bewegt sich der Marktlohn oberhalb des kritischen Werts l°, bietet der Haushalt mit zunehmender Lohnhöhe mehr Arbeit an.

Liegt der Lohn unter l°, zieht der Haushalt (freiwillige) Arbeitslosigkeit vor.

Bei der *Nachfrage nach dem Konsumgut* X ist eine analoge Unterscheidung zu treffen. Im gegebenen Beispiel ergibt sich als Nachfragefunktion $x(p, l; G^\circ, T)$

$$x = \frac{\alpha}{p}(lT + G^\circ)$$

Die Konsumgüternachfrage nimmt mit steigendem Lohnsatz zu, falls die Lohnhöhe oberhalb des kritischen Werts l° liegt. Im anderen Fall, in dem der Haushalt kein Arbeitseinkommen erzielt, ist sie gleich G°/p und reagiert somit nicht auf Lohnsatzänderungen. Man erhält

$$x = \begin{cases} \frac{\alpha}{p}(lT + G^\circ) & \text{für} \quad l \geq l^\circ \\ \frac{G^\circ}{p} & \text{für} \quad l \leq l^\circ \end{cases}$$

Eine Veränderung des Lohnes unterhalb des kritischen Werts l° läßt die Konsumgüternachfrage unverändert. Eine Erhöhung des Marktlohns im genannten Bereich zum Beispiel wird nicht nachfragewirksam.

Die Kreuzpreiselastizität der Nachfrage nach dem Konsumgut X in bezug auf den Lohnsatz l ist positiv, falls der Lohnsatz über dem kritischen Wert l° liegt. Der Haushalt betrachtet in diesem Falle Konsumgut X als Substitut für die Freizeit.

Eine Veränderung des Gewinnanteils G° bewirkt eine Verschiebung der Nachfragekurve des Gutes X. Bei höherem Gewinnanteil konsumiert der Haushalt mehr von diesem Gut.

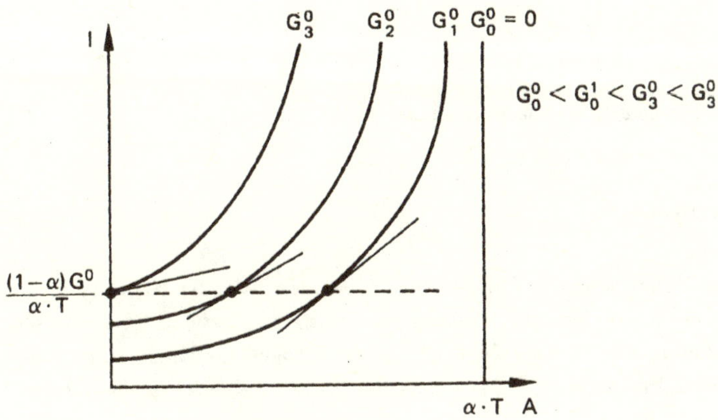

Abbildung 2.13

e) Zunehmende Gewinnanteile G bewirken eine *Drehung* und *Verschiebung* der Arbeitsangebotsfunktion nach links oben.

Der Mindestlohn l°, den der Haushalt in jedem Fall fordert, steigt an (vgl. Abbildung 2.13).

Es läßt sich – bei gegebenem Lohnsatz l – ein Gewinnanteil G bestimmen, bei dem der Haushalt als Arbeitsanbieter ausscheidet. Falls

$$G \geq \frac{\alpha}{1-\alpha} \cdot l \cdot T,$$

bietet der Haushalt keine Arbeitszeit mehr an.

Wie wir uns erinnern, mißt der gegebene Modellhaushalt der Arbeitszeit (im Gegensatz zur Freizeit) keinen direkten Nutzen zu; er arbeitet, um aus dem erzielten Einkommen den Kauf des Konsumgutes X zu finanzieren. Er bietet auf einem Markt an, um auf einem anderen Markt als Nachfrager auftreten zu können. Diesen Zusammenhang werden Sie in der Makroökonomie als *Say'sches Theorem* kennenlernen.

Die Steigung der Arbeitsangebotskurve wird bei gegebenem Lohnsatz mit zunehmendem Gewinnanteil G immer flacher (man bewegt sich in Abbildung 2.13 von rechts nach links). Bei jeweils höherem Gewinnanteil G reagiert der Modellhaushalt auf Lohnerhöhungen mit einer immer geringeren Ausweitung des Arbeitsangebots, eine Verhaltensweise, die angesichts eines zunehmenden autonomen Einkommensbestandteils plausibel erscheint. Erhält der Haushalt keinen Gewinn, ist sein Arbeitsangebot konstant: $A = \alpha T$ und damit vollkommen lohnunelastisch. Es wird allein durch seine Präferenzordnung bestimmt.

C) Weiterführende Fragen

Aufgabe 1

In Übungsaufgabe 7 ist untersucht worden, wie der Haushalt in seinen Mengenentscheidungen auf eine Preisvariation reagiert. Versuchen Sie – ausgehend von diesen Überlegungen –, die Zerlegung dieser Mengenreaktion in einen Substitutions- und in einen Einkommenseffekt in einfacher Weise algebraisch zu formulieren.

Lösung

In Üungsaufgabe 7 haben wir Nachfragefunktionen betrachtet, die bei gegebener Budgetsumme zu alternativen Güterpreisen die jeweils nutzenmaximalen Güterbündel enthalten, zum Beispiel $x_1(p_1, p_2; M)$.

Wie wir wissen, ist der Substitutionseffekt jene Nachfrageänderung, für die sich der Haushalt bei konstanter Nutzenposition, aber variabler Budgetsumme entscheiden würde. Es handelt sich um solche Konsumpläne, die (bei gegebener Nutzenposition u) zu alternativen Preisen die jeweils *ausgabenminimalen* Güterbündel enthalten. Der geometrische Ort dieser Konsumpläne heißt "kompensierte" Nachfragefunktion, zum Beispiel $x_1(p_1, p_2, u)$.

Nun seien bei gegebenen Preisen p_1 und p_2 die Budgetsumme M und die Nutzenposition u so gewählt, daß gilt

$$x_1(p_1, p_2; u) = x_1(p_1, p_2; M).$$

Bei einer Preisänderung bleibt die Mengenreaktion für beide Nachfragefunktionen gleich, wenn man bei der "normalen" (nicht-kompensierten) Nachfragefunktion zuläßt, daß die Budgetsumme M sich so anpaßt, daß bei den neuen Preisen ein nutzengleicher Konsumplan gerade finanziert werden kann. Der Preis des Gutes 1 erhöhe sich. Man erhält

$$\frac{\partial x_1}{\partial p_1}(p_1, p_2; u) = \frac{\partial x_1}{\partial p_1} + \frac{\partial x_1}{\partial M} \cdot \frac{\partial M}{\partial p_1}$$

Die linke Seite ist die Mengenreaktion des Haushalts entlang der gegebenen Indifferenzlinie, also der (negative) Substitutionseffekt. Der erste Ausdruck auf der rechten Seite steht für die Mengenreaktion bei gegebener Budgetsumme, also der Gesamteffekt. Er ist ebenfalls negativ, falls es sich bei Gut 1 um ein normales Gut handelt. Die (negative) Mengenreaktion bei *konstanter* Budgetsumme fällt stärker aus als bei angepaßter Budgetsumme.

Der zweite Ausdruck korrigiert diesen Effekt; er beschreibt jene zusätzliche Nachfrage, die der Budgetsummenanpassung zugeschrieben werden kann. Da $\partial M/\partial p_1 = x_1$, ergibt sich nach Umformung

$$\frac{\partial x_1}{\partial p_1} = \frac{\partial x_1}{\partial p_1}(p_1, p_2; u) - x_1 \cdot \frac{\partial x_1}{\partial M}.$$

Wie wir wissen, ist der Substitutionseffekt immer gegenläufig zur Preisänderung; der erste Differentialquotient auf der rechten Seite ist immmer negativ. Das Vorzeichen des Einkommenseffekts ist dagegen unbestimmt. Betrachtet der Haushalt Gut 1 als superior, ist die Mengenreaktion gleichläufig zur Einkommensänderung ($\partial x_1/\partial M > 0$), betrachtet er es als inferior, ist die Mengenreaktion gegenläufig zur Einkommensänderung ($\partial x_1/\partial M < 0$).

Die oben abgeleitete algebraische Darstellung des Einkommens- und Substitutionseffekts ist als *Slutzky-Gleichung* bekannt geworden, benannt nach dem italienischen Ökonomen Eugenio Slutzky.

Aufgabe 2

Gehen Sie von der Problemstellung der Übungsaufgabe 8 (Arbeitsangebot) aus.

a) Wie man in 8a) gesehen hat, könnte der Haushalt einen Freizeitkonsum größer als T, maximal $T + G°/l$, finanzieren. Berücksichtigen Sie bei der Analyse der Nachfrage nach Freizeit und nach dem Konsumgut X, daß die konsumierbare Zeit nicht größer als T sein kann.

b) Auf dem Arbeitsmarkt sehe sich der Haushalt einer auf maximal $A°$ Einheiten beschränkten Nachfrage gegenüber. Analysieren Sie die Konsumentscheidung des Haushalts und betrachten Sie insbesonders die Auswirkungen, die diese Einschränkungen auf dem Arbeitsmarkt auf den Gütermarkt haben.

Lösung

a) Bei der in 8d) abgeleiteten Arbeitsangebotsfunktion haben sich zwei unterschiedliche Definitionsbereiche (in Abhängigkeit vom Marktlohn) ergeben, nachdem man (nachträglich) die Beschränkung der Freizeitnachfrage auf maximal T Einheiten beachtet hat. Im folgenden wird eine Analysemethode vorgestellt, die solche Mengenbeschränkungen, Gleichungen wie Ungleichungen, bereits im Ansatz enthält. Als Bedingungen erster Ordnung sind die sogenannten *Kuhn-Tucker-Bedingungen* abzuleiten. Eine gute Einführung finden Sie im Lehrbuch von Henderson-Quandt (Mikroökonomische Theorie, München, 1983).

Neben der Budgetbeschränkung (Gleichung) ist in der gegebenen Problemstellung noch die Beschränkung der Freizeitnachfrage, $T - F \geq 0$, als *U*ngleichung zu berücksichtigen. Der Lagrangeansatz lautet

$$L = u(x, F) + \lambda \cdot (lT + G° - lF - px) + \mu \cdot (T - F)$$

Die Lagrangevariable λ ist gleich dem Grenznutzen des Einkommens, der Multiplikator μ ist der Schattenpreis einer zusätzlichen Einheit der realen Erstausstattung bei gegebenem Marktwert der gesamten Erstausstattung. Es ist nach den Variablen x, F, λ und μ abzuleiten, und man erhält

$$(1) \qquad \frac{\partial L}{\partial x} = \frac{\partial u}{\partial x} - \lambda \cdot p = 0$$

$$(2) \qquad \frac{\partial L}{\partial F} = \frac{\partial u}{\partial F} - \lambda \cdot l - \mu \leq 0$$

$$(3) \qquad \frac{\partial L}{\partial \lambda} = lT + G° - lF - px = 0$$

$$(4) \qquad \frac{\partial L}{\partial \mu} = T - F \geq 0$$

Man unterstellt, daß x, F, λ und μ nicht-negativ sind. Die sogenannten Komplementaritätsbedingungen lauten damit

$$(5) \qquad (\frac{\partial u}{\partial F} - \lambda \cdot l - \mu) \cdot F = 0$$

$$(6) \qquad (T - F) \cdot \mu = 0$$

Sie erlauben eine sinnvolle Interpretation für sogenannte "innere" (hier bei $0 < F < T$) wie für "Randlösungen" (hier bei F=T). Eine innere Lösung ergibt sich bei einem Lohnsatz $l > l°$, eine Randlösung bei $l \leq l°$ (vgl. Lösung der Aufgabe 8).

Bedingung (5) ist für jeden nicht-negativen Wert von F erfüllt. Da der gegebene Haushalt wegen der Annahme der strengen Konvexität stets positive Freizeitmengen konsumiert, ist in (5) die Klammer gleich Null, auch wenn eine Randlösung vorliegt. In Bedingung (2) gilt stets das Gleichheitszeichen.

(i) Innere Lösung ($0 < F < T$)

Der Haushalt ist in seinem geplanten Freizeitkonsum (beim geplanten Arbeitsangebot) nicht beschränkt. In diesem Fall ist der Schattenpreis der Zeitbeschränkung μ gleich Null. Der Haushalt ist indifferent gegenüber einer Lockerung dieser Beschränkung, falls der Marktwert der gesamten Erstausstattung ($l \cdot T + G°$) konstant bleibt. In Bedingung (4) gilt das Größerzeichen.

Aus den Bedingungen (1) und (2) läßt sich – wie in Aufgabe 8 – die Lösung für den nutzenmaximalen Konsumplan ableiten: Die (negative) Grenzrate der Substitution zwischen dem Konsumgut X und der Freizeit ist gleich dem reziproken Preisverhältnis.

(ii) Randlösung (F=T)

Der Haushalt konsumiert die gesamte zur Verfügung stehende Zeit als Freizeit; er tritt auf dem Arbeitsmarkt nicht als Anbieter auf. Der Schattenpreis der Zeitbeschränkung μ ist positiv; eine Lockerung dieser Beschränkung stellt den Haushalt besser, selbst wenn der Marktwert der gesamten Erstausstattung konstant bleibt. In Bedingung (4) gilt das Gleichheitszeichen.

Der Haushalt würde gern mehr Freizeit konsumieren. Das Grenznutzenverhältnis zwischen der Freizeit und dem Konsumgut X ist größer als der Reallohn l/p.

Bringt man in den Bedingungen (1) und (2) die Ausdrücke mit den Lagrange-Multiplikatoren auf die rechte Seite und dividiert (2) durch (1), so erhält man

$$\frac{\partial u/\partial F}{\partial u/\partial x} = \frac{l + \mu/\lambda}{p}.$$

Könnte der Haushalt mehr Freizeit konsumieren (und damit weniger von Gut X), ergäbe sich ein geringeres Grenznutzenverhältnis und damit ein Ausgleich mit dem gegebenen Reallohn. Der Haushalt würde sich besserstellen (vgl. Abbildung 2.14).

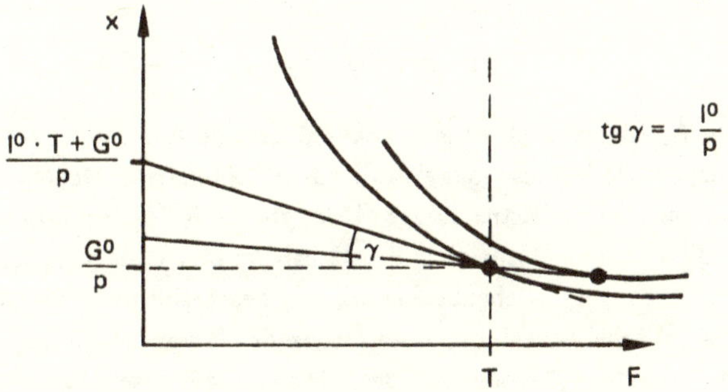

Abbildung 2.14

Das Arbeitsangebot reagiert also – wie in Aufgabe 8 ebenfalls gezeigt – auf Lohnsenkungen in unterschiedlicher Weise: Liegt der Lohn über der kritischen Marke von $(1-\alpha)G^\circ/(\alpha T)$, vermindert (erhöht) der Haushalt bei sinkendem Lohn das Arbeitsangebot (die Freizeitnachfrage). Ist der Lohn geringer als die genannte kritische Marke, erfolgt kein Arbeitsangebot.

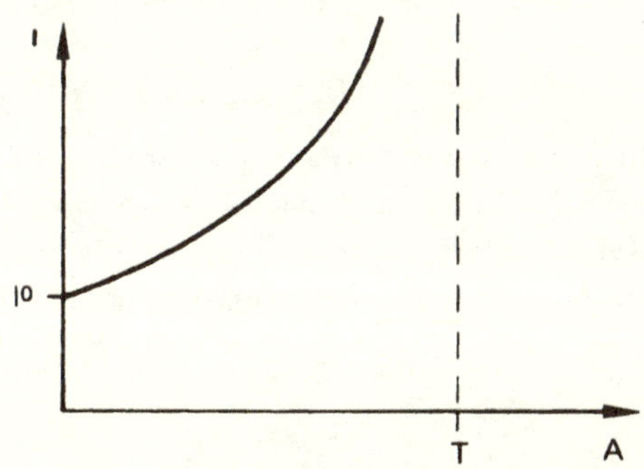

Abbildung 2.15

b) Wie wir wissen, ist der Mengenanpasser dadurch charakterisiert, daß er bei gegebenen Preisen beliebige Mengen kaufen und verkaufen kann. Die Analyse von Entscheidungen bleibt einfach, weil man nicht zwischen nachgefragten und gekauften beziehungsweise angebotenen und verkauften Mengen unterscheiden muß. In der Modellwelt dieser Teilaufgabe jedoch können angebotene und verkaufte Mengen an Arbeitszeit auseinanderfallen.

Die Beschränkung auf maximal $A°$ Arbeitszeit bedeutet (wegen $F° = T - A°$), daß der Haushalt auf jeden Fall Freizeit in der Menge $F°$ konsumieren muß. Sein Entscheidungsproblem läßt sich daher beschreiben als:

Maximiere die Nutzenfunktion u(x,F) unter den Nebenbedingungen

$$(i) \qquad lT + G° - lF - px = 0,$$

$$(ii) \qquad T - F \geq 0,$$

$$(iii) \qquad A° - A \geq 0 \quad \text{beziehungsweise} \quad A° - T + F \geq 0.$$

Nebenbedingung (i) ist die Budgetbeschränkung; um die Analyse kurz zu halten, ist – wie bisher – eine volle Verausgabung des Budgets unterstellt. Nebenbedingung (ii) stellt eine Obergrenze der Freizeitnachfrage (Untergrenze des Arbeitsangebots) dar, deren Einfluß auf die Konsumentscheidung des Haushalts bereits in der Lösung der Teilaufgabe a) analysiert wurde. Nebenbedingung (iii) beschreibt die Obergrenze des am Markt realisierbaren Arbeitsangebots (Untergrenze der Freizeitnachfrage). Die in (iii) gegebene Formulierung der Rationierung des Haushalts auf dem Arbeitsmarkt erlaubt eine problemlose Interpretation des Multiplikators ν im nachfolgenden Lagrangeansatz. Zum Verständnis der Lösung des Maximierungsproblems und der Diagramme ist jedoch der Ausdruck $F - F°(= A° - T + F)$ zweckmäßiger. Wir bezeichnen jenen Lohnsatz mit l^1, bei dem der Haushalt – unter sonst gleichen Bedingungen – die Freizeitmenge $F°$ nachfrägt.

Während die in Teilaufgabe a) behandelte Situation eine Erklärung für "freiwillige" Arbeitslosigkeit bietet, kann aus der gegebenen Problemstellung das Entstehen "unfreiwilliger" Arbeitslosigkeit beschrieben werden.

Der Lagrangeansatz für die Bestimmung des nutzenmaximalen Konsumplans lautet somit

$$L = u(x, F) + \lambda \cdot (lT + G° - lF - px) + \mu(T - F) + \nu(F - F°)$$

Die Lagrangevariablen λ und μ haben die in a) angegebene Bedeutung. Der Multiplikator nu ist der Schattenpreis für die Beschränkung der verkaufbaren Arbeitszeit. Wie in a) werden wieder die Kuhn-Tucker-Bedingungen bestimmt. Es ist nach den Variablen x, F, λ, μ und ν abzuleiten; man erhält die Bedingungen erster Ordnung des optimalen Konsumplans.

$$(1) \qquad \frac{\partial L}{\partial x} = \frac{\partial u}{\partial x} - \lambda \cdot p = 0$$

$$(2) \qquad \frac{\partial L}{\partial F} = \frac{\partial u}{\partial F} - \lambda \cdot l - \mu + \nu \leq 0$$

$$(3) \qquad \frac{\partial L}{\partial \lambda} = lT + G^\circ - lF - px = 0$$

$$(4) \qquad \frac{\partial L}{\partial \mu} = T - F \geq 0$$

$$(5) \qquad \frac{\partial L}{\partial \nu} = F - F^\circ \geq 0$$

Man unterstellt, daß die Variablen x, F, λ, μ und ν nicht negativ sind. Die Komplementaritätsbedingungen lauten

$$(6) \qquad (\frac{\partial u}{\partial F} - \lambda \cdot l - \mu + \nu) \cdot F = 0$$

$$(7) \qquad (T - F) \cdot \mu = 0$$

$$(8) \qquad (F - F^\circ) \cdot \nu = 0$$

Bedingung (6) ist für jeden nicht-negativen Wert von F erfüllt. Da der gegebene Haushalt wegen der Annahme der strengen Konvexität stets positive Freizeitmengen konsumiert, ist in (6) die Klammer gleich Null, auch wenn eine Randlösung vorliegt. In Bedingung (2) gilt stets das Gleichheitszeichen.

Bringt man die Ausdrücke mit den Lagrange-Multiplikatoren der ersten beiden Bedingungen auf die rechte Seite und dividiert man (2) durch (1), erhält man

$$(9) \qquad \frac{\partial u / \partial F}{\partial u / \partial x} = \frac{l + (\mu - \nu)/\lambda}{p}$$

beziehungsweise $$|\frac{dx}{dF}| = \frac{l + (\mu - \nu)/\lambda}{p}$$

Bei der Ableitung der Arbeitsangebotsfunktion sind offensichtlich drei Definitionsbereiche in Abhängigkeit vom Marktlohn zu unterscheiden:

(i) Bei "hohem" Marktlohn ($l > l^1$) greift die Nebenbedingung $F - F^\circ \geq 0$ (Randlösung),

(ii) bei "niedrigem" Marktlohn ($l < l^\circ$) die Nebenbedingung $T - F \geq 0$ (Randlösung); letztere ist in Teilaufgabe a) bereits betrachtet worden.

(iii) Keine der Nebenbedingungen wird wirksam (innere Lösung).

Zu (iii): Der Haushalt ist in seinem Arbeitsangebot nicht beschränkt. Der Schattenpreis einer zusätzlichen (Zeit-) Einheit realer Erstausstattung μ wie auch der Schattenpreis einer zusätzlichen Einheit maximaler Arbeitszeit ν sind Null: Die Bedingungen (7) und (8) sind erfüllt, obwohl die runden Klammern ungleich Null sind. Die Grenzrate der Substitution zwischen dem Konsumgut X und der Freizeit ist gleich dem Reallohn.

Zu (i): Von den beiden Nebenbedingungen wird $F - F^\circ \geq 0$ wirksam. Im nutzenmaximalen Konsumplan ist die Nachfrage nach Freizeit gleich F°, es liegt eine "Randlösung" vor: Der Schattenpreis einer zusätzlichen Einheit maximaler Arbeitszeit ν ist positiv, der Schattenpreis μ ist Null. Die Steigung der Indifferenzkurve im nutzenmaximalen Konsumplan ist flacher als jene der Budgetgeraden [Bedingung (9)]. Der Haushalt möchte beim gegebenen Lohnsatz l mehr arbeiten, er ist in seinem Arbeitsangebot beschränkt und somit teilweise unfreiwillig arbeitslos.

Es läßt sich jener Lohn l^1 bestimmen, bei dem der Haushalt genau A° Arbeitzeit anbietet. Im Beispiel der Aufgabe 8 erhält man als kritischen Lohnsatz

$$l^1 = \frac{(1-\alpha)\cdot G^\circ}{\alpha T - A^\circ}.$$

l^1 liegt über l°, jenem Lohnsatz, bei dem der Haushalt keine Arbeitszeit anbietet.

Damit kann man die Arbeitsangebotsfunktion mit den dazugehörigen Definitionsbereichen anschreiben:

$$A = \begin{cases} A^\circ & \text{für} \quad l \geq l^1 \\ \alpha \cdot T - (1-\alpha)\frac{G^\circ}{l} & \text{für} \quad l^1 \geq l \geq l^\circ \\ 0 & \text{für } l \leq l^\circ \end{cases}$$

Falls der Marktlohn über l^1 hinausgeht, ist das relisierbare Arbeitsangebot des Haushalts auf A° beschränkt. Es ist unplausibel, daß in der gegebenen Situation ein Unternehmer einen höheren Lohn als l^1 zahlt, da er die gewünschte Nachfragemenge A° beim Lohnsatz l^1 auf dem Arbeitsmarkt erhält.

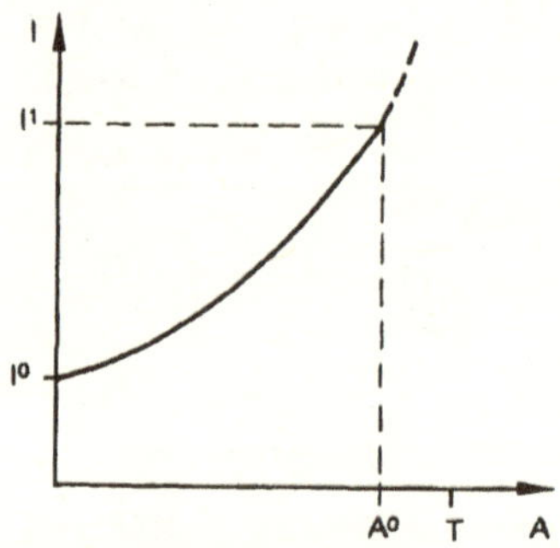

Abbildung 2.16

Die auf dem Arbeitsmarkt unterstellte Beschränkung hat Auswirkungen auf die Güternachfrage des Haushalts. Bei unbeschränkter Optimierung (der Haushalt würde die Menge A° anbieten) und gegebenem Lohn stünde der Betrag $l \cdot A^*$ zum Kauf des Gutes X zur Verfügung. Tatsächlich beträgt die Ausgabensumme für X aber (wegen $A^* > A^\circ$) nur l°. Das Arbeitseinkommen beschränkt die Konsumgüternachfrage; beim höchsten plausiblen Marktlohn (l^1) beträgt sie

$$x = \frac{G^\circ}{p} \cdot \frac{\alpha(T - A^\circ)}{\alpha T - A^\circ}$$

Damit ist die Nachfragefunktion für das Konsumgut X bestimmt:

$$x = \begin{cases} \frac{G^\circ}{p} \cdot \frac{\alpha(T-A^\circ)}{\alpha T - A^\circ} & \text{für} \quad l \geq l^1 \\ \frac{\alpha}{p}(lT + G^\circ) & \text{für} \quad l^1 \leq l \geq l^\circ \\ \frac{G^\circ}{p} & \text{für} \quad l \geq l^\circ \end{cases}$$

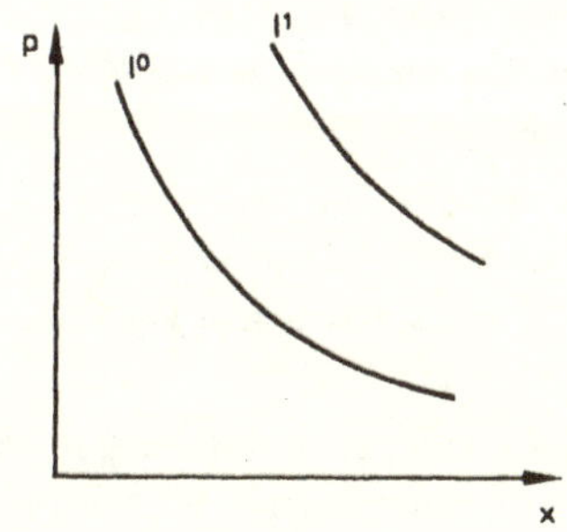

Abbildung 2.17

Die Lösung der vorliegenden Aufgabe wie auch jene der Aufgabe 8 haben an Hand eines einfachen Zwei-Märkte-Modells gezeigt, daß sich die Mengenbeschränkung auf dem Arbeitsmarkt auf den Gütermarkt auswirkt. Zur weiteren Vertiefung in Fragestellungen der Rationierung sollten Sie den Abschnitt D.3 in Kapitel IV (*Koordination*) des Lehrbuchs lesen und die Wiederholungsaufgabe 10 im Abschnitt *Koordination* durcharbeiten. Rationierungsmodelle haben in den letzten Jahren in der ökonomischen Analyse, insbesonders der Makroökonomie, eine große Rolle gespielt. Sie können erklären, wie sich eine in *einem* Markt eingeführte Rationierung über *andere* Märkte ausbreitet. Diese Modelle begründen jedoch nicht, wie es überhaupt zu Rationierungen kommt.

Aufgabe 3

Wie werden die Mengenentscheidungen des Haushalts beeinflußt, wenn der Staat Steuern erhebt (Subventionen zahlt)? Unterscheiden Sie nach Einkommens- und Verbrauchssteuer?

Lösung

Die folgenden Überlegungen zeigen, wie das im Lehrbuch vorgestellte Analyseinstrumentarium sehr leicht auf Fragen der Steuererhebung, die dort nicht behandelt werden, angewendet werden kann. Es können Wirkungen der Einführung einer Steuer wie auch einer Steuersatzveränderung untersucht werden.

a) Eine *Einkommensteuer*, die aus der Budgetsumme bezahlt wird, vermindert die Konsum*möglichkeiten* des Haushalts: Da der Steuerbetrag nicht für den Kauf von Gütern zur Vergügung steht, geht das Niveau der Nachfrage zurück. Sei t_E der Satz einer proportionalen Einkommensteuer. Die Budgetbeschränkung im Zwei-Güter-Fall lautet:

$$(1 - t_E)M = p_1 x_1 + p_2 x_2$$

Die Änderung der Nachfrage nach einzelnen Gütern hängt davon ab, ob diese als superior oder inferior bewertet werden. Die Struktur der Nachfrage (die Zusammensetzung des Warenkorbes) kann sich ändern.

Die Nachfragestruktur ist dann nicht von Änderungen der Einkommensteuer betroffen, wenn der Haushalt eine lineare Einkommens-Konsum-Kurve hat. Im anderen Fall reagiert die Nachfrage jenes Gutes stärker, dem gegenüber der Haushalt die höhere Einkommenselastizität hat.

Bei superioren Gütern gilt: Unter sonst gleichen Bedingungen können Steuersenkungen die Nachfrage stimulieren und Steuererhöhungen die Nachfrage abschwächen.

Bei inferioren Gütern sind die gegenteiligen Wirkungen zu erwarten.

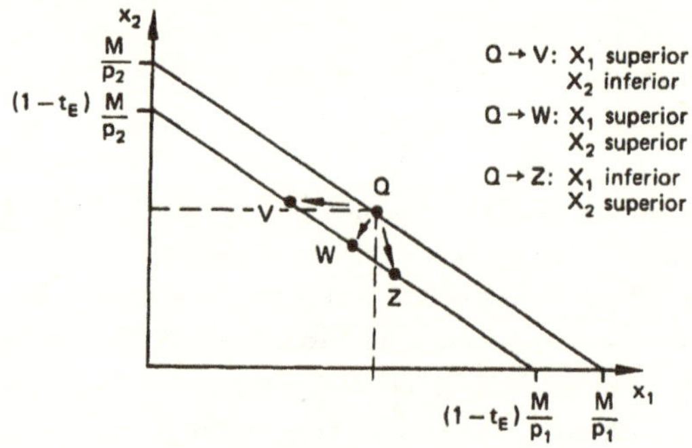

Abbildung 2.18

b) Eine *Verbrauchssteuer* wirkt – soweit sie überwälzt wird – wie eine Preiserhöhung. Sei t_c der Satz einer proportionalen Wertsteuer. Die Budgetbeschränkung lautet

$$M = (1 + t_c)p_1x_1 + (1 + t_c)p_2x_2$$

Eine allgemeine Verbrauchssteuererhöhung kommt für den Haushalt einer Einkommensteuererhöhung gleich, falls $1 - t_E = 1/(1 + t_c)$. Die Änderung der Nachfrage nach einzelnen Gütern hängt davon ab, ob der Haushalt sie als Giffen- oder als "normale" Güter betrachtet. Bei einem normalen Gut gilt: Die Nachfrage nach jenem Gut vermindert sich, dessen Steuer erhöht wird. Bei einem Giffengut sind die gegenteiligen Wirkungen zu erwarten. Abbildung 2.19 stellt beide Reaktionsmöglichkeiten dar, falls Gut 2 mit einer Verbrauchssteuer belegt wird.

c) Eine *Lohnsteuer* wirkt – soweit sie überwälzt wird – wie eine Lohnsenkung (vgl. Abbildung 2.20).

(i) Falls der Haushalt die Freizeit als normales Gut betrachtet, wird er den Konsum an Freizeit erhöhen, dh. sein Arbeitsangebot vermindern (der Haushalt betrachtet Freizeit und das Bündel sonstiger Konsumgüter als Substitute);

(ii) im anderen Fall wird er es erhöhen.

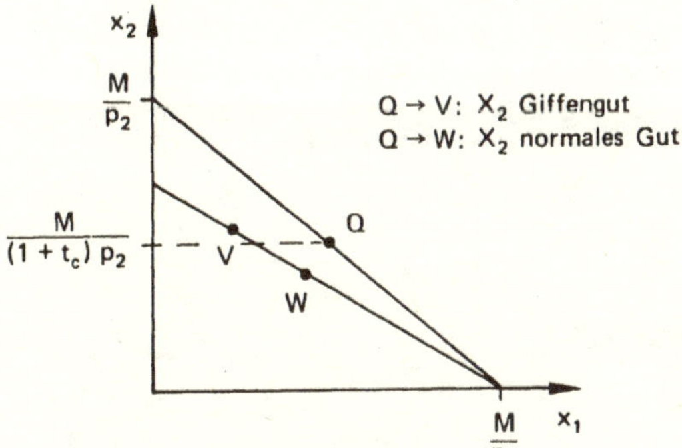

Abbildung 2.19

Man spricht von einem normalen Gut, wenn Preisänderung und Mengenänderung der Nachfrage *gegenläufig* sind.

Von einer Veränderung der Lohnsteuer ist auch die Nachfrage nach Konsumgütern betroffen. Im Fall (i) vermindert eine Lohnsteuererhöhung *und* die dadurch ausgelöste Senkung des Arbeitsangebots das Arbeitseinkommen und somit die Nachfrage nach Konsumgütern, falls es sich um superiore Güter handelt. Im Fall (ii) hängt es von der (negativen) Angebotselastizität des Haushalts ab, wie sich das Arbeitseinkommen verändert. Es sinkt, bleibt konstant oder steigt, wenn die Angebotselastizität kleiner, gleich oder größer Eins ist. Aus der Veränderung des Arbeitseinkommens kann man auf die Reaktion der Konsumgüternachfrage schließen, wie das bei der Besprechung der Wirkung einer Einkommensteuer in a) bereits geschehen ist.

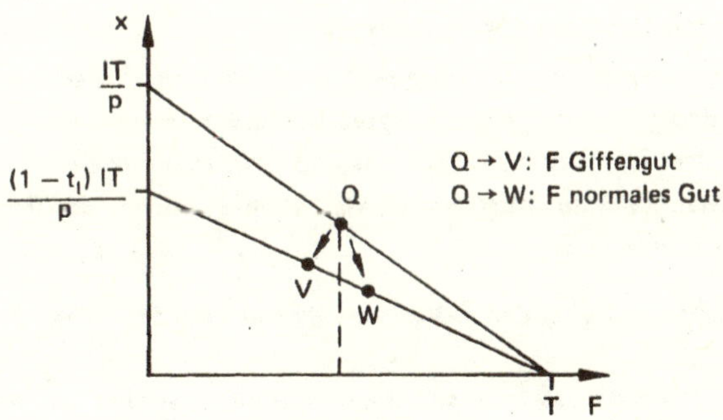

Abbildung 2.20

Mit dieser sehr einfachen Partialanalyse von Steuerwirkungen bleibt offen, wer die Steuer letztendlich trägt, ob die Haushalte oder die Produzenten. Mit dieser Fragestellung beschäftigen wir uns im Kapitel "Koordination".

III. Theorie der Unternehmung

A) Wiederholungsfragen

Aufgabe 1

a) Skizzieren Sie wichtige Alternativen, vor denen der Unternehmer steht, wenn er über
- die Ausbringungsmenge,
- den Faktoreinsatz

entscheidet.

b) Erläutern Sie die einschränkenden Annahmen, die für das *Modell*unternehmen getroffen werden, und überlegen Sie deren Zweck.

Lösung

Sie finden wichtige Anhaltspunkte in der Einleitung zur "Theorie der Unternehmung".

a) Die Entscheidungsalternativen der Unternehmung bezüglich der **Ausbringungsmenge** betreffen die Frage, *welche Güter* produziert werden sollen. Sollen es Güter sein, die die Haushalte als Substitute oder als Komplemente betrachten. Die optimale *Diversifikation* der Produktion ist festzulegen.
Welche Mengen sollen von den ausgewählten Gütern produziert werden? Pro Periode produzierte und verkaufte (nachgefragte) Mengen müssen selbst bei gegebenen Produktpreisen nicht identisch sein. Man kann auf Lager produzieren, man kann vom Lager verkaufen. Man kann auch Fertigprodukte zukaufen, womit das Produktionsunternehmen Handelsdienste anbietet.

Bei der Entscheidung über den **Faktoreinsatz** hat man eine Reihe von Festlegungen zu treffen:
Welches *Produktionsverfahren* soll man anwenden, welches technische Wissen steht zur Verfügung? Technisches Wissen kann man verbessern, indem man Lizenzen und Patente zukauft oder selbst Forschung und Entwicklung betreibt. Damit liegt eine Investitionsentscheidung vor, die nur sinnvoll ist, wenn das Unternehmen über mehrere Perioden optimiert. Welche Faktoren sollen zur Produktion verwendet werden, in welchen Mengen? Welches Ausmaß an verkaufsfördernden Aktivitäten sollte man durchführen? Soll man Halbfertigprodukte zukaufen oder sie selbst produzieren? Wie viele Stufen des Produktionsprozesses will man im Unternehmen durchführen (optimale *Produktionstiefe*)? Wo soll man produzieren (optimaler *Standort*)? In welcher Rechtsform soll

die Unternehmung geführt werden (optimale *institutionelle Regelung*)? Sollen die angeschafften Faktoren mehr für die laufende Produktion oder zu Erweiterungs-, Rationalisierungsinvestitionen verwendet werden? Welche Aktivitäten sollen für die Ausbildung am Arbeitsplatz durchgeführt werden?

b) Das in der Theorie der Unternehmung angewendete Modell soll nur die Entscheidungen über die Ausbringungs*menge* und die Faktoreinsatz*mengen* abbilden. Alle übrigen Entscheidungen werden durch geeignete Annahmen – wie in der Theorie des Haushalts – als (für das Modell) nicht relevant oder bereits getroffen unterstellt.

Aufgabe 2

Erläutern Sie das Konzept der*Produktionsfunktion*. Wodurch unterscheiden sich jeweils Produktionsfunktionen mit
- beschränkt substituierbaren Produktionsfaktoren,
- unbeschränkt substituierbaren Produktionsfaktoren,
- technisch fixen Faktorproportionen?

Lösung

Das Konzept der Produktionsfunktion wird im Abschnitt "Die Produktionsfunktion" der Theorie der Unternehmung ausführlich dargestellt.

Die Produktionsfunktion ist die Menge aller technisch effizienten Produktionspläne. Sie ordnet alternativen Inputvektoren technisch effizient produzierte Ausbringungsmengen zu.

Soll mit *beschränkt substitutionalen Produktionsfunktionen* eine positive Ausbringungsmenge hergestellt werden, so kann ein bestimmter Faktor nicht vollständig durch einen anderen ersetzt werden.

Bei *unbeschränkt substitutionalen Produktionsfunktionen* ist dies möglich.

Bei *technisch fixen Faktorproportionen* kann eine gegebene Ausbringungsmengenur bei einem bestimmten Einsatzverhältnis technisch effizient hergestellt werden. Durch den Mehreinsatz eines Faktors kann der Mindereinsatz eines anderen Faktors nicht ausgeglichen werden. Der Unternehmer hat nicht die Möglichkeit – wie bei einer substitutionalen Technologie –, durch eine Variation des Faktoreinsatzverhältnisses die Produktionskosten einer bestimmten Outputmenge zu vermindern.

Aufgabe 3

In der Haushaltstheorie hat man durch eine Reihe von Annahmen, zum Beispiel bezüglich der Präferenzordnung, eine einfache und eindeutige Ableitung eines optimalen Konsumplans erreicht. Erläutern Sie die Annahmen, welche in der Theorie der *Unterneh-*

mung eine einfache und eindeutige Ableitung eines *gewinnmaximalen Produktionsplans* ermöglichen.

Vergleichen Sie die Zielsetzung von Modell*haushalt* und Modell*unternehmung*.

Lösung

In der Theorie des Haushalts wendet man die sogenannte *formale Rationalität* an: Ein Konsumplan x ist besser als ein Konsumplan y, wenn der Haushalt x gegenüber y vorzieht. Es bleibt weitgehend offen, *weswegen* der Haushalt diese Präferenz zeigt. Einzig die Annahme der Nichtsättigung könnte ein Motiv liefern: Der Haushalt zieht x deswegen gegenüber y vor, weil x von mindestens einem Gut eine größere *Menge* enthält und von keinem eine geringere. Wie wir wissen, gibt die Annahme der Nichtsättigung keinen Hinweis auf die Bewertung durch den Haushalt, wenn das Güterbündel x von einem Gut eine größere, von einem anderen Gut aber eine geringere Menge aufweist.

In der Theorie der Unternehmung werden die Produktionspläne entsprechend dem entstehenden Gewinn geordnet: Man wendet die sogenannte *substantielle Rationalität* an. Jener Produktionsplan ist besser, bei dem der Gewinn höher ist.

Eine eindeutige und einfache Ableitung des gewinnmaximalen Produktionsplans ist möglich, wenn die Gewinnfunktion in der Ausbringungsmenge konkav ist. Dies ist (für den Mengenanpasser) gegeben, wenn die angewendete Produktionsfunktion abnehmende Skalenerträge aufweist. In diesem Fall berührt die Isogewinnebene das Ertragsgebirge in einem Punkt.

Beide Wirtschaftssubjekte optimieren ihre Entscheidungen: Der *Haushalt* maximiert den Nutzen, indem er aus den finanzierbaren Konsumplänen jenen auswählt, dem gegenüber es keinen anderen finanzierbaren Konsumplan gibt, den der Haushalt im Vergleich zum ausgewählten vorziehen würde.

Der *Unternehmer* maximiert bei seinen Mengenentscheidungen den Gewinn, indem er jenen Produktionsplan wählt, der bei gegebenen Preisen die höchste Differenz zwischen Erlösen und Kosten aufweist. Ein gewinnmaximaler Produktionsplan ist zugleich kostenminimal, aber nicht umgekehrt. Ein nicht-kostenminimaler Produktionsplan kann nicht gewinnmaximal sein, da durch die Reduktion der Produktionskosten der Gewinn gesteigert werden kann. Ein kostenminimaler Produktionsplan ist ein technisch effizienter Produktionsplan, aber nicht umgekehrt. Ein nicht technisch effizienter Produktionsplan kann nicht kostenminimal sein, da bei technischer Effizienz die Einsatzmengen für eine gegebene Ausbringungsmenge geringer sein können.

B) Übungsaufgaben

Aufgabe 1

Ein Unternehmer hat festgestellt, daß für ein Gut, das mit Hilfe von zwei beschränkt substituierbaren Produktionsfaktoren hergestellt wird, die Menge aller effizienten Produktionspläne durch eine Cobb-Douglas-Produktionsfunktion abgebildet werden kann:

$$x = A \cdot v_1^{\alpha} \cdot v_2^{\beta} \qquad \text{mit } A, \alpha, \beta > 0.$$

a) Was versteht man unter einer partiellen Ertragsfunktion? Leiten Sie aus dem Ertragsgebirge graphisch eine partielle Ertragsfunktion für $v_2 = v_2^{\circ}$ ab.
Geben Sie die Gleichung für diese Funktion an.
Ermitteln Sie die Grenzertrags- und Durchschnittsertragsfunktion.

b) Begründen Sie, warum bei partiellen Ertragsfunktionen mit abnehmenden Durchschnittserträgen der Durchschnittsertrag nie kleiner als der Grenzertrag sein kann.

c) Was versteht man unter einer Isoquante? Wie lautet die Funktionsgleichung einer Isoquante für $x = x^{\circ}$?

d) Ermitteln Sie graphisch und algebraisch die Grenzrate der technischen Substitution für die beiden Faktoren in obiger Produktionsfunktion!
Warum nennt man die Funktion "beschränkt substitutional"? Geben Sie ein Beispiel einer unbeschränkt substitutionalen Produktionsfunktion an!

e) Leiten Sie die Produktionselastizitäten der Faktoren ab und interpretieren Sie das Ergebnis!

f) Welche Aussagen über die Form des Ertragsgebirges beziehungsweise die Art der Produktionsfunktion ermöglicht Ihnen die Betrachtung der Niveauvariation?
Ermitteln Sie die Skalenelastizität der Funktion. Inwieweit hilft Ihnen bei der Beantwortung das Ergebnis von Teilaufgabe e)?

Lösung

a) Die partielle Ertragsfunktion gibt den Output für jenen Fall an, daß – unter sonst gleichen Bedingungen – die Einsatzmenge nur eines Faktors variiert wird.

Die partielle Ertragsfunktion für $v_2 = v_2^{\circ}$ lautet $x = A \cdot v_1^{\alpha} \cdot (v_2^{\circ})^{\beta}$.

Da die Einsatzmenge des Faktors 2 annahmegemäß nicht verändert wird, kann man die konstanten Elemente der partiellen Ertragsfunktion zusammenfassen zu: $B \equiv A \cdot (v_2^{\circ})^{\beta}$. Damit kann man auch schreiben $x = B \cdot v_1^{\alpha}$.

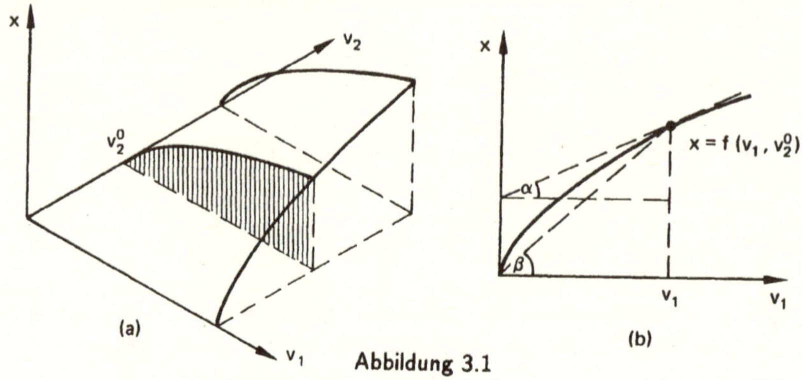

Abbildung 3.1

Die Grenzertragsfunktion gibt an, um wieviel sich die Ausbringungsmenge erhöht, wenn die Einsatzmenge des variablen Faktors um eine Einheit vermehrt wird. Für das gegebene Beispiel lautet sie

$$\frac{\partial x}{\partial v_1} = \alpha B \cdot v_1^{\alpha-1} \quad \text{oder}$$
$$= \frac{\alpha x}{v_1}$$

Die Durchschnittsertragsfunktion gibt an, wieviel Output jeder Einheit der eingesetzten Menge des Faktors 1 zurechenbar ist. Sie lautet für das Beispiel

$$\frac{x}{v_1} = B \cdot v_1^{\alpha-1}$$

b) An der eben abgeleiteten Durchschnittsertragsfunktion kann man sehen, daß abnehmende Durchschnittserträge dann vorliegen, wenn $\alpha < 1$ unterstellt wird. In diesem Fall ergibt sich

$$\frac{x}{v_1} - \frac{\partial x}{\partial v_1} = B \cdot v_1^{\alpha-1} - \alpha \cdot B \cdot v_1^{\alpha-1}$$
$$= (1-\alpha) \cdot B \cdot v_1^{\alpha-1}$$

Da die Produktionselastizität α des Faktors 1 annahmegemäß zwischen Null und 1 liegt, kann der Durchschnittsertrag nie kleiner als der Grenzertrag sein.

c) Eine *Isoquante* ist der geometrische Ort aller technisch effizienten Produktionspläne einer vorgegebenen Outputmenge. Die Isoquantengleichung für das gegebene Beispiel lautet

$$x^\circ = A \cdot v_1^\alpha \cdot v_2^\beta \quad \text{oder}$$
$$v_2 = \left(\frac{x^\circ}{A}\right)^{(1/\beta)} \cdot v_1^{-\alpha/\beta}$$

d) Die Steigung der Isoquante, die Grenzrate der technischen Substitution, erhält man als Ableitung der Isoquantengleichung nach v_1:

$$\frac{dv_2}{dv_1} = -\frac{\alpha}{\beta} \cdot \left(\frac{x^\circ}{A}\right)^{(1/\beta)} \cdot v_1^{-(\alpha+\beta)/\beta} < 0$$

Die Grenzrate der technischen Substitution ist negativ, da die Cobb-Douglas- Produktionsfunktion zu den substitutionalen Produktionsfunktionen gehört. Dem Absolutbetrag nach nimmt die Grenzrate der Substitution mit steigendem Einsatz des Faktors 1 ab (der Exponent bei v_1 ist negativ).

Die Grenzrate der technischen Substitution läßt sich auch auf andere Weise bestimmen. Wie wir wissen, ist die Grenzrate der technischen Substitution gleich dem negativen, reziproken Verhältnis der Grenzproduktivitäten, also

$$\frac{dv_2}{dv_1} = -\frac{\partial x/\partial v_1}{\partial x/\partial v_2}.$$

Für die gegebene Cobb-Douglas-Produktionsfunktion erhält man

$$\frac{dv_2}{dv_1} = -\frac{\partial x/\partial v_1}{\partial x/\partial v_2} = -\frac{\alpha \cdot v_2}{\beta \cdot v_1}.$$

Die Steigung der Isoquante bleibt also bei Niveauvariation konstant. Ersetzt man v_2 durch die Isoquantengleichung, erhält man wieder das oben abgeleitete Ergebnis.

Da alle Produktionselastiztitäten annahmegemäß positiv sind, ist die Steigung der Isoquante durchweg negativ, sie geht mit zunehmendem v_1 gegen Null.

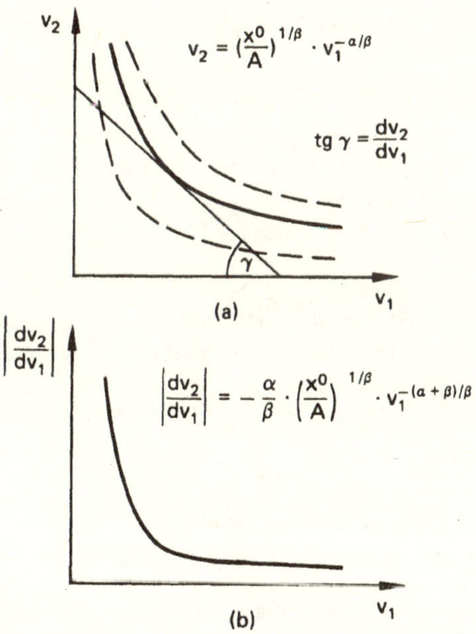

Abbildung 3.2

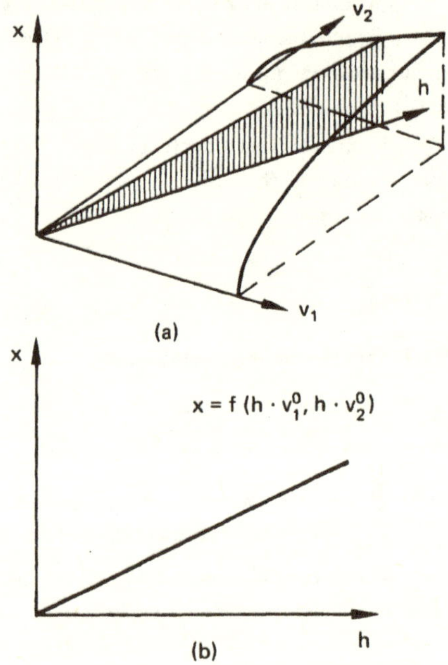

Abbildung 3.3

Eine Produktionsfunktion wird als beschränkt substitutional bezeichnet, wenn eine positive Ausbringungsmenge nur dann erzeugt werden kann, wenn von allen Faktoren positive Mengen, so klein sie auch sein mögen, eingesetzt werden. Ein bestimmter Faktor kann selbst bei Substitutionalität nicht vollkommen von anderen Faktoren ersetzt werden. Eine unbeschränkt substitutionale Produktionsfunktion (Beispiel: $x = v_1 + v_2$) läßt diese Möglichkeit zu.

e) Die Produktionselastizität ist definiert als das Verhältnis von Grenzproduktivität zu Durchschnittsproduktivität; für die Faktoren 1 und 2 des gegebenen Beispiels erhält man

$$\eta(x, v_1) = \frac{\partial x}{\partial v_1} \cdot \frac{v_1}{x} = \frac{\alpha \cdot x}{v_1} \cdot \frac{v_1}{x} = \alpha \quad \text{beziehungsweise}$$
$$\eta(x, v_2) = \frac{\partial x}{\partial v_2} \cdot \frac{v_2}{x} = \frac{\beta \cdot x}{v_2} \cdot \frac{v_2}{x} = \beta.$$

α und β geben an, um wieviel Prozent der Output steigt, wenn – unter sonst gleichen Bedingungen – die Einsatzmenge des Faktors 1 (2) um 1 % erhöht wird.

f) Unter Niveauvariation versteht man die gleichmäßige Variation aller Einsatzfaktoren; dies bedeutet, daß das Einsatzverhältnis der Faktoren unverändert bleibt. Die beiden Diagramme zeigen, wie die Kurve der Niveauproduktionsfunktion aus dem Ertragsgebirge abgeleitet werden kann.

Die Niveauproduktionsfunktion ergibt sich aus einem Diagonalschnitt durch das Ertragsgebirge; der Winkel in der Faktormengenebene wird durch das gegebene Faktoreinsatzverhältnis v_2°/v_1° bestimmt. Sei h die Niveauvariable, dann läßt sich schreiben

$$\begin{aligned} x &= A \cdot (h \cdot v_1^\circ)^\alpha \cdot (h \cdot v_2^\circ)^\beta \quad \text{oder} \\ &= h^{\alpha+\beta} \cdot A \cdot (v_1^\circ)^\alpha \cdot (v_2^\circ)^\beta . \end{aligned}$$

Die Skalenelastizität r ist definiert als

$$r = \frac{\partial x}{\partial h} \cdot \frac{h}{x}$$

Sie gibt an, um wieviel Prozent sich der Output erhöht, wenn alle Inputmengen um ein Prozent vermehrt werden.

Da $\dfrac{\partial x}{\partial h} = (\alpha + \beta) \cdot h^{\alpha+\beta-1} \cdot A \cdot (v_1^\circ)^\alpha \cdot (v_2^\circ)^\beta$ und unter Berücksichtigung von

$$x = h^{\alpha+\beta} \cdot A \cdot (v_1^\circ)^\alpha \cdot (v_2^\circ)^\beta, \quad \text{erhält man}$$

$$r = \frac{\partial x}{\partial h} \cdot \frac{h}{x} = \alpha + \beta .$$

Die Skalenelastizität r ist also gleich der Summe der Produktionselastizitäten. Dies gilt nicht nur für das gegebene Beispiel, sondern für alle homogenen Produktionsfunktionen.

Aufgabe 2

Die Produktion einer Tonne Beton erfordert jeweils 800 kg Zement und 200 l Wasser.

a) Geben Sie diesen produktionstechnischen Zusammenhang durch eine Produktionsfunktion wieder. Die Produktionsfunktion ist auf kg zu normieren.

b) Zeichnen Sie jeweils eine Isoquante für die Produktionsniveaus von 4 t und 8 t Beton. Interpretieren Sie das Ergebnis.

c) Zeichnen Sie eine partielle Ertragsfunktion, eine Grenzertrags- und eine Durchschnittsertragsfunktion für den Faktor Wasser, wenn 1,6 t Zement zur Verfügung stehen. Geben Sie die Gleichungen dieser Funktionen mit den dazugehörigen Definitionsbereichen an.

Lösung

a) Im gegebenen Beispiel sind technisch fixe Faktorproportionen unterstellt; diese Produktionstechnologie wird durch eine linear-limitationale Produktionsfunktion beschrieben. Dabei sind nicht nur die Faktorproportionen konstant, sondern auch die Input-Output-Relationen. Seien a_1 und a_2 die Produktionskoeffizienten von Zement und Wasser, v_1 und v_2 die jeweiligen Mengen, so kann man schreiben

$a_1 \cdot x = v_1$ und $a_2 \cdot x = v_2$

$a_1 \cdot 1000\ (\text{kg}) = 800\ (\text{kg})$ und $a_2 \cdot 1000\ (\text{kg}) = 200\ (\text{l})$

$a_1 = 0,8$ (kg/kg) und $a_2 = 0,2$ (l/kg)

Die Produktionsfunktion des gegebenen Beispiels lautet damit

$$\begin{aligned} x &= min(\frac{1}{a_1} \cdot v_1, \frac{1}{a_2} \cdot v_2) \\ &= min(1.25 \cdot v_1, 5 \cdot v_2) \end{aligned}$$

Effizient wird produziert, wenn gilt

$$x = 1.25 \cdot v_1 = 5 \cdot v_2$$

Keiner der beiden Faktoren wird in Überschußmengen eingesetzt.

b) Die Faktorverbrauchsmengen für 4 t Beton sind

$$\begin{aligned} v_1 &= 0.8 \cdot x = 0.8 \cdot 4000 = 3200 \quad \text{(kg)} \\ v_2 &= 0.2 \cdot x = 0.2 \cdot 4000 = 800 \quad \text{(l)} \end{aligned}$$

Für 8 t Beton erhält man auf Grund der fixen Input-Output-Relationen die doppelten Faktoreinsatzmengen, nämlich $v_1 = 6400$ (kg) und $v_2 = 1600$ (l). An Hand dieser Ergebnisse kann man *Quasi-Isoquanten* in ein Faktormengendiagramm einzeichnen. Durch den Zusatz "Quasi" wird angedeutet, daß nur *ein* Punkt dieser Kurven einen technisch effizienten Produktionsplan beschreibt.

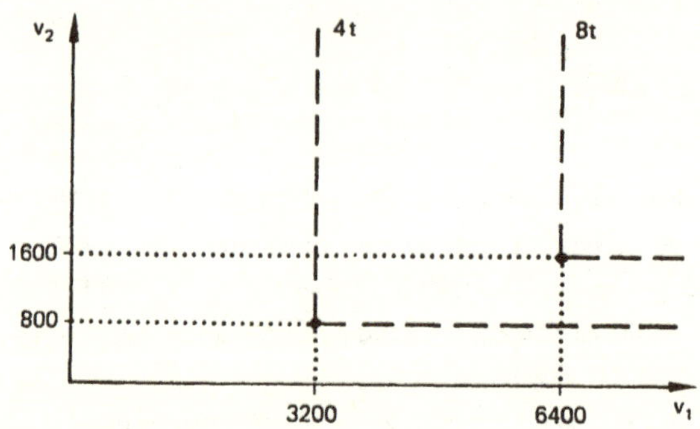

Abbildung 3.4

c) Da die Menge des Zements vorgegeben ist ($\bar{v}_1 = 1600$ (kg)), können maximal $1.25 \cdot 1600 = 2000$ (kg) Beton produziert werden. Dazu sind maximal $2000/5 = 400$ (l) Wasser erforderlich. Daher lauten partielle Ertragsfunktion, Grenzertragsfunktion und Durchschnittsertragsfunktion:

$$x = \begin{cases} 5 \cdot v_2 & \text{wenn} \quad 0 \leq v_2 \leq 400 \\ 2000 & \text{wenn} \quad v_2 \geq 400 \end{cases}$$

$$\frac{\partial x}{\partial v_2} = \begin{cases} 5 & \text{wenn} \quad 0 < v_2 < 400 \\ 0 & \text{wenn} \quad v_2 > 400 \end{cases}$$

$$\frac{x}{v_2} = \begin{cases} 5 & \text{wenn} \quad 0 < v_2 \leq 400 \\ \frac{2000}{v_2} & \text{wenn} \quad v_2 \geq 400 \end{cases}$$

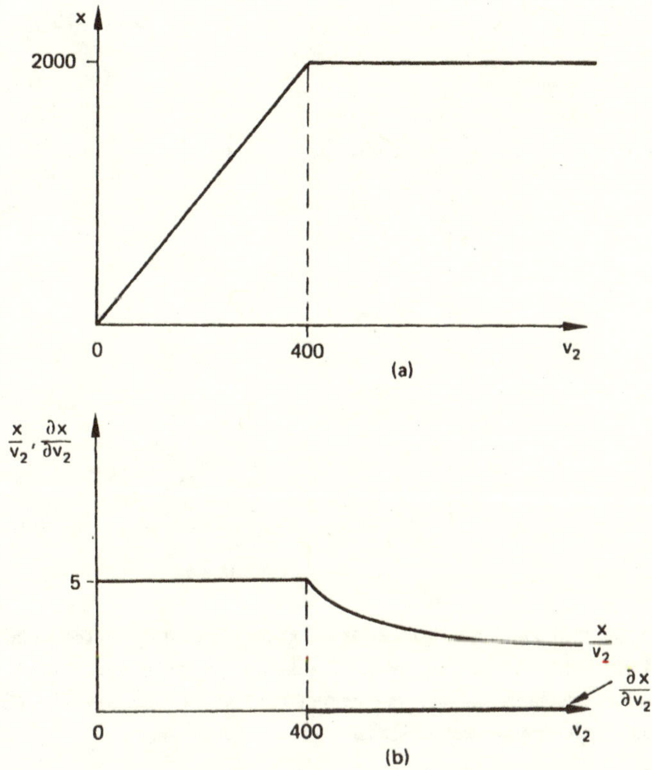

Abbildung 3.5

Aufgabe 3

a) Formulieren Sie die Beschränkungsgleichungen, falls neben Beton (X_1) noch ein weiteres Gut (X_2) mit Zement und Wasser hergestellt werden kann, und ein maximaler Verbrauch beider Faktoren ($\bar{v}_1$, $\bar{v}_2$) vorgegeben ist.

b) Zeichnen Sie die möglichen Kombinationen der beiden Güterproduktionen in ein x_1-x_2-Diagramm für den Fall, daß die Ertragsfunktion für X_2 folgendermaßen lautet: $x_2 = min(1,5 \cdot v_1, 2 \cdot v_2)$.
Die Faktor- und Gütereinheiten sind hier in Kilogramm (kg) beziehungsweise Liter (l) bemessen. Es stehen insgesamt 8 t Zement und 30 hl Wasser zur Verfügung.

Lösung

a) Eine Beschränkungsgleichung gibt an, welche Outputmengenkombinationen maximal bei vorgegebener Einsatzmenge eines Faktors hergestellt werden können und sonst keine weiteren Kapazitätsgrenzen zu beachten sind. Da wir im gegebenen Beispiel zwischen zwei Gütern zu unterscheiden haben, ist es nützlich, die Produktionskoeffizienten doppelt zu indizieren: a_{ij} ist die Einsatzmenge des Faktors i zur Produktion einer Einheit des Gutes j. Die Beschränkungsgleichungen der Faktoren 1 und 2 lauten:

$$\bar{v}_1 \geq a_{11}x_1 + a_{12}x_2 \qquad \text{und} \qquad \bar{v}_2 \geq a_{21}x_1 + a_{22}x_2$$

beziehungsweise

$$x_2 \leq \frac{\bar{v}_1}{a_{12}} - \frac{a_{11}}{a_{12}} \cdot x_1 \qquad \text{und} \qquad x_2 \leq \frac{\bar{v}_2}{a_{22}} - \frac{a_{21}}{a_{22}} \cdot x_1$$

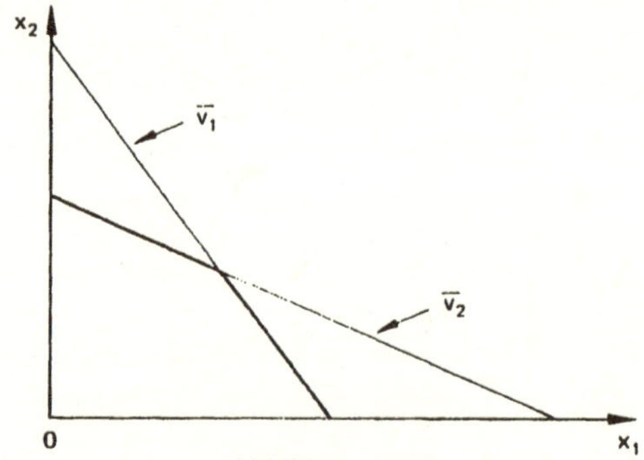

Abbildung 3.6

Diagramm 3.6 gibt die Produktionsmöglichkeiten für die Güter 1 und 2 an, wenn es nur auf den Faktor 1 beziehungsweise 2 ankäme. Tatsächlich realisierbar sind aber nur jene Produktionspläne, die die von beiden Faktoren ausgehenden Restriktionen beachten: Man erhält eine geknickte Transformationskurve.

b) Die Produktionskoeffizienten $a_{11} = 0.8$ und $a_{21} = 0.2$ sind aus der Lösung der vorausgehenden Aufgabe bereits bekannt. Die Produktionskoeffizienten $a_1 2$ und $a_2 2$ lassen sich aus der Produktionsfunktion für Gut 2 bestimmen. $1.5 = 1/a_{12}$ und $2 = 1/a_{22}$, so daß $a_{12} = 2/3$ und $a_{22} = 0.5$. Die Beschränkungsgleichungen lauten somit (unter Berücksichtigung von $\bar{v}_1 = 8000$ und $\bar{v}_2 = 3000$)

$$x_2 \leq 12000 - 1.2x_1$$

$$x_2 \leq 6000 - 0.4x_1.$$

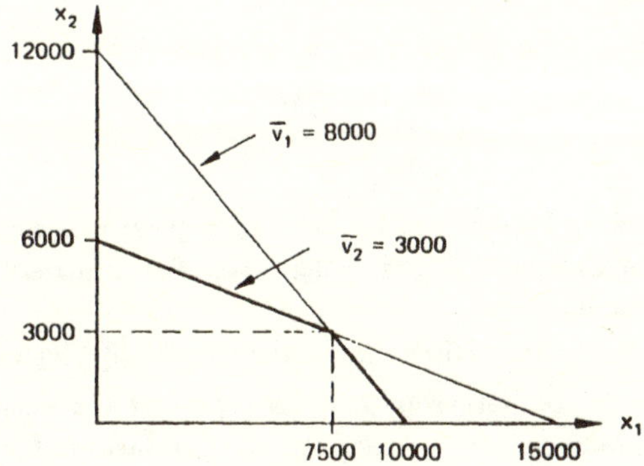

Abbildung 3.7

Aufgabe 4

Zwei Unternehmen produzieren aufgrund der gleichen differenzierbaren Produktionsfunktion $x = f(v_1, v_2)$. Die Preise der beiden Produktionsfaktoren sind gegeben (q_1 und q_2). Das eine Unternehmen versucht, zu einem gegebenem Output $\bar{x}$ die Produktionskosten zu minimieren, das andere, den Output für gegebene Maximalkosten $K°$ zu maximieren.

a) Zeigen Sie, daß die notwendigen Bedingungen beider Optimierungskalküle äquivalent sind.

b) Wann erhalten sie als Ergebnis das gleiche Produktionsprogramm? Erläutern Sie die Gründe hierfür verbal oder graphisch an einem Beispiel.

Lösung

a) Sie finden ausführliche Erläuterungen zu dieser Fragestellung im Abschnitt *Bestimmung der Kosten bei substitutionaler Technologie.*

Der Ansatz zur Minimierung der Produktionskosten $K(\bar{x})$ der Ausbringungsmenge $\bar{x}$ unter Berücksichtigung technisch effizienter Produktion lautet

$$L = q_1 v_1 + q_2 v_2 + \lambda[\bar{x} - f(v_1, v_2)] \quad \text{min!}$$

Die Variablen, deren optimale Werte gesucht werden, sind v_1, v_2 und λ; also ist der Lagrangeansatz nach diesen Variablen abzuleiten. Setzt man diese Ableitungen gleich Null, hat man die notwendigen Bedingungen für optimale Werte der Variablen v_1, v_2 und λ.

(1) $$\frac{\partial L}{\partial v_1} = q_1 - \lambda \cdot \frac{\partial x}{\partial v_1} = 0$$

(2) $$\frac{\partial L}{\partial v_2} = q_2 - \lambda \cdot \frac{\partial x}{\partial v_2} = 0$$

(3) $$\frac{\partial L}{\partial \lambda} = \bar{x} - f(v_1, v_2) = 0$$

Die beiden ersten Bedingungen kann man zusammenfassen zu

(4) $$\frac{q_1}{q_2} = \frac{\partial x/\partial v_1}{\partial x/\partial v_2}$$

Für den kostenminimalen Produktionsplan der Ausbringungsmenge $\bar{x}$ ist
(i) das Verhältnis der Grenzproduktivitäten der beiden Faktoren gleich dem der Faktorpreise [Bedingung (4)] und
(ii) muß die Menge $\bar{x}$ technisch effizient produziert werden [Bedingung (3)].
Wenden wir uns nun der Outputmaximierung bei gegebener Kostensumme K° zu, dem sogenannten *dualen Maximierungsproblem* zu. Der Lagrangeansatz für dieses Problem lautet (wobei wir die Bedingung technisch effizienter Produktion berücksichtigen):

$$L = f(v_1, v_2) + \mu(K^\circ - q_1 v_1 - q_2 v_2) \quad \text{max!}$$

Die Variablen, deren optimale Werte gesucht werden, sind wieder v_1, v_2 und μ; man bildet die entsprechenden Ableitungen und setzt diese Null.

(1) $$\frac{\partial L}{\partial v_1} = \frac{\partial x}{\partial v_1} - \mu q_1 = 0$$

(2) $$\frac{\partial L}{\partial v_2} = \frac{\partial x}{\partial v_2} - \mu q_2 = 0$$

(3) $$\frac{\partial L}{\partial \mu} = K^\circ - q_1 v_1 - q_2 v_2 = 0$$

Die ersten beiden Bedingungen lassen sich zusammenfassen zu

(4) $$\frac{\partial x/\partial v_1}{\partial x/\partial v_2} = \frac{q_1}{q_2}.$$

Ein outputmaximaler Produktionsplan bei gegebener Kostensumme K° liegt vor, wenn
(i) das Verhältnis der Grenzproduktivitäten der beiden Faktoren gleich dem der Faktorpreise ist und
(ii) die anfallenden Produktionskosten mit der vorgebenen Kostensumme K° genau gedeckt werden können.
Wie man sieht, sind die Bedingungen (i) für das Minimierungs- und das duale Maximierungsproblem identisch.

b) Man erhält bei der Lösung beider Fragestellungen denselben Produktionsplan, wenn zur kostenminimalen Erstellung der Ausbringungsmenge $\bar{x}$ die vorgegebene Kostensumme K° genau ausreicht. Dann ergeben sich im Minimierungsproblem jene optimalen Faktoreinsatzmengen v_1 und v_2, für deren Anschaffung K° ausgegeben werden muß.

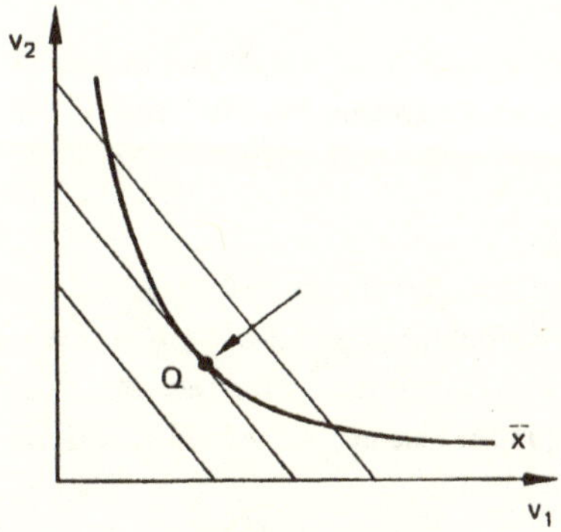

Kostenminimierung

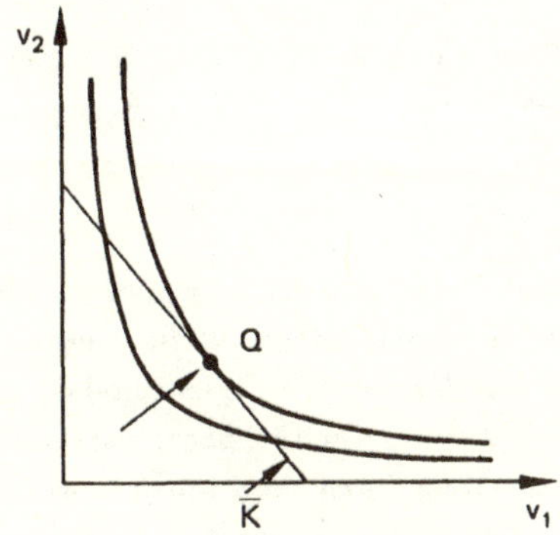

Outputmaximierung

Abbildung 3.8

Aufgabe 5

Im Gewinnmaximum einer Unternehmung gelten die beiden Marginalbedingungen *Produktpreis = Grenzkosten* und *Faktorpreis = Wertgrenzprodukt.*

a) Leiten Sie diese Bedingungen an einem Beispiel aus dem Gewinnmaximierungskalkül her.

b) Stellen Sie die Bedingungen graphisch dar und erläutern Sie durch ein Arbitragekalkül ihre Gültigkeit.

Lösung

a) Die erste der angegebenen Marginalbedingungen eines gewinnmaximalen Produktionsplans nennt man*Outputregel*, die zweite*Inputregel* (vgl. hierzu auch den Abschnitt E.2 in Kapitel I des Lehrbuches). Die Outputregel setzt eine Kostenfunktion voraus, die Inputregel kommt ohne diese Voraussetzung aus. Beide Regeln führen zum selben Ergebnis. Dies wird an Hand eines einfachen Beispiels dargestellt. Zur Ableitung der Inputregel ist die Gewinngleichung $G(x) = p \cdot x - q \cdot v$ unter der Nebenbedingung technisch effizienter Produktion zu maximieren. Für den gegebenen Ein-Faktor-Fall lautet der Lagrangeansatz

$$L = p \cdot x - q \cdot v - \lambda \cdot [\bar{x} - f(v)] \quad \text{max!}$$

Jene Werte von x, v und λ sind gewinnmaximal, bei denen die ersten Ableitungen nach diesen Variablen Null sind und die zweiten kein positives Vorzeichen haben.

(1) $$\frac{\partial L}{\partial x} = p - \lambda = 0 \quad \text{beziehungsweise} \quad p = \lambda$$

(2) $$\frac{\partial L}{\partial v} = -q + \lambda \cdot \frac{\partial x}{\partial v} = 0$$

(3) $$\frac{\partial L}{\partial \lambda} = x - f(v) = 0$$

Ersetzt man in der Bedingung 2 den Lagrangemultiplikator λ durch den Güterpreis p, erhält man als Marginalbedingung für einen gewinnmaximalen Produktionsplan gemäß der Inputregel:

$$q = p \cdot \frac{\partial x}{\partial v}$$

Vom Produktionsfaktor V wird jene Menge eingesetzt, bei der das Wertgrenzprodukt – die Grenzproduktivität $\partial x \partial v$ bewertet mit dem Produktpreis p – gleich dem Faktorpreis q ist. Wäre das Wertgrenzprodukt größer als der Faktorpreis, würde ein Mehreinsatz von V den Gewinn erhöhen; wäre das Wergrenzprodukt kleiner, kann man eine Gewinnsteigerung durch einen Mindereinsatz von V erreichen.

Für die Analyse der zweiten Ableitungen genügt es im gegebenen Beispiel, die Bedingung 2 zu betrachten $\partial L/\partial v$. $\partial^2 L/\partial v^2$ hat dann ein negatives Vorzeichen, wenn $\partial^2 x/\partial v^2$ negativ ist. Dies impliziert die Annahme abnehmender Grenzerträge bei der Produktion des Gutes X.

Output- und Inputregel führen zum selben Ergebnis, was sich beim gegebenen Beispiel besonders leicht zeigen läßt. Nach der Inputregel liegt ein Gewinnmaximum vor, wenn $q = p \cdot \partial x/\partial v$; das heißt, der Produktpreis p ist gleich dem mit dem Faktorpreis q bewerteten Grenzverbrauch $\partial v/\partial x$, also $p = q \cdot \partial v/\partial x$. Der mit dem Faktorpreis bewertete Grenzverbrauch stellt aber nichts anderes dar als die Grenzkosten. Somit sind wir durch einfache Umformung zur Bedingung der Outputregel gelangt.
Input- und Outputregel führen auch im Fall der Mehr-Faktor-Produktion zum selben Ergebnis, solange die Minimalkostenkombination für alle Faktoren realisiert ist.

b) Das Diagramm zur Outputregel zeigt, wie wichtig es ist, die zweiten Ableitungen zu beachten.

Der Lagrangemultiplikator λ des Ansatzes in a) gibt an, um wieviel sich der Gewinn erhöhte, wenn der Unternehmer unter den gegebenen Bedingungen eine Einheit mehr produzieren würde. Das ist jener Betrag, den der Unternehmer fordern würde, falls er auf die Produktion dieser zusätzlichen Outputeinheit verzichten sollte, oder den der Unternehmer zu zahlen bereit wäre, falls er die zusätzliche Outputeinheit vom Markt zukaufen könnte. In der ökonomischen Theorie bezeichnet man diese Größe als *Schattenpreis*. Mit dem Zusatz "Schatten" wird ausgedrückt, daß es sich nicht um einen Marktpreis handelt, sondern um einen Preis, der sich aus dem Optimierungskalkül ergibt.

Im Gewinnmaximum ist der Schattenpreis λ gleich dem Marktpreis p. Der Unternehmer ist indifferent, ob er die zusätzliche Outputeinheit selbst produzieren oder vom Markt zukaufen soll. Der (maximale) Gewinn wird davon nicht berührt.

Ist der Schattenpreis niedriger als der Marktpreis, wird der Unternehmer die zusätzliche Outputeinheit selbst produzieren, da er auf dem Markt den höheren Preis p zahlen müßte. Durch diese Produktionsausdehnung steigt der Gewinn. Ist der Schattenpreis höher als der Marktpreis, ist es für den Unternehmer gewinnsteigernd, die zusätzliche Outputeinheit vom Markt zuzukaufen statt sie selbst zu produzieren.

Anhand dieses Arbitragekalküls kann man sehen, daß eine Abweichung von der gewinnmaximalen Ausbringungsmenge den Gewinn nur mindern kann.

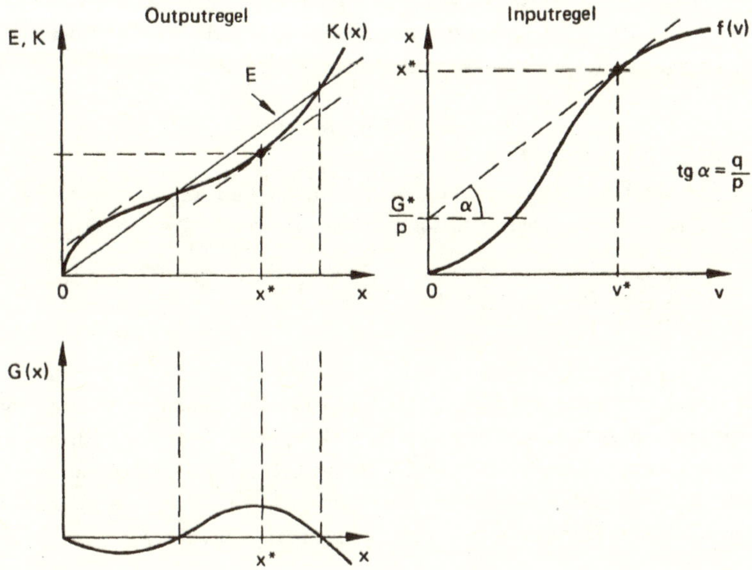

Abbildung 3.9

Aufgabe 6

Eine Unternehmung produziert ein Gut X gemäß der Produktionsfunktion $x = A \cdot v^{\alpha}$. Der Faktorpreis q und der Güterpreis p sind gegeben ($A > 0$, $\alpha > 0$).

a) Ermitteln Sie die Kostenfunktion K, $K = K(x)$!

b) Ermitteln Sie die Angebotsfunktion für das Gut X, $x^A = x^A(q,p)$!

c) Ermitteln Sie die Faktornachfragefunktion $v^N = v^N(q,p)$!

d) Was muß für den Wert der Produktionselastizität α gelten, damit die in a) - c) ermittelten Funktionen existieren?

e) Untersuchen Sie die Auswirkungen von Änderungen von p und q auf die in a) - c) ermittelten Funktionen! Bestimmen Sie auch die Wirkung auf die gewinnmaximale Kostensumme.

Lösung

Diese Aufgabe führt in einer sehr vereinfachten Problemstellung in die Analyse des *Verhaltens der Unternehmung auf dem Markt* ein.

a) Für das gegebene Beispiel lautet die Kostendefinition $K = q \cdot v$. Da man an der Kosten*funktion* interessiert ist, also der Zuordnung von minimalen Kostensummen K zu alternativen Ausbringungsmengen x, und technisch effiziente Produktion gewährleisten will, ist die Faktoreinsatzmenge v durch die Faktorverbrauchsfunktion $v = (x/A)^{1/\alpha}$ zu ersetzen. Man erhält die Kostenfunktion $K(x) = q \cdot (x/A)^{1/\alpha}$. Die Kostenkurve ist positiv geneigt; denn die Grenzkosten

$$\frac{\partial K}{\partial x} = \frac{q}{\alpha} \cdot A^{-1/\alpha} \cdot x^{(1-\alpha)/\alpha} > 0.$$

Ob die Grenzkosten mit steigendem x zunehmen, konstant bleiben oder sinken, hängt davon ab, ob die Produktionselastizität α kleiner, gleich oder größer Eins ist:

$$\frac{\partial^2 K}{\partial x^2} = \frac{1-\alpha}{\alpha^2} \cdot q \cdot A^{-1/\alpha} \cdot x^{(1-2\alpha)/\alpha} \begin{cases} > 0, & \text{wenn} \quad \alpha < 1 \\ = 0, & \text{wenn} \quad \alpha = 1 \\ < 0, & \text{wenn} \quad \alpha > 1 \end{cases}$$

b) Die Angebotsfunktion $x^A(q,p)$ umfaßt die Menge aller gewinnmaximalen Produktionspläne (x,v) bei variablem Güterpreis p und Faktorpreis q. Gemäß Outputregel ist jene Ausbringungsmenge x gewinnmaximal, bei der die Grenzkosten gleich dem Güterpreis p sind und die Grenzkosten zunehmen; dies ist bei $\alpha < 1$ der Fall, was in der weiteren Besprechung der Aufgabe unterstellt wird. Im gegebenen Beispiel gilt:

$$p = \frac{\partial K}{\partial x} = \frac{q}{\alpha} \cdot A^{-1/\alpha} \cdot x^{(1-\alpha)/\alpha}.$$

Man löst nach der Ausbringungsmenge x auf und erhält die Angebotsfunktion

$$x^A(q,p) = \alpha^{\alpha/(1-\alpha)} \cdot A^{1/(1-\alpha)} \cdot \left(\frac{p}{q}\right)^{\alpha/(1-\alpha)}$$

Die Angebotsfunktion hat eine positive Steigung, da ja $\alpha < 1$; sie ist die Umkehrfunktion der Grenzkostenfunktion. Da in den konventionellen Diagrammen der Güterpreis auf der Ordinate abgetragen wird und es im gegebenen Beispiel keine fixen Faktoren gibt, ist die Angebots*kurve* hier sogar identisch mit der Grenzkosten*kurve*.

Eine gleichmäßige Veränderung *aller* Preise (hier p und q) beeinflußt die Angebotsentscheidung nicht: Die Angebotsfunktion ist *homogen vom Grade Null in den Preisen*.

c) Die Faktornachfragefunktion $v^N(q,p)$ umfaßt die Menge aller gewinnmaximalen Produktionspläne (x,v) bei variablen Güter- und Faktorpreisen. Gemäß Inputregel ist jene Faktoreinsatzmenge gewinnmaximal, bei der der Grenzertrag des gegebenen Faktors, bewertet mit dem Produktpreis, gleich dem Faktorpreis ist und der Grenzertrag mit steigendem Faktoreinsatz abnimmt; im gegebenen Beispiel

$$q = p \cdot \frac{\partial x}{\partial v} = p \cdot \alpha \cdot A \cdot v^{\alpha-1}.$$

Man löst nach der Faktoreinsatzmenge v auf und erhält die Nachfragefunktion

$$v^N(q,p) = (\alpha \cdot A)^{1/(1-\alpha)} \cdot \left(\frac{p}{q}\right)^{1/(1-\alpha)}$$

Die Faktornachfragefunktion hat eine negative Steigung wegen $\alpha < 1$. Mit steigendem Faktorpreis reduziert der Unternehmer – unter sonst gleichen Bedingungen – seine gewinnmaximale Faktornachfrage. Da üblicherweise der Faktorpreis auf der Ordinate abgetragen wird, ist die Faktornachfrage*kurve* identisch mit der Kurve des mit dem Produktpreis p bewerteten Grenzertrags. Eine gleichmäßige Veränderung der Preise p und q beeinflußt die Mengenentscheidung nicht: die Nachfragefunktion ist *homogen von Grade Null in den Preisen*.

d) Güterangebots- und Faktornachfragefunktion sind unter der Annahme $\alpha < 1$ abgeleitet worden. Existieren diese Funktionen nur unter dieser Bedingung? Was ist zur Kostenfunktion zu sagen? Für die Existenz der Kostenfunktion sind keinerlei einschränkende Annahmen bezüglich der Produktionselastizität α notwendig. Wie wir gesehen haben, liegt im Fall abnehmender Grenzkosten, also bei $\alpha > 1$, kein gewinnmaximaler Produktionsplan vor, folglich existieren unter dieser Bedingung weder eine Güterangebots- noch eine Faktornachfragefunktion.

Für den Fall einer linearen Kostenfunktion, also bei $\alpha = 1$, sind Güterangebots- und Faktornachfragefunktion ebenfalls nicht definiert. Wie man sieht, ist eine Reihe von Exponenten in den obigen algebraischen Ausdrücken nicht bestimmt. Durch die Anwendung von Ouptput- oder Inputregel können bei linearen Kostenfunktionen keine Güterangebots- und Faktornachfragefunktionen abgeleitet werden. Im Lehrbuch finden Sie in den Abschnitt E.1b und G des Kapitels weiterführende Plausibilitätsüberlegungen zur Bestimmung von Ausbringungs- und Faktoreinsatzmengen.

e) Bei den Preiseffekten kann man unterscheiden zwischen jenen, die eine Bewegung *auf der Kurve* bewirken, und jenen, die eine *Verschiebung der Kurve* zur Folge haben.

- Eine Erhöhung des Produktpreises läßt die Kosten $K(x)$ unverändert; sie steigert aber die gewinnmaximale Ausbringungsmenge, da $\partial x^A/\partial p > 0$; man bewegt sich auf der Angebotskurve $x^A(p)$ nach rechts oben.

  Eine Erhöhung des Produktpreises läßt die Faktornachfrage steigen. Da die Angebotsmenge zunimmt, benötigt man zu deren Produktion eine größere Faktormenge ($\partial v^N/\partial p > 0$).

  Eine Erhöhung des Produktpreises läßt die gewinnmaximale Kostensumme steigen, denn $\partial K(x)/\partial p = \partial K(x^A)/\partial x^A \cdot \partial x^A/\partial p > 0$; die Ableitung der Kostenfunktion ist positiv, die Angebotsfunktion ist ebenfalls positiv.
- Eine Anhebung des Faktorpreises q erhöht die Produktionskosten für jede (gegebene) Ausbringungsmenge $\bar{x}$, vermindert – unter sonst gleichen Bedingungen – die gewinnmaximale Output- und Faktoreinsatzmenge und die gewinnmaximale Kostensumme:

$$\frac{\partial K(\bar{x})}{\partial q} > 0 \quad \text{für vorgegebene Ausbringungsmengen } \bar{x},$$

$$\frac{\partial x^A}{\partial q} < 0, \qquad \frac{\partial v^N}{\partial q} < 0$$

$$\frac{\partial K(x^A)}{\partial q} = \frac{\partial K(x^A)}{\partial x^A} \cdot \frac{\partial x^A}{\partial q} < 0,$$

da die Ableitung der Kostenfunktion nach der Ausbringungsmenge zwar positiv, die Ableitung der Angebotsfunktion nach dem Faktorpreis aber negativ ist. Dasselbe Ergebnis erhält man unmittelbar, wenn man die Angebotsfunktion in die Kostenfunktion einsetzt und nach dem Faktorpreis q ableitet:

$$K(x^A) = q^{-\alpha/(1-\alpha)} \cdot (\alpha Ap)^{1/(1-\alpha)}$$

$$\frac{\partial K(x^A)}{\partial q} = -\frac{\alpha}{1-\alpha} \cdot q^{-1/(1-\alpha)} \cdot (\alpha Ap)^{1/(1-\alpha)} < 0$$

Aufgabe 7

Gegeben sind folgende Produktionsfunktionen:

$$\text{(A)} \quad x = \min \quad (2v_1, 4v_2), \qquad \text{(B)} \quad x = 2\sqrt[4]{v_1 \cdot v_2}$$

und die Faktorpreise $q_1 = 1$, $q_2 = 4$.

a) Ermitteln Sie die Kostenfunktion, wenn die Menge v_1 mit $\bar{v} = 16$ vorgegeben ist. Skizzieren Sie die Gesamtkosten-, Grenzkosten- und Durchschnittskostenfunktion. Bestimmen Sie die gewinnmaximalen Produktionspläne, wenn der Güterpreis p gleich 4 ist.

b) Ermitteln Sie die Kostenfunktion, wenn beide Faktoren in beliebigen Mengen eingesetzt werden können.

c) Beide Faktoren können in beliebigen Mengen eingesetzt werden. Bestimmen Sie die gewinnmaximalen Produktionspläne, falls p = 2. Nun steige der Preis des Faktors 1 auf 4 Geldeinheiten; alle übrigen Preise bleiben unverändert. Bestimmen Sie die gewinnmaximalen Produktionspläne für diese Situation und vergleichen Sie die Ergebnisse. Tragen Sie die Ergebnisse in ein Faktormengendiagramm ein!

d) Erläutern Sie anhand der errechneten Kostenfunktion die Begriffe *fixe und variable Kosten*, sowie *kurz- und langfristige Kostenfunktionen*. Überlegen Sie, wie sich aus kurzfristigen Kostenfunktionen die langfristige Kostenfunktion ableiten läßt. In welchem Fall sind die kurzfristigen und die langfristigen Kosten gleich?

Lösung

a) Diese Teilaufgabe unterstellt eine kurzfristige Entscheidungssituation, in der die Einsatzmenge des Faktors 1 vorgegeben ist.

Die Kostengleichung lautet $K = 16 + 4v_2$ für beide Unternehmen. Das Unternehmen A kann in dieser kurzfristigen Situation maximal $x = 2 \cdot 16 = 32$ Outputeinheiten herstellen.

Die Verbrauchsfunktionen für den Faktor 2 können unmittelbar aus den partiellen Ertragsfunktionen dieses Faktors abgeleitet werden:

Unternehmen A		Unternehmen B
$x = 4v_2$		$x = 2\sqrt[4]{16 \cdot v_2}$

Die Verbrauchsfunktionen des Faktors 2 lauten:

$v_2 = x/4$		$v_2 = (x/4)^4$

Eingesetzt in die Kostengleichung erhält man als Kostenfunktion

$K(x) = 16 + x$	für $0 \leq x \leq 32$	$K(x) = 16 + x^4/64$

Die Grenzkostenfunktionen lauten

$\partial K/\partial x = 1$	für $0 < x < 32$	$\partial K/\partial x = x^3/16$

Die gewinnmaximalen Produktionspläne

Unternehmen A wird eine möglichst große Ausbringungsmenge wählen, da für jedes x gilt, daß der Produktpreis $p = 4 > \partial K/\partial x = 1$. Ein positiver Gewinn stellt sich ab $x > 5,66$ ein. Es werden also 32 Einheiten produziert und 16 Einheiten des Faktors 1 und 8 Einheiten des Faktors 2 eingesetzt. In diesem Fall beträgt der Gewinn $G(x = 32) = 4 \cdot 32 - 16 - 32 = 80$.

Das Unternehmen B produziert in dieser Situation vier Outputeinheiten. Wendet man die Outputregel an, ergibt sich $p = 4 = x^3/16$ und x = 4. Der Gewinn beträgt $G(x = 4) = 4 \cdot 4 - 16 - 4^4/64 = -4$. Das Unternehmen B erwirtschaftet in dieser Situation einen Verlust.

b) Die Kostenfunktion ist die Zuordnung minimaler Kostensummen zu alternativen Ausbringungsmengen. Im Falle linear-limitationaler Produktionstechnologie (Unternehmen A) bedeutet das, daß nur technisch effiziente Produktionspläne betrachtet werden. Es sind daher die Faktorverbrauchsfunktionen ($v_1 = 0,5x$ und $v_2 = 0,25x$) in die Kostendefinition einzusetzen. Man erhält die Kostenfunktion $K(x) = 1,5x$.

Das Unternehmen B kann entsprechend seiner Produktionsfunktion eine bestimmte Ausbringungsmenge technisch effizient mit unterschiedlichen Faktoreinsatzkombinationen erzeugen. Als Gewinnmaximierer wählt es immer die kostenminimale Faktoreinsatzkombination, die bei jenen Einsatzmengen vorliegt, wo das Verhältnis der Grenzerträge gleich dem der Faktorpreise ist (*Minimalkostenkombination*). Die Kostenfunktion des Unternehmens B muß also die Bedingungen der Minimalkostenkombination berücksichtigen, welche wiederum die technisch effiziente Produktion impliziert. Im gegebenen Beispiel lautet die Minimalkostenkombination:

$$\frac{\partial x/\partial v_1}{\partial x/\partial v_2} = \frac{v_2}{v_1} = \frac{q_1}{q_2} = \frac{1}{4} \qquad \text{oder} \qquad v_2 = 0,25v_1$$

In die Kostengleichung eingesetzt ergibt sich

$$K = v_1 + 4 \cdot 0,25v_1 = 2v_1.$$

Die Bedingung der Minimalkostenkombination in die Produktion eingesetzt erhält man

$$x = 2\sqrt[4]{v_1 \cdot 0,25 \cdot v_1}$$
$$v_1 = 0,5x^2$$

Diese Funktion gibt die kostenminimalen Einsatzmengen des Faktors 1 in Abhängigkeit von der Ausbringungsmenge an. Die *Kostenfunktion* erhält man, wenn man diese Faktorverbrauchsfunktion in obige Kostendefinition einsetzt: $K(x) = x^2$.

Überlegen Sie, wie die Unternehmen in der langen Frist reagieren, wenn sie mit einer Kostenfunktion des ermittelten Typs (zunehmende Durchschnittskosten) rechnen müssen. Unterstellen Sie der Einfachheit halber freien Marktzutritt.

Sie finden Erläuterungen zu dieser Fragestellung in Teil C Aufgabe 1.

c1) Die gewinnmaximalen Produktionspläne bei $p = 2$; $q_1 = 1$; $q_2 = 4$

Unternehmen A:

$$G(x) = 2x - 1,5x = 0,5x$$

Der Gewinn wächst mit der Ausbringungsmenge, ein ökonomisch ziemlich irrealer Fall und nicht konsistent mit dem Modell vollkommener Konkurrenz und mengenanpasserischem Verhalten. Das Unternehmen könnte durch eine Erhöhung der Ausbringungsmenge den Gewinn ins Unbegrenzte steigern.

Unternehmen B:

$$G(x) = 2x - x^2$$
$$\frac{\partial G}{\partial x} = 2 - 2x = 0$$
$$\frac{\partial^2 G}{\partial x^2} = -2 < 0$$

Die gewinnmaximale Ausbringungsmenge x^* ist 1, $K(x^*) = 1$; $v_1^* = 0,5$; $v_2^* = 1/8$; $G(x^*) = 1$.

c2) Die gewinnmaximalen Produktionspläne bei $p = 2$; $q_1 = 4$; $q_2 = 4$

Die Kostengleichung lautet jetzt $K = 4v_1 + 4v_2$.

Unternehmen A: Die Kostenfunktion des *Unternehmens A* beträgt nun $K(x) = 3x$. Der gewinnmaximale Produktionsplan des Unternehmens A ergibt sich aus den Überlegungen: $G = 2x - 3x = -x$. Der Gewinn ist bei jeder Ausbringungsmenge negativ. Die gewinnmaximale Ausbringungsmenge des Unternehmens A beim neuen Faktorpreisverhältnis ist Null, da nur bei dieser Menge kein Verlust entsteht.

Unternehmen B: Ausgehend von der "neuen" Minimalkostenkombination $v_2 = v_1$ erhält man die Kostenfunktion des Unternehmens B wie oben in der Teilaufgabe b) gezeigt: $K(x) = 2x^2$. Damit bestimmt sich der gewinnmaximale Produktionsplan aus:

$$G = 2x - 2x^2,$$
$$\frac{\partial G}{\partial x} = 2 - 4x = 0 \qquad \text{und}$$
$$\frac{\partial^2 G}{\partial x^2} = -4 < 0$$

Die gewinnmaximale Ausbringungsmenge beträgt $x^{**} = 0.5$; $K(x^{**}) = 0.5$; $v_1^{**} = 1/16$ und $v_2^{**} = 1/16$; $G(x^{**}) = 0.5$.

In der nachfolgenden Graphik sind die Faktoreinsatzmengen der beiden betrachteten gewinnmaximalen Produktionspläne eingetragen. Eine Faktorpreiserhöhung hat – unter sonst gleichen Bedingungen – einen Substitutionseffekt (A nach A'): Faktor 1 wird durch Faktor 2 ersetzt. Beim veränderten Faktorpreisverhältnis ist der Produktionsplan A' zwar *kostenminimal* für die Ausbringungsmenge x^*, aber wie wir wissen, ist die Ausbringungsmenge x^* nicht mehr *gewinnmaximal*. Der Unternehmer vermindert die Ausbringungsmenge (von A' nach B). Die Reduktion auf B' (gleiche Kostensumme und Einsatzmenge des Faktors 2 wie in der Ausgangssituation) genügt nicht, da bei einer Faktorpreiserhöhung die gewinnmaximale Kostensumme ansteigt.

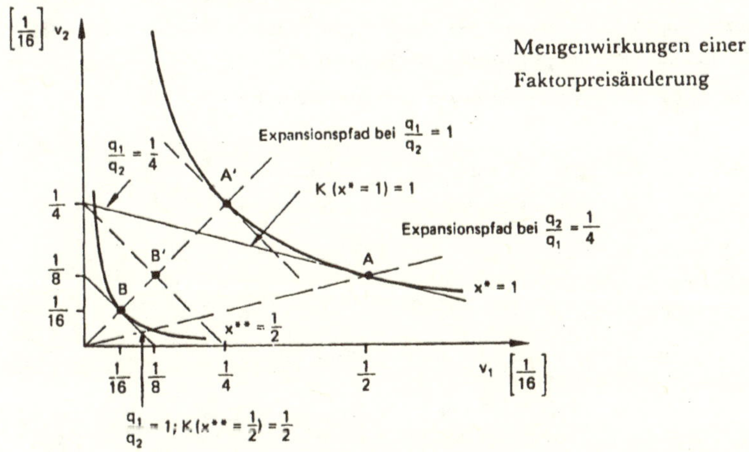

Abbildung 3.10: Mengenwirkungen einer Preisänderung

d) Anhaltspunkte finden Sie im Abschnitt D.2.

Fixe Kosten sind jener Teil der Gesamtkosten, der unabhängig von der Höhe der jeweiligen Ausbringungsmenge entsteht. Sie sind die Entlohnung für die mengenmäßig vorgegebenen ("fixen") Faktoren. Besonders in kurzfristigen Entscheidungssituationen können bestimmte Faktoren nicht variierbar sein (etwa aufgrund rechtlicher Verpflichtungen, die es nicht zulassen, die Faktormenge beliebig zu vermindern, und/oder aufgrund mangelnden Angebots, das es verhindert, die Faktoreinsatzmengen kurzfristig zu erhöhen). Kurzfristige Kostenfunktionen weisen deshalb einen konstanten, nicht mit der Ausbringungsmenge variierenden Kostenbestandteil auf.

Damit ist auch schon gesagt, daß in der langen Frist die Faktoreinsatzmengen angepaßt werden können, die langfristige Kostenfunktion daher kein absolutes Glied aufweist. Die langfristige Kostenfunktion ist also die Zuordnung minimaler Kostensummen zu alternativen Ausbringungsmengen, falls die Einsatzmengen aller Faktoren frei variiert werden können.

Plant der Unternehmer längerfristig, wird er die Menge der kurzfristig fixen Faktoren ebenfalls der geplanten Ausbringungsmenge anpassen. Man erhält auf diese Art eine Schar von kurzfristigen Kostenfunktionen, die sich nicht nur durch die Höhe der fixen Kosten unterscheiden: Mit einer größeren Menge fixer Faktoren (höheren fixen Kosten) ist es möglich, bestimmte Ausbringungsmengen kostengünstiger herzustellen als mit einer geringeren Menge fixer Faktoren.

Im anderen Fall wäre es irrational, die Menge der fixen Faktoren zu erhöhen. Für jede Ausbringungsmenge gibt es somit eine *optimale* kurzfristige Kostenfunktion. Die langfristige Kostenfunktion ist die Zuordnung der kurzfristig günstigsten Kostensummen zu alternativen Ausbringungsmengen, die langfristige Kostenkurve ist die Umhüllende aller kurzfristigen Kostenkurven. Die langfristige Durchschnittskostenkurve ist nur bei konstanten Skalenerträgen (bei Linearität der langfristigen Kostenkurve) der geometrische Ort aller *Minima* der kurzfristigen Durchschnittskosten.

In Teilaufgabe a) hatten wir folgende Kostenfunktionen ermittelt:

A	B	
$K(x) = 16 + x$	$K(x) = 16 + x^4/64$	kurzfristig
$K(x) = 1.5x$	$K(x) = x^2$	langfristig

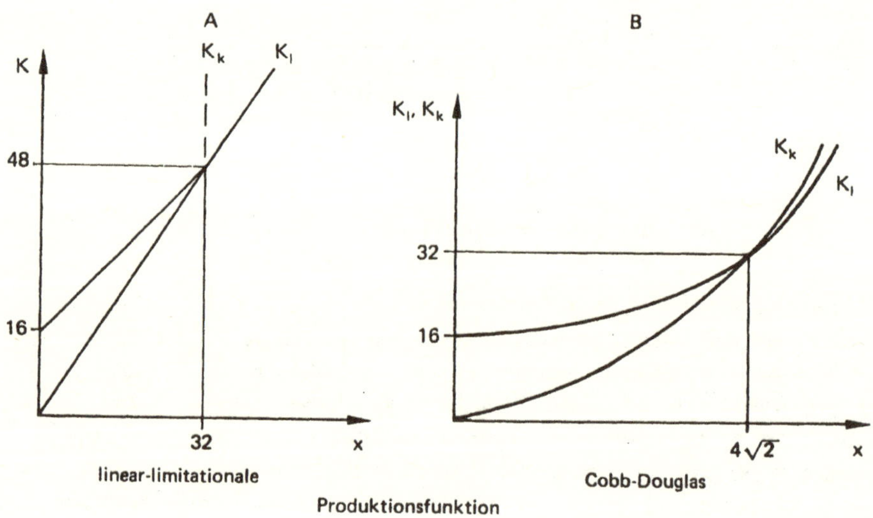

Abbildung 3.11

Aufgabe 8

Gegeben sind die skizzierten Funktionen:

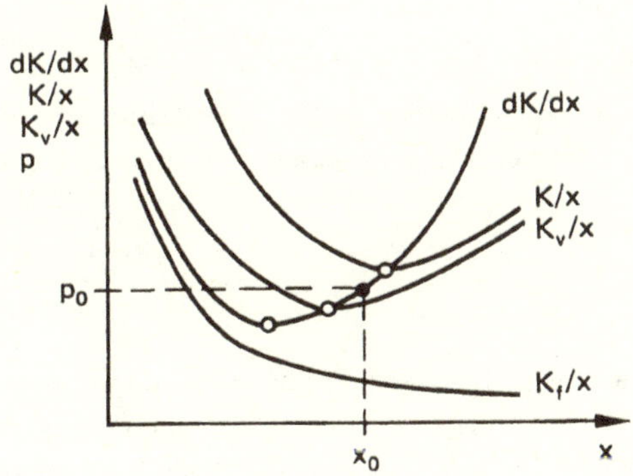

Abbildung 3.12

Warum ist die Menge x_o bei gegebenem p_o gewinnmaximal, obwohl bei größeren Ausbringungsmengen die durchschnittlichen Gesamtkosten K/x geringer sind? Erwirtschaftet die Unternehmung einen Gewinn?

Lösung

Bei der Ausbringungsmenge $x > x_o$ ist der Produktpreis kleiner als die Kosten einer zusätzlichen Outputeinheit. Durch eine Verminderung der Ausbringungsmenge erhöht sich der Gewinn: Obwohl bestimmte Outputmengen $x > x_o$ geringere Durchschnittskosten aufweisen als $K(x_o)/x_o$, sind diese Ausbringungsmengen nicht gewinnmaximal. Geht man über die Ausbringungsmenge x_o hinaus, verringern sich die durchschnittlichen fixen Kosten noch stärker als die durchschnittlichen variablen Kosten ansteigen, bis jene Ausbringungsmenge erreicht ist, bei der die durchschnittlichen Gesamtkosten minimal sind. Ab dieser Ausbringungsmenge steigen die durchschnittlichen Gesamtkosten an, da die Verringerung der durchschnittlichen fixen Kosten durch die Erhöhung der durchschnittlichen variablen Kosten überkompensiert wird.

Da bei der gewinnmaximalen Ausbringungsmenge x_o die Durchschnittskosten höher sind als der Produktpreis p_o, macht das Unternehmen im gewinnmaximalen Produktionsplan einen *Verlust*. Unter diesen Bedingungen zu produzieren, ist nur sinnvoll, wenn das Unternehmen hoffen kann, in der langen Frist Gewinne zu machen. Dies könnte dann eintreten, wenn Konkurrenten auf Grund höherer Durchschnittskosten aus dem Markt ausscheiden und sich wegen des verringerten Gesamtangebots der Marktpreis für Gut X so erhöht, daß dann Gewinne erzielt werden können.

Aufgabe 9

a) Was sind die Bedingungen für das Gewinnmaximum einer Unternehmung, wenn sie das Gut X auf dem Markt allein anbietet?

b) Existiert für den Monopolisten eine Angebotsfunktion $x^A(p)$?

c) Warum ist bei linearer Kostenfunktion für den Monopolisten eine optimale Angebotsmenge bestimmbar, für den Mengenanpasser (von Kapazitätsgrenzen abgesehen) jedoch nicht?

Lösung

a) Eine ausführliche Beantwortung dieser Frage finden Sie im Lehrbuch in Abschnitt H.1 *Das Angebotsmonopol.* Der (Angebots-)Monopolist kann im Gegensatz zum Mengenanpasser über Menge oder Preise bestimmen. Durch die Verminderung der Verkaufsmenge kann er einen höheren Marktpreis erzielen. Der Monopolist sieht sich einer negativ geneigten Marktnachfragefunktion gegenüber, deren Umkehrfunktion Preis-Absatz-Kurve heißt:

$$p(x) = g(x) \qquad \text{mit} \qquad \frac{\partial p}{\partial x} < 0;$$

Die Erlösfunktion lautet damit $E(x) = p(x) \cdot x$. Die Bedingungen des gewinnmaximalen Produktionsplans können auch für den Monopolisten gemäß der Input- oder Outputregel bestimmt werden.

Outputregel

$$\begin{aligned} &G(x) = E(x) - K(x) \\ &\frac{\partial G}{\partial x} = \frac{\partial E}{\partial x} - \frac{\partial K}{\partial x} = 0 \qquad \text{und} \\ &\frac{\partial^2 G}{\partial x^2} = \frac{\partial^2 E}{\partial x^2} - \frac{\partial^2 K}{\partial x^2} < 0; \qquad \text{damit gilt:} \\ &\frac{\partial^2 E}{\partial x^2} < \frac{\partial^2 K}{\partial x^2} \end{aligned}$$

Das Gewinnmaximum des Monopolisten liegt bei jener Ausbringungsmenge, bei der Grenzerlös und die Grenzkosten gleich sind und die Grenzkosten stärker ansteigen als der Grenzerlös.

Inputregel

Neben der Bedingung technisch effizienter Produktion ist im Optimierungsansatz zu berücksichtigen, daß der Marktpreis gemäß Preis-Absatz-Funktion von der Verkaufsmenge abhängt.

$$L = px - \sum_{i=1}^{m} q_i v_i + \lambda[x - f(v_1, \cdots, v_m)] + \mu[p - g(x)] \qquad \text{max!}$$

Es ist nach den Variablen p, x, $v_1, \ldots, v_m, \lambda, \mu$ abzuleiten. Setzt man die ersten Ableitungen des Lagrangeansatzes nach diesen Variablen gleich Null, hat man die notwendigen Bedingungen für den gewinnmaximalen Produktionsplan eines Monopolisten:

$$(1) \qquad \frac{\partial L}{\partial p} = x + \mu = 0$$

$$(2) \qquad \frac{\partial L}{\partial x} = p + \lambda - \mu \cdot \frac{\partial p}{\partial x} = 0$$

$$(3) \qquad \frac{\partial L}{\partial v_i} = -q_i - \lambda \cdot \frac{\partial x}{\partial v_i} = 0 \qquad \text{für i} = 1, \ldots, m$$

$$(4) \qquad \frac{\partial L}{\partial \lambda} = 0 \qquad \text{und} \qquad \frac{\partial L}{\partial \mu} = 0$$

Man erhält leicht interpretierbare Ausdrücke, wenn man die Lagrangemultiplikatoren in der Bedingung (3) mit Hilfe der Bedingungen (1) und (2) eliminiert. Aus (1) ergibt sich $-\mu = x$; eingesetzt in (2) erhält man $-\lambda = p + x \cdot \partial p/\partial x$. In (3) eingesetzt folgt:

$$q_i = (p + x \cdot \frac{\partial p}{\partial x}) \cdot \frac{\partial x}{\partial v_i} \qquad \text{oder mit} \quad \eta_{x,p} \quad \text{als Preiselastizität der Nachfrage}$$

$$q_i = p(1 + \frac{1}{\eta_{x,p}}) \cdot \frac{\partial x}{\partial v_i} \qquad \text{für i} = 1, \ldots, \text{m}.$$

Diejenigen Faktoreinsatzmengen des Monopolisten sind gewinnmaximal, bei denen (i) das Grenzerlösprodukt eines Faktors gleich dem Faktorpreis ist, (ii) die Ausbringungsmenge x technisch effizient produziert wird und (iii) der Produktpreis p gemäß Preis-Absatz-Funktion bestimmt wird.

b) Für den Monopolisten gibt es keine Angebotsfunktion $x^A(p)$, da die Beziehung zwischen Produktpreis und der Ausbringungsmenge bereits durch die Preis-Absatz-Funktion festgelegt ist.

c) Die gewinnmaximale Ausbringungsmenge ist bestimmbar, wenn die Gewinnfunktion ein Maximum aufweist.

Im *Mengenanpassermodell* wird dies bei linearer Erlösfunktion durch eine Kostenfunktion mit zunehmenden Grenzkosten erreicht.

Im *Monopolmodell* ist die Erlösfunktion konkav, so daß die Kostenfunktion linear sein kann oder gar abnehmende Grenzkosten aufweisen dürfte; solange bei bestimmten Ausbringungsmengen die Grenzkosten stärker steigen als oder nicht so stark fallen wie die Grenzerlösfunktion, ist der gewinnmaximale Produktionsplan des Monopolisten bestimmbar.

Eine Monopolstellung zu haben, garantiert dem Unternehmen nicht, daß es beim gewinnmaximalen Produktionsplan auch Gewinne macht. Die Gewinnerzielungsmöglichkeiten des Angebotsmonopolisten werden neben den Produktionskosten dadurch bestimmt, wieviel von der gesamten Nachfrage der Monopolist auf sein Produkt ziehen kann, d.h. wie weit außen die Preis-Absatz-Kurve liegt.

C) Weiterführende Fragen

Aufgabe 1

Nehmen Sie an, ein Unternehmen produziere ein Gut X mit Hilfe eines fixen und eines variablen Faktors. Es gelte eine ertragsgesetzliche Produktionsfunktion.

a) Bestimmen Sie für die kurze und für die lange Frist den Bereich technisch effizienter Produktionspläne.

b) Wenden Sie Ihre Überlegungen auf die Produktionsfunktion

$$x = \frac{v_1^2 \cdot v_2^2}{a \cdot v_1^3 + b \cdot v_2^3} \quad \text{an.}$$

c) Geben Sie ökonomische Beispiele, in denen es (i) plausibel, (ii) unplausibel ist, daß langfristig alle Faktoren variiert werden können.

Lösung

Lesen Sie den Absatz über das Ertragsgesetz im Abschnitt *Substitutionale Produktionsfunktionen*. Der Einfachheit halber seien der Zwei-Faktor-Fall und eine linear-homogene Produktionsfunktion unterstellt; auch die oben angeschriebene Produktionsfunktion hat konstante Skalenerträge. Für nicht linear-homogene Funktionen gelten die folgenden Überlegungen analog.

a) Die ertragsgesetzliche Produktionsfunktion weist – im Gegensatz zu den bisher besprochenen Technologien – mit der Einsatzmenge *variierende* Produktionselastizitäten auf. Da im gegebenen Zwei-Faktor-Fall lineare Homogenität unterstellt worden ist, ist die Skalenelastizität gleich der Summe der Produktionselastizitäten und gleich Eins: Die Elastizitäten der beiden Faktoren verändern sich gegenläufig. In Abbildung 3.13a sind die partiellen Ertragsfunktionen des Faktors 1,

$$x = f(v_1, \bar{\bar{v}}_2); \qquad x = f(v_1, \bar{v}_2); \qquad \text{wobei} \quad \bar{v}_2 = 0.5\,\bar{\bar{v}}_2$$

und die Niveauproduktionsfunktion

$$x = g(h \cdot \bar{\bar{v}}_1, h \cdot \bar{\bar{v}}_2) = h^1 \cdot g(\bar{\bar{v}}_1, \bar{\bar{v}}_2) \quad \text{eingezeichnet.}$$

$\bar{\bar{v}}_1$ ist die Einsatzmenge des Faktors 1 bei Produktionsplan (B).

Die Kurven des Grenz- und des Durchschnittsertrags des Faktors 1 (mit $v_2 = \bar{\bar{v}}_2$ beziehungsweise $\bar{v}_2$) sind in Abbildung 3.13b eingezeichnet. Die partielle Ertragsfunktion $x = f(v_1, \bar{\bar{v}}_2)$ (vgl. Abbildung 3.13a) beschreibt eine kurzfristige Entscheidungssituation des Unternehmens: Die Einsatzmenge des Faktors 2 ist mit $\bar{\bar{v}}_2$ vorgegeben. Im Wendepunkt (A) ist der Grenzertrag des Faktors 1 maximal. Im Produktionsplan (B) tangiert die partielle Ertragsfunktion des Faktors 1 die Niveauproduktionsfunktion: Eine (infinitesimal) größere Einsatzmenge des Faktors 1 bringt denselben Grenzertrag wie eine infinitesimale Vermehrung *aller* Faktoreinsatzmengen (Niveauvariation). Bei Linear-Homogenität, wie im gegebenen Beispiel, gilt für den Tangentialpunkt (B) zusätzlich: In (B) ist der Grenzertrag des Faktors 1 gleich dem Durchschnittsertrag und der Durchschnittsertrag zugleich maximal.

Beim Produktionsplan (C) ist der Grenzertrag des Faktors 1 gleich Null. Wird die Einsatzmenge des Faktors 1 weiter erhöht, ist sein Grenzertrag negativ, die Ausbringungsmenge vermindert sich. Produktionspläne mit nicht positiven Grenzerträgen sind – selbst in der gegebenen kurzfristigen Situation – technisch ineffizient; die gegebene Outputmenge ist auch durch geringere Einsatzmengen des Faktors 1 herstellbar. Bis zum Produktionsplan (B) weist der Faktor 1 zunehmende Durchschnittserträge auf, seine Produktionselastizität ist in diesem Bereich größer 1. Da eine Skalenelastizität von 1 unterstellt worden ist, hat der Faktor 2 daher im selben Bereich eine negative Produktionselastizität: Durch eine Verminderung seiner Einsatzmenge kann das Produktionsergebnis gesteigert werden.

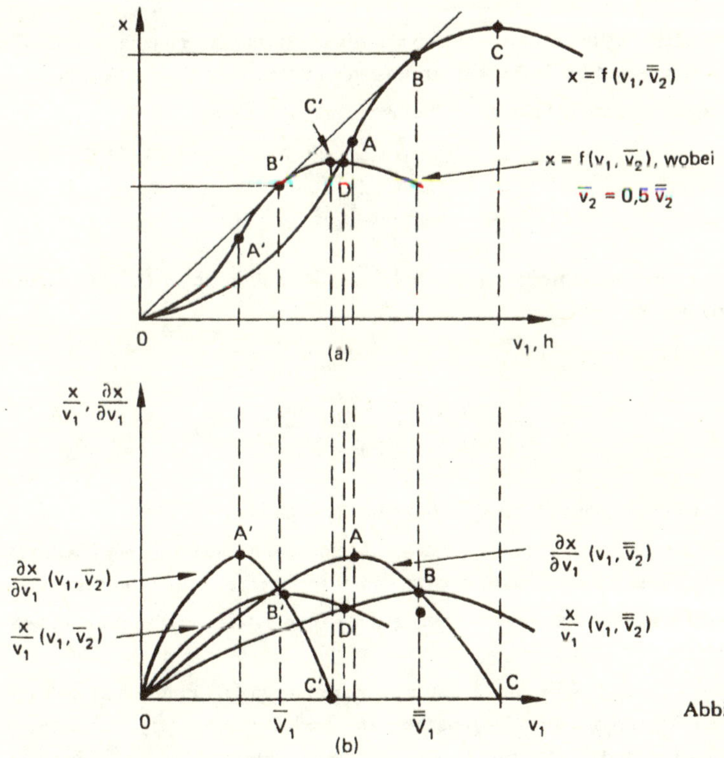

Abbildung 3.13

Ein Vergleich mit der partiellen Ertragsfunktion $x = f(v_1, \bar{v}_2)$ verdeutlicht dies. Die Ausbringungsmenge des Produktionsplans (D) kann bei gegebener Einsatzmenge des Faktors 1 durch den Einsatz von $\bar{\bar{v}}_2$ beziehungsweise $\bar{v}_2$ erzeugt werden. Da $\bar{\bar{v}}_2$ größer als $\bar{v}_2$ ist, ist der Produktionsplan $(v_1, \bar{\bar{v}}_2)$ nicht technisch effizient. Auf der partiellen Ertragsfunktion $x = f(v_1, \bar{\bar{v}}_2)$ liegt technische Ineffizienz nicht nur in (D) vor, sondern bei allen Produktionsplänen unterhalb des Tangentialpunktes (B). Die Produktionspläne zwischen (B) und (C), hier also im Bereich abnehmender Durchschnittsproduktivität und positiver Grenzproduktivität, sind technisch effizient. Produktionspläne mit nichtpositiver Grenzproduktivität, also der negativ geneigte Teil der partiellen Ertragskurve einschließlich des Produktionsplans (C), sind selbst in der *kurzfristigen* Entscheidungssituation, in der die Menge $\bar{\bar{v}}_2$ nicht variiert werden kann, technisch ineffizient. Dagegen sind die Produktionspläne im Bereich steigender Durchschnittsproduktivität (vom Koordinatenursprung bis B) nur bei *langfristiger* Betrachtung technisch ineffizient. In der kurzen Entscheidungsfrist sind sie effizient, da der Unternehmer annahmegemäß keinen günstigeren Produktionsplan wählen kann.

b) Die im Beispiel gegebene ertragsgesetzliche Produktionsfunktion

$$x = \frac{v_1^2 \cdot v_2^2}{a \cdot v_1^3 + b \cdot v_2^3} \qquad \text{mit} \quad a, b > 0$$

weist bei beliebigen positiven Einsatzmengen positive Ausbringungsmengen auf. Die Durchschnittserträge sind bei keiner Faktormengenkombination Null oder negativ.

Die Grenzertragsfunktion des Faktors 1 – bei vorgegebenem $\bar{\bar{v}}_2$ –

$$\frac{\partial x}{\partial v_1} = \frac{v_1 \cdot \bar{\bar{v}}_2^2 \cdot (2b\, \bar{\bar{v}}_2^3 - a v_1^3)}{(a\, v_1^3 + b\, \bar{\bar{v}}_2^3)^2}$$

zeigt, daß bei einer Einsatzmenge $v_1 > \bar{\bar{v}}_2 \sqrt[3]{2b/a}$ [Produktionsplan (C)] die Grenzerträge negativ werden.

Die Produktionselastizität

$$\eta_{x,v_1} = \frac{\partial x / x}{\partial v_1 / v_1} = \frac{2b\, \bar{\bar{v}}_2^3 - a v_1^3}{a v_1^3 + b\, \bar{\bar{v}}_2^3}$$

ist für Faktoreinsatzmengen $v_1 > \bar{\bar{v}}_2 \sqrt[3]{2b/a}$ ebenfalls negativ.

Bei *partieller* Faktorvariation wird die Ausbringungsmenge, nachdem sie ein Maximum erreicht hat, mit zunehmendem Faktoreinsatz immer geringer, aber nicht negativ.

Bei *totaler* Faktorvariation (Niveauvariation) bleiben Grenzerträge und Produktionselastizitäten konstant.

Der Durchschnittsertrag des Faktors 1 hat sein Maximum in (B) und nähert sich mit zunehmendem Faktoreinsatz der Mengenachse. Im Produktionsplan (B) sind Grenzertrag und Durchschnittsertrag des Faktors 1 gleich; dies ist bei $v_1 = \bar{\bar{v}}_2 \sqrt[3]{b/2a}$ der Fall.

Die Einsatzmenge des Faktors 2 ist in allen Produktionsplänen, bei denen die Einsatzmenge des Faktors 1 im Bereich $0 \leq v_1 < \bar{\bar{v}}_2 \sqrt[3]{b/2a}$ liegt, langfristig zu "groß". Eine Verminderung seiner Einsatzmenge würde das Produktionsergebnis verbessern.

Entsprechendes gilt bei vorgegebener Einsatzmenge des Faktors 1 von $\bar{\bar{v}}_1$ für die Grenzertragsfunktion des Faktors 2

$$\frac{\partial x}{\partial v_2} = \frac{\bar{\bar{v}}_1^2 \cdot v_2 \cdot (2a\,\bar{\bar{v}}_1^3 - b\,v_2^3)}{(a\,\bar{\bar{v}}_1^3 + b\,v_2^3)^2}$$

und dessen Produktionselastizität

$$\eta_{x,v_2} = \frac{\partial x/x}{\partial v_2/v_2} = \frac{2a\,\bar{\bar{v}}_1^3 - b\,v_2^3}{a\,\bar{\bar{v}}_1^3 + b\,v_2^3}.$$

Sie werden negativ, wenn $v_2 > \bar{\bar{v}}_1 \sqrt[3]{2a/b}$ ist. Betrachten wir wieder die partielle Ertragsfunktion des Faktors 1 mit $\bar{\bar{v}}_1$. Im gegebenen Beispiel umfaßt der Bereich der technischen Effizienz bei kurzfristiger Entscheidung alle Produktionspläne bis zum Outputmaximum (C) ausschließlich, also $0 < v_1 < \bar{\bar{v}}_2 \sqrt[3]{2b/a}$.

Betrachtet man die Grenzrate der technischen Substitution

$$\frac{dv_2}{dv_1} = \frac{\partial x/\partial v_1}{\partial x/\partial v_2} = \frac{v_2}{v_1} \cdot \frac{a\,v_1^3 - 2b\,v_2^3}{2a\,v_1^3 - b\,v_2^3}$$

dann geht sie bei der Untergrenze des effizienten Bereichs gegen (minus) unendlich und bei der Obergrenze ist sie gleich Null. Im technisch nicht effizienten Bereich ist die Grenzrate der technischen Substitution zwischen den Faktoren 1 und 2 positiv (vgl. nachfolgendes Isoquantendiagramm).

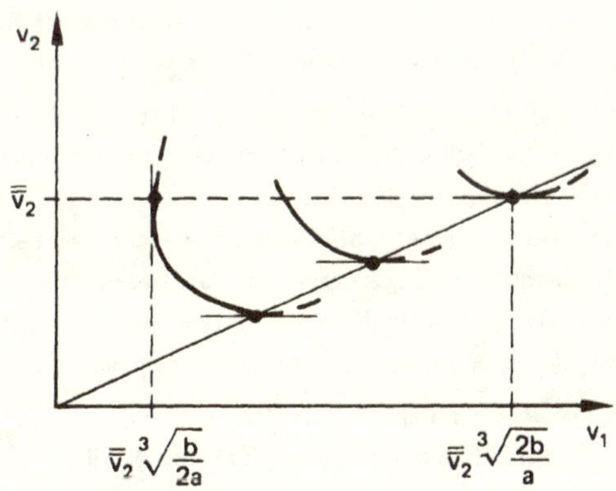

Abbildung 3.14

c) Die langfristige Entscheidungssituation ist im Gegensatz zur kurzfristigen dadurch gekennzeichnet, daß die Wirtschaftssubjekte über einen größeren Entscheidungsspielraum verfügen. Im Extremfall verbindet man mit der langen Frist zum Beispiel, daß das

Unternehmen alle Faktoren in beliebigen Mengen beschaffen kann. Man kann sich überlegen, ob in einer solchen Situation die Unternehmen realistischerweise Produktionstechnologien mit zunehmenden, konstanten oder abnehmenden Skalenerträgen verwenden. Dabei sei weiterhin die Annahme beliebiger Teilbarkeit aller Güter- und Faktormengen unterstellt.

(1) Produktionsfunktionen mit *steigenden Skalenerträgen* sind dadurch gekennzeichnet, daß zum Beispiel zur Verdoppelung der Ausbringungsmenge weniger als die doppelte Menge von bestimmten Faktoren eingesetzt werden muß. Denken Sie an Produktionen, in denen Leitungsnetze Verwendung finden (zB. Telefon, Bahn). Es kommt zu permanent sinkenden Durchschnittskosten und zu riesigen Betriebsgrößen. Die Produktion des entsprechenden Gutes ist nur dann gesamtwirtschaftlich effizient, wenn sie von einem einzigen Unternehmen durchgeführt wird. Man spricht von *natürlichen Monopolen*, weil deren besondere Marktstellung produktionstechnisch (langfristig sinkende Durchschnittskosten) bedingt ist. Sie finden mehr zu den natürlichen Monopolen in Kapitel IV.C Aufgabe 1 der weiterführenden Fragen.

(2) Produktionsfunktionen mit *abnehmenden Skalenerträgen* implizieren (vgl. den Abschnitt *Das Wertgrenzprodukt als Entlohnungsregel*), daß Gewinn entsteht. Bei freiem Marktzutritt wird langfristig die Anzahl der Anbieter steigen und die Betriebsgröße abnehmen. Im Extremfall hat man unendlich viele Anbieter mit infinitesimal kleinen Betrieben, eine etwas unplausible Vorstellung.

(3) So gibt es gute Gründe dafür, daß die Produktionsfunktionen in vielen Fällen *linearhomogen* sind, also konstante Skalenerträge aufweisen. Bei einer Verdoppelung der Inputs kann der doppelte Output erzeugt werden. Die langfristig optimale Betriebsgröße ist unbestimmt.

Selbst bei konstanten Skalenerträgen ergeben sich jedoch abnehmende Produktionserträge, wenn bestimmte Faktoren auch langfristig nicht variiert werden können. Dies dürfte einzelwirtschaftlich eher die Ausnahme sein. Gesamtwirtschaftlich spielt die mengenmäßige Beschränkung von Faktoren jedoch eine wichtige Rolle.

Denken wir an den Faktor *Boden*; er ist nicht produzierbar ("originärer Faktor") und immobil. Gesamtwirtschaftlich kann die Bodenfläche nur marginal vermehrt werden (zB. durch Eindeichung). Für das einzelne Unternehmen ist der Boden in der Regel variabel. Der Entscheidungsspielraum eines Unternehmers ist schon eingeschränkt, wenn er auf eine bestimmte Bodenqualität angewiesen ist. Da zudem Form und/oder Lage eines Grundstücks dessen Qualität wesentlich bestimmen, ist der Faktor Boden einzelwirtschaftlich nicht nur in seiner Menge fix, sondern hat oft sogar Einmaligkeitscharakter.

Die Bodennutzung ist in allen Volkswirtschaften umfangreichen staatlichen Regulierungen unterworfen (zB. durch Flächennutzungspläne), so daß die Variation der Bodenfläche in der langen Frist eine Änderung der Regulierungsvorschriften voraussetzt. Diese kostet Zeit und Mühe und ist letztendlich vom Unternehmen nicht planbar.

Ein weiteres wichtiges Beispiel – vor allem bei gesamtwirtschaftlicher Betrachtung – dafür, daß Faktormengen nicht beliebig variiert werden können, liegt vor, wenn Leistungen nachgefragt und erbracht werden, die nicht völlig erlernbar (und damit planbar) sind, bei denen es auf "Talent" ankommt. Wissenschaftler, Künstler, Manager, Sportler einer bestimmten Qualität zum Beispiel sind – auch langfristig – nicht "produzierbar", dh. vermehrbar, so viele Schulen u.ä. man auch einrichten mag.

Zumindest bei diesem Beispiel ist es unumgänglich, die Annahme beliebiger *Teilbarkeit* aufzugeben und zu überlegen, welche Folgerungen für die Produktion sich ergeben, wenn bestimmte Faktoren nur in bestimmten ganzzahligen Vielfachen eingesetzt werden können. Betrachten wir das naheliegende Beispiel des Unternehmers (Managers) und wir erhalten eine plausible Interpretation für eine ertragsgesetzliche Produktionsfunktion. Stellen Sie sich vor, ein bestimmtes Produkt könne aus den Faktoren Arbeit und Unternehmerleistung in einer linear-homogenen Technologie erzeugt werden. Durch eine gleiche Vervielfachung der Arbeiter und der Manager lasse sich die Ausbringungsmenge im selben Maße steigern. Der Faktor Arbeit (Arbeitsstunden) sei beliebig teilbar, die Unternehmerleistung kann nur ganzzahlig variiert werden. Eine Variation der Arbeitsintensität sei ausgeschlossen. In der Ausgangssituation habe der Faktor Arbeit konstante Grenzerträge.

Bei einer partiellen Variation des Faktors Arbeit kommt man mit zunehmender Arbeiterzahl in einen Bereich *abnehmender Grenzerträge*, da der Manager allmählich überlastet wird.

Es gibt aber auch Bereiche *zunehmender Grenzerträge*, wo man bei gegebener Zahl der Arbeiter durch eine Verminderung der Zahl der Manager die Unternehmensleistung steigern kann. Einige der Manager stören und verwirren durch unnötige Direktiven die Arbeiter. Wie wir in den Abschnitten a) und b) dieser Aufgabe gesehen haben, entstehen negative Grenzerträge, wenn bestimmte Faktoren in "falschen" Proportionen zueinander eingesetzt werden.

(Bei der Besprechung der "Betonaufgabe" haben wir negative Grenzerträge des Wassers oder des Zements dadurch ausgeschlossen, daß überflüssige Mengen nicht in den Produktionsprozeß gelangen, sondern, ohne Beseitigungskosten zu verursachen, weggeworfen werden.)

Aufgabe 2

Der Staat erhebt im Unternehmensbereich eine Reihe von Steuern. Welche Wirkungen sind von der Veränderung von Steuersätzen auf die Entscheidungen des Unternehmens zu erwarten? Unterscheiden Sie zwischen Gewinnsteuer, Umsatzsteuer und Faktorverbrauchssteuer.

Lösung

Ähnlich wie in der Theorie des Haushalts sollen die folgenden Überlegungen zeigen, wie das im Lehrbuch vorgestellte sehr einfache mikroökonomische Instrumentarium auf weitere Fragestellungen angewendet werden kann.

Eine *Gewinnsteuer* (zB. Körperschaftssteuer) verändert die Mengenentscheidung des Unternehmens nicht. Betrachten wir die Ableitung des gewinnmaximalen Produktionsplans nach der Outputregel, so sieht man, daß weder eine pauschale Steuer T° noch eine proportionale Steuer mit einem Erhebungssatz t das Ergebnis des Optimalkalüls verändern.

$$G(x) = px - K(x) - T^{\circ} \qquad \text{pauschale Gewinnsteuer}$$
$$\frac{\partial G}{\partial x} = p - \frac{\partial K}{\partial x} = 0$$
$$G(x) = (1-t)(px - K(x)) \qquad \text{proportionale Gewinnsteuer}$$
$$\frac{\partial G}{\partial x} = (1-t)(p - \frac{\partial K}{\partial x}) = 0$$

Eine Gewinnsteuer vermindert das Einkommen jener Haushalte, die Gewinneinkommen erzielen, und reduziert unter sonst gleichen Bedingungen deren Nachfrageniveau.

Eine *Umsatzsteuer* sei eine Besteuerung des Erlöses. Sie hat Einfluß auf die Entscheidungen des Unternehmens.

$$G(x) = (1-t)px - K(x) \qquad \text{mit} \qquad 0 < t < 1$$
$$\frac{\partial G}{\partial x} = (1-t)p - \frac{\partial K}{\partial x} = 0 \qquad \text{und} \qquad p = \frac{1}{1-t} \cdot \frac{\partial K}{\partial x}$$

Da der Steuersatz t annahmegemäß zwischen 0 und 1 liegt, gilt im Gewinnmaximum $p > \partial K/\partial x$. Es wird eine Ausbringungsmenge gewählt, bei der die Grenzkosten kleiner sind als der Produktpreis. Das Unternehmen produziert weniger als in einer Situation ohne Umsatzsteuer.

Eine Umsatzsteuer wirkt wie eine Drehung der Erlösgeraden im Uhrzeigersinn. Bei gegebener Kostenkurve folgt daraus eine Verringerung der gewinnmaximalen Ausbringungsmenge.

Eine *Faktorverbrauchssteuer* bewirkt eine Drehung der Kostenkurve gegen den Uhrzeigersinn und kommt im Effekt einer Faktorpreiserhöhung gleich. Die Folge ist eine Verringerung der gewinnmaximalen Einsatzmengen des besteuerten Faktors wie auch der nicht besteuerten Faktoren und eine Reduktion der gewinnmaximalen Ausbringungsmenge. Das Faktoreinsatzverhältnis wird zugunsten der nicht besteuerten Faktoren verschoben.

In der ökonomischen Theorie spielt die Frage eine große Rolle, welche Wirtschaftssubjekte die Steuerlast letztlich tragen, ob die Unternehmen oder die Haushalte. Da im gegebenen Modell der gesamte Unternehmensgewinn an die Haushalte verteilt wird, tragen letztlich die Haushalte die Steuerlast.

Steuerliche Eingriffe im Unternehmensbereich haben also über Einkommensänderungen Auswirkungen auf die *Nachfrage* der Haushalte nach Konsumgütern.

Sofern Steuervariationen die gewinnmaximale Ausbringungsmenge des Unternehmens berühren, verknappen (erweitern) sie das Angebot auf dem Markt, was zur Veränderung des Gleichgewichtspreises führt.

Sie haben Auswirkungen auf die Einkommens*verteilung*, da bei einer Steuererhöhung (-senkung) das Einkommen jener Haushalte stärker gesenkt (erhöht) wird, welche viele

Unternehmensanteile besitzen. Diesen Fragestellungen wird weiter im Kapitel "Koordination" nachgegangen.

Aufgabe 3

Nehmen Sie an, ein Unternehmen kennt zur Produktion des Gutes X zwei unterschiedliche Produktionsprozesse:

$$\text{(A)} \quad x = min(v_1, 2v_2) \qquad \text{(B)} \quad x = min(2.5v_1, 1.25v_2)$$

a) Ermitteln Sie die technisch effizienten Alternativen, die das Unternehmen zur Produktion der Menge $\bar{x}$ zur Verfügung hat.

b) Für welche dieser Alternativen wird sich der Unternehmer entscheiden?

Lösung

Lesen Sie hierzu im Lehrbuch den Abschnitt *Kombination und Substitution von Produktionsprozessen.*

a) Da nur technisch effiziente Produktionspläne gefragt sind, ist zu prüfen, ob ein Produktionsprozeß nicht dem anderen gegenüber "dominant" ist, dh., ob ein Produktionsprozeß zur Produktion einer vorgegebenen Menge mit geringeren Einsätzen bei beiden Faktoren auskommt. In diesem Fall enthält der unterlegene Produktionsprozeß nur technisch ineffiziente Produktionspläne; zum Beispiel ist der Produktionsprozeß (C) $x = min(0.8v_1, 1.6v_2)$ dem Prozeß (A) gegenüber unterlegen und gehört daher nicht zu den Alternativen der Unternehmung. Die Prozesse (A) und (B) sind einander weder über- noch unterlegen. Prozeß (A) ist produktiver beim Faktor 2 und Prozeß (B) ist produktiver beim Faktor 1. Somit stehen dem Unternehmen beide Prozesse als technisch effiziente Alternativen zur Produktion der Menge $\bar{x}$ zur Verfügung. Diese kann technisch effizient *entweder* mit Hilfe des Prozesses (A) *oder* mit Hilfe des Prozesses (B) hergestellt werden. Technisch effizient ist es aber auch, *sowohl* den Prozeß (A) *als auch* den Prozeß (B) zu verwenden, und zwar in einer beliebigen Aufteilung der herzustellenden Outputmenge $\bar{x}$ auf die beiden Prozesse (*Prozeßkombination*).

Die Ausbringungsmenge $\bar{x}$ kann in den Anteilen c und 1-c mit Hilfe der Prozesse (A) beziehungsweise (B) technisch effizient hergestellt werden (wobei $0 \leq c \leq 1$). Da die unterstellten Prozesse (A) und (B) linear-homogene Produktionstechnologien sind, variieren mit dem Prozentsatz c auch die Faktoreinsatzmengen im jeweiligen Prozeß. Das nachfolgende Diagramm zeigt die technisch effizienten Faktoreinsatzkombinationen.

b) Welche der durch Prozeßkombination entstehenden Alternativen das Unternehmen nutzen wird, hängt von den jeweils entstehenden Produktionskosten ab, insbesondere vom Verhältnis der Faktorpreise. Es wird jene Alternative wählen, die für die Produktion der Menge $\bar{x}$ mit den geringsten Kosten auskommt.

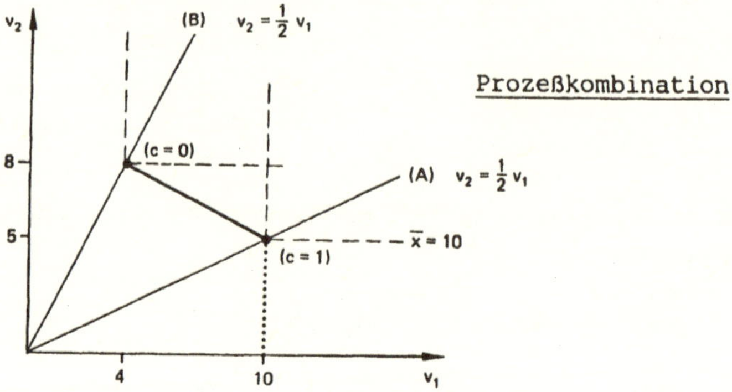

Abbildung 3.15

Mit variierendem Aufteilungskoeffizienten c beobachtet der Unternehmer bei gegebener Ausbringungsmenge eine konstante Grenzrate der technischen Substitution zwischen den Faktoren 1 und 2, die man für das gegebene Beispiel sehr einfach bestimmen kann.

Für die Ausbringungsmenge von $\bar{x} = 10$ betragen die Faktoreinsatzmengen bei $c = 1$ [nur Prozeß (A)] $v_1 = 10$, $v_2 = 5$, bei c=0 [nur Prozeß (B)] $v_1 = 4$ und $v_2 = 8$. Die Grenzrate der technischen Substitution beträgt:

$$\frac{dv_2}{dv_1} = \frac{v_2^A - v_2^B}{v_1^A - v_1^B} = \frac{5-8}{10-4} = -\frac{1}{2}$$

Mit zunehmendem Anteil des Prozesses (A) bei der Produktion einer vorgegebenen Ausbringungsmenge werden jeweils zwei Einheiten des Faktors 1 durch eine Einheit des Faktors 2 ersetzt. Obwohl der jeweilige Produktionsprozeß mit fixen Faktorprortionen arbeitet, hat der Unternehmer durch die Kombination von Produktionsprozessen selbst im technisch effizienten Fall Substitutionsmöglichkeiten bei den Faktoreinsatzmengen.

Die kostenminimale Prozeßkombination erhält man – wie in der Entscheidungssituation der Übungsaufgabe 4 – durch den Vergleich der Grenzrate der technischen Substitution (dv_2/dv_1) mit dem reziproken Faktorpreisverhältnis (q_1/q_2) – vgl. das nachfolgende Diagramm.

Falls $\left|\frac{dv_2}{dv_1}\right| = \frac{1}{2} > \frac{q_1}{q_2}$, ausschließlich Prozeß (A).

Falls $\left|\frac{dv_2}{dv_1}\right| = \frac{1}{2} < \frac{q_1}{q_2}$, ausschließlich Prozeß (B).

Falls $\left|\frac{dv_2}{dv_1}\right| = \frac{1}{2} = \frac{q_1}{q_2}$, jede Kombination von (A) und (B) ist kostenminimal.

Steht dem Unternehmer nur ein Produktionsprozeß zur Verfügung, spielt das Faktorpreisverhältnis keine Rolle bei der Bestimmung des kostenminimalen Produktionsplans. Je mehr Produktionsprozesse der Unternehmer technisch effizient anwenden kann, desto mehr steuern die Faktorpreise die Auswahl der vorhandenen Produktionsalternativen.

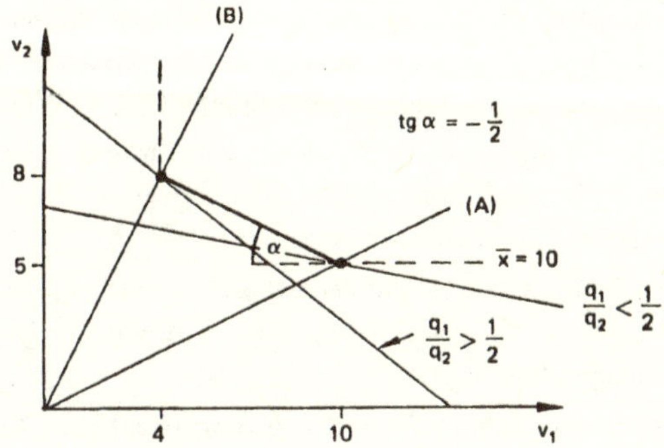

Abbildung 3.16

Aufgabe 4

Zeigen Sie an einem einfachen Beispiel, welche volkswirtschaftliche Steuerungsfunktion die Rente bei der Verwendung von Gütern und Faktoren hat. Vergleichen Sie dabei die Funktion der Rente mit jener des Wertgrenzprodukts.

Lösung

Die Ursprünge der Rententheorie gehen auf David Ricardo zurück. Der Rentenbegriff hat auf unterschiedliche Fragestellungen Anwendung gefunden und ist in vielfältiger Weise differenziert worden. Die volkwirtschaftliche Bedeutung der Rente wird im folgenden an Hand der Bodenrente erläutert. In jedem geläufigen Lehrbuch der Mikroökonomie finden Sie ergänzende Darstellungen.

Unter *Rente* versteht man im gegebenen Beispiel den überschuß des Faktoreinkommens über den Mindestaufwand, der erforderlich ist, um den Faktor Boden in der gegebenen Verwendung zu halten. Dieser Mindestaufwand ist jener Betrag, der den Bodenbesitzer gerade davon abhält, sein Land einer anderen Verwendung zuzuführen. In der Volkswirtschaftslehre bezeichnet man diesen Betrag als *Opportunitätskosten* (vgl. hierzu auch die einleitenden Bemerkungen in Abschnitt C.3 des Kapitels I und die weiterführende Behandlung in Abschnitt B.2b des Kapitels III).

Stehen die Nutzungsmöglichkeiten i und j des Bodens zur Auswahl, so wird der Bodeneigentümer seinen Faktor nur dann der Verwendung i zur Verfügung stellen, wenn er dort mindestens so entlohnt wird wie in der Verwendung j. Offensichtlich wird der Faktor Boden der volkswirtschaftlich besten Verwendung zugeführt, wenn er nach dem Opportunitätskostenprinzip entlohnt wird.

Die Bestimmung der Opportunitätskosten setzt mindestens zwei Verwendungsmöglichkeiten voraus. Welche Entlohnung (Rente) erhält ein Faktor, wenn ihm – wie im gegebenen Beispiel – nur *eine* Verwendung offensteht? Das sei hier zunächst unterstellt.

Nehmen Sie an, ein gewinnmaximierender Unternehmer produziere ein Gut X mit Hilfe von Arbeit (V_1) und Boden (V_2). Die Produktionsfunktion sei linear-homogen. Die Bodenfläche sei in konstanter Menge $\bar{v}_2$ vorgegeben. Der Faktor Arbeit besitzt weitere

Verwendungsmöglichkeiten, das eingesetzte Grundstück sei anderweitig nicht verwendbar. Weder der Produzent noch der Bodeneigentümer sei in einer Monopolposition. Wie hoch kann der Betrag B sein, den der Produzent dem Bodenbesitzer als Pacht zu zahlen hat? Die Kostenfunktion für das gegebene Beispiel weist zunehmende Grenzkosten auf und ist bis auf die Höhe der Fixkosten bestimmt. Der gewinnmaximale Produktionsplan ist bei gegebenem Produktpreis p und Lohnsatz q_1 ableitbar:

Es wird jene Arbeitsmenge v_1^* eingesetzt, bei der der Lohnsatz q_1 gleich dem Wertgrenzprodukt der Arbeit ist. Mit Hilfe der Bodenfläche $\bar{v}_2$ und der Arbeitsmenge v_1^* wird die gewinnmaximale Produktmenge x^* erzeugt.

Die nachfolgende Graphik veranschaulicht die Entscheidungssituation. An der Isogewinngleichung läßt sich die Frage der Faktorentlohnung diskutieren:

$$x = \frac{G+B}{p} + \frac{q_1}{p} \cdot v_1$$

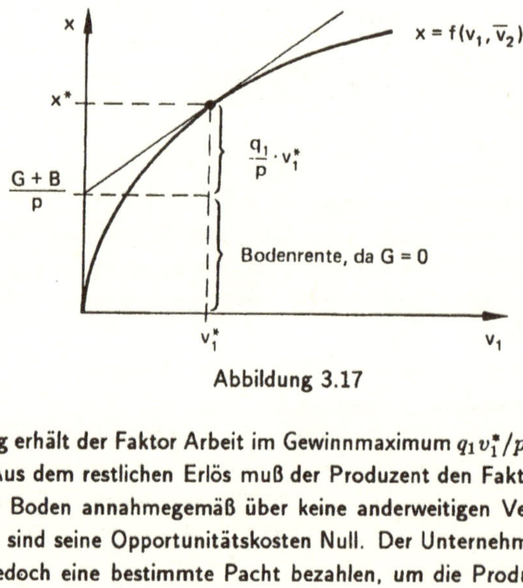

Abbildung 3.17

Als Entlohnung erhält der Faktor Arbeit im Gewinnmaximum $q_1 v_1^*/p$ Einheiten des Konsumgutes X. Aus dem restlichen Erlös muß der Produzent den Faktor Boden bezahlen. Da der Faktor Boden annahmegemäß über keine anderweitigen Verwendungsmöglichkeiten verfügt, sind seine Opportunitätskosten Null. Der Unternehmer muß dem Bodeneigentümer jedoch eine bestimmte Pacht bezahlen, um die Produktion des Gutes X sicherzustellen.

(Hätte der Produzent eine Monopolstellung, würde er dem Bodenbesitzer nur einen marginalen Betrag als Pacht bezahlen.)

Unter den Bedingungen der vollkommenen Konkurrenz sorgt der Wettbewerb unter den Produzenten dafür, daß der Bodeneigentümer den gesamten restlichen Erlös erhält und damit die Bodenrente maximiert wird. Wie Sie aus dem Abschnitt "Das Wertgrenzprodukt als Entlohnungsregel" wissen, rechnen die Produzenten bei Anwendung linear-homogener Technologie damit, daß kein Residualgewinn entsteht, das heißt, daß die *gesamten* Erlöse zur Faktorentlohnung verwendet werden. Jeder Produzent, der weniger an den Bodeneigentümer zahlen möchte, wird sofort überboten. Jeder Bodeneigentümer, der mehr fordern wollte, wird zu diesen Bedingungen (es entsteht ein

Verlust) keinen Unternehmer finden, der eine Produktion durchführen möchte; zudem wird er von anderen Bodeneigentümern unterboten, die aus dem Faktorbesitz Einkommen erzielen möchten.

Wenn der Bodeneigentümer im gegebenen Beispiel die gesamten restlichen Erlöse erhält, dann wird er (wegen linear-homogenener Technologie) so gestellt, als ob er gemäß der Wertgrenzproduktsregel entlohnt würde.

Als Ergebnis der Analyse kann man festhalten: Der Produzent wird dem Bodeneigentümer Pacht bezahlen. Da die Opportunitätskosten des Bodens Null sind, hat die gesamte gezahlte Pacht Rentencharakter. Die Rente ist zugleich der produktive Beitrag des Bodens zum Volkseinkommen. Die Konkurrenz unter den Produzenten, die zu einer Maximierung der Rente des Bodenbesitzers führt, sorgt dafür, daß der Boden zur volkswirtschaftlich besten (produktivsten) Verwendung gebracht wird.

Unterstellen wir den Extremfall, daß das gegebene Grundstück in seiner Fläche auch langfristig nicht variiert werden kann, man also das physische Grenzprodukt dieser Bodenfläche nicht kennt. Damit sind das Wertgrenzprodukt des Bodens sowie die Skalenelastizität der verwendeten Technologie unbestimmt. In dieser Situation ist die Unterstellung einer linear-homogenen Produktionsfunktion eine plausible Annahme; sie läßt es verständlich erscheinen, daß der Bodeneigentümer die restlichen Erlöse erhält, was wir aus der Konkurrenz der Produzenten um den Boden ebenfalls abgeleitet haben. Maximierung der Rente und Entlohnung nach dem Wertgrenzprodukt führen also zum selben Ergebnis.

In Abänderung des Beispiels sein nun angenommen, daß in einer längeren Frist der Bodenbesitzer andere Verwendungsmöglichkeiten hat; die Opportunitätskosten seines Bodens sind damit positiv. Nur der die Opportunitätskosten übersteigende Teil der Pacht stellt eine Rente dar und ist der produktive Beitrag, den der Boden in der gegebenen Verwendung zur Mehrung des Volkseinkommens leistet; der Rest ist Kostenbestandteil.

Bei gegebenen Opportunitätskosten wird der Bodenbesitzer jene Verwendung auswählen, die ihm die höchste Rente erbringt. Man sagt: Rentenmaximierung bringt den Boden zum besten Wirt. Die Bodenrente steuert somit die Verwendung der knappen Ressource Boden – selbst für den Fall, daß dessen Opportunitätskosten Null sind beziehungsweise das Wertgrenzprodukt des Bodens unbekannt ist. Die Faktorentlohnung ist dieselbe, ob sie gemäß maximaler Rente oder gemäß Wertgrenzprodukt (bei unterstellter linearhomogener Produktionsfunktion) festgelegt wird.

Die zu Beginn der Aufgabenlösung angeführte Rentendefinition läßt sich in verallgemeinerter Form auch auf andere Tatbestände anwenden. Wir geben einige Beispiele.

Konsumentenrente: Jene Ausgaben, die ein Haushalt dadurch vermeidet, daß er (nur) den Marktpreis bezahlt, nicht aber jene (höheren) Preise, die er gemäß seiner Nachfragefunktion für bestimmte Teile seiner Nachfragemenge zu zahlen bereit gewesen wäre.

Produzentenrente: Jene Erlöse, die ein Unternehmen dadurch zusätzlich erreicht, daß es den Marktpreis für sein Produkt erhält, das heißt, nicht mit jenen (niedrigeren) Preisen zufrieden sein muß, für die es Teile seiner Outputmenge gemäß seiner Angebotsfunktion zu produzieren bereit gewesen wäre.

Monopolrente: Jene Erlöse, die ein Unternehmen zusätzlich dadurch erzielt, daß es nicht wie ein Mengenanpasser den Produktpreis als gegeben hinnehmen muß, sondern gemäß aggregierter Nachfragefunktion über Preissetzungsspielräume verfügt und nach der Regel "Grenzerlös gleich Grenzkosten" anbieten kann.

Entsteht eine Monopolrente dadurch, daß der Unternehmer einen knappen einmaligen Faktor (zB. eine bestimmte Maschine) verwendet, dann ist die Monopolrente diesem Faktor zuzurechnen, der eben Konkurrenz auf dem Produktmarkt verhindert.

Man spricht von *Quasi-Rente*, wenn das Angebot dieses knappen Faktors wie auch seiner engeren Substitute auf längere Frist vermehrt werden kann, so daß er seine Einmaligkeit und damit seine Monopolstellung verliert.

Den Rentenanteil an der Entlohnung eines Faktors zu kennen, ist vor allem unter dem Gesichtspunkt einer Besteuerung interessant, die die Mengenentscheidungen der Wirtschaftssubjekte unverändert läßt, "allokationsneutral" ist. Die Rente ist jener Teil des Faktoreinkommens, der weggesteuert werden kann, ohne daß sich das betroffene Wirtschaftssubjekt durch eine Revision seiner Mengenentscheidung besserstellen könnte.

Dies gilt nicht für die Quasi-Rente, soweit es sich um Pioniergewinne handelt. Eine Besteuerung würde in diesem Fall möglicherweise Wachstum und technischen Fortschritt vermindern.

IV. Koordination

A) Wiederholungsfragen

Aufgabe 1

Betrachten Sie Angebot und Nachfrage auf dem Partialmarkt für ein Gut X. Was geben Angebots- und Nachfragefunktionen an? Wodurch ist jeder Punkt auf diesen Kurven charakterisiert? Erläutern Sie den Begriff "Überschußnachfrage".

Lösung

Die *Angebotsfunktion* $x^A(p)$ (vgl. Abbildung 4.1a) auf einem Markt ergibt sich durch horizontale Aggregation als Summe der Angebotsfunktionen der einzelnen Unternehmen. Sie gibt zu jedem Preis p an, wieviel die Unternehmen insgesamt auf dem Markt anbieten. Dabei werden alle anderen Größen (etwa die Faktorpreise und die Güterpreise anderer Güter) konstant gehalten. Da die individuellen Angebotsfunktionen aus dem Gewinnmaximierungskalkül abgeleitet sind (die Angebotsfunktion ist zugleich die Inverse der Grenzkostenkurve eines Unternehmens; der Gewinn wird maximiert, wenn die Grenzkosten gleich dem Marktpreis sind (Outputregel)), sind natürlich auch in der aggregierten Angebotsfunktion diese Optimierungskalküle enthalten.

Beispiel: 100 Unternehmen besitzen jeweils die gleiche Kostenfunktion: $K = x^2$. Im Gewinnmaximum gilt:

$$\frac{dK}{dx} = 2x = p.$$

Somit folgt für die individuelle Angebotsfunktion eines Unternehmens:

$$x_k^A = \frac{p}{2}.$$

Daher erhalten wir als aggregierte Angebotsfunktion:

$$x^A(p) = \sum_{k=1}^{100} \frac{p}{2} = 100 \cdot \frac{p}{2}$$

Analog sind die Nachfragefunktionen aus dem Nutzenmaximierungskalkül der einzelnen Haushalte abgeleitet; die aggregierte *Nachfragefunktion* $x^N(p)$ (vgl. Abbildung 4.1a) gibt demnach zu jedem Preis an, wieviel alle Haushalte zusammen planen zu diesem Preis von dem Gut nachzufragen.

Beispiel: 120 Haushalte haben jeweils die individuelle Nachfragefunktion $x_h^N = 60/p$:

$$\text{somit} \quad x^N(p) = \sum_{h=1}^{120} \frac{60}{p} = \frac{7200}{p}$$

Die *Überschußnachfragefunktion* (vgl. Abbildung 4.1b) gibt zu jedem Preis die Differenz zwischen der auf dem Markt nachgefragten und der angebotenen Menge an:

$$e_x(p) = x^N(p) - x^A(p).$$

Sie gibt folglich an, ob zu einem Preis p mehr nachgefragt als angeboten wird ($e_x(p) > 0$), mehr angeboten als nachgefragt wird ($e_x(p) < 0$), oder ob die nachgefragte Menge gerade der angebotenen entspricht:

$$e_x(p^*) = 0.$$

Im letzteren Fall können alle Wirtschaftssubjekte ihre Pläne realisieren – auf dem Markt herrscht somit Gleichgewicht:

$$x^N(p^*) = x^A(p^*)$$

Im Beispiel: $e_x(p) = 7200/p - 50p$. Gleichgewicht besteht, wenn $e_x(p*) = 0$, also $p* = 12$ mit $x^N(12) = x^A(12) = 600$ und $x_h^A = 6$ und $x_h^N = 5$.

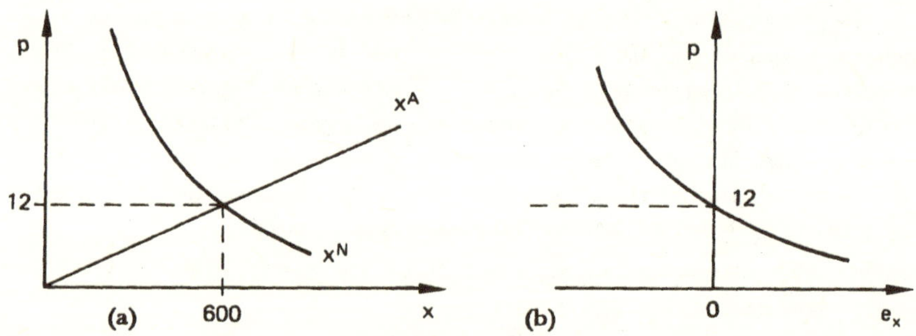

Abbildung 4.1

Aufgabe 2

a) Welche Preisreaktion folgt nach der Walrasschen Preisanpassungshypothese, wenn die Überschußnachfrage positiv (negativ) ist?
Formulieren Sie diese Hypothese algebraisch. Wie kann die Preisanpassung erfolgen, wenn sich alle Marktteilnehmer als Mengenanpasser verhalten?

b) Vergleichen Sie den Walrasianischen Preisanpassungsprozeß mit dem Spinngewebe-Modell bei verzögerten Mengenentscheidungen. Diskutieren Sie, welche theoretischen Probleme sich in einem solchen Modell ergeben.

Lösung

a) Um die Preisanpassungshypothese außerhalb eines Marktgleichgewichtes analysieren zu können, muß man Hypothesen darüber formulieren, welche Prozesse sich im Ungleichgewicht abspielen. Dies ist keine einfache Aufgabe, da keineswegs eindeutig ist, wie die Marktteilnehmer reagieren. Häufig unterstellt man die Walrassche Preisanpassungshypothese: Wenn etwa die zum Preis p^o in Abbildung 4.2 nachgefragte Menge größer als die angebotene ist (positive Überschußnachfrage: $e_x(p^o) = x^N(p^o) - x^A(p^o) > 0$), dann steigt der Preis.

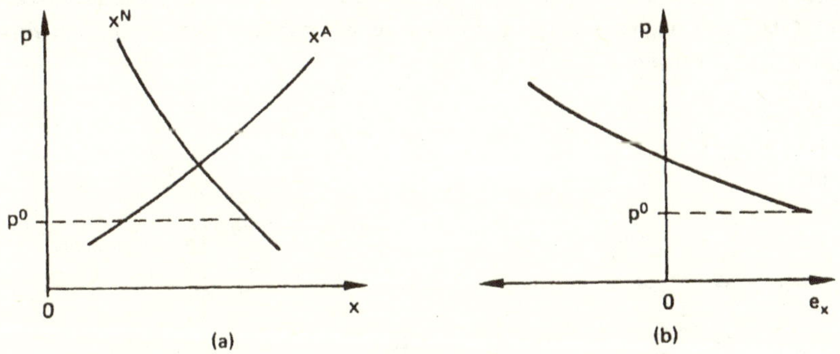

Abbildung 4.2

Folgende intuitive Überlegung steht dahinter: Zum Preis p^o können zwar alle Anbieter ihre Pläne realisieren, aber manche Nachfrager gehen leer aus. Sie sind daher bereit einen höheren Preis zu bieten. Wenn diese Preissteigerung dazu führt, daß die Überschußnachfrage geringer wird (etwa weil bei höherem Preis mehr auf dem Markt angeboten wird und/oder weniger nachgefragt:

$$\frac{dx^A}{dp} > 0; \qquad \frac{dx^N}{dp} < 0; \qquad \frac{d(x^N - x^A)}{dp} < 0),$$

dann führt dieser Anpassungsprozeß zu einem Gleichgewichtspreis. Umgekehrt unterstellt man, daß bei einem Überschußangebot $[e_x(p) < 0]$ der Preis sinkt – etwa weil nun die Anbieter, die ihre Ware nicht verkaufen können, ihre Konkurrenten unterbieten. Falls die Preissenkung das Überschußangebot abbaut, bewegt sich der Markt hin zu einem Gleichgewicht – das Gleichgewicht ist stabil.

Formal läßt sich diese Preisanpassungshypothese so darstellen:

$$\frac{dp}{dt} > 0 \quad \text{falls} \quad e_x > 0 \quad \text{(Überschußnachfrage)}$$
$$\frac{dp}{dt} = 0 \quad \text{falls} \quad e_x = 0 \quad \text{(Marktgleichgewicht)}$$
$$\frac{dp}{dt} < 0 \quad \text{falls} \quad e_x < 0 \quad \text{(Überschußangebot)}$$

Ein Gleichgewicht zum Preis p^* ist stabil, falls für Preise $p > p^*$ ein Überschußangebot vorliegt (da ja dann entsprechend der Preisanpassungsregel die Preise gesenkt werden) und für Preise $p < p^*$ eine Überschußnachfrage (weil in diesem Fall die Preise steigen). Es ist aber keinesfalls richtig, daß ein Gleichgewicht immer stabil ist, wenn die Walrasianische Preisanpassungshypothese gilt. Dies hängt vielmehr vom Verlauf der Angebots- und Nachfragefunktion ab: in Abbildung 4.3 ist das Gleichgewicht bei p_2^* instabil, da bei einer leichten Preissenkung ein Überangebot besteht und automatisch nach der Anpassungsregel der Preis weiter gesenkt wird (Bewegung fort vom Gleichgewicht, hin zu einem anderen p_1^*).

Analoges gilt für eine leichte Preissteigerung. Dennoch ist dieser Markt insgesamt stabil (global stabil), weil von jeder Ausgangssituation aus ein stabiles Gleichgewicht (entweder p_1^* oder p_3^*) erreicht wird.

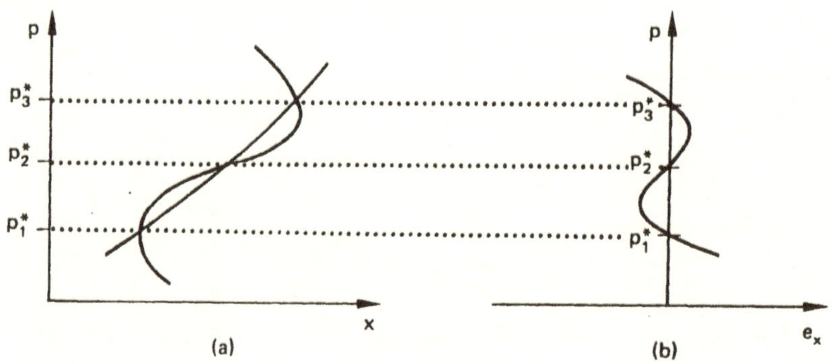

Abbildung 4.3

Die Anpassungsregel von Walras ist zwar intuitiv einleuchtend, ist aber mit einem Mengenanpasser- (Preisnehmer-) Verhalten nur schwer vereinbar. Dazu benötigt man den Kunstgriff des Walrasschen Auktionators, der schematisch nach der Anpassungsregel Angebot und Nachfrage koordiniert, während sich die Marktteilnehmer passiv an vorgegebene Preise anpassen.

b) Der Walrasianische Auktionator beschreibt den Prozeß hin zu einem Marktgleichgewicht auf einem Ein-Perioden-Markt. Alle Transaktionen werden erst abgewickelt, wenn der Gleichgewichtspreis sich eingespielt hat. Das Modell hat einen *statischen* Charakter. Das Spinngewebe-Modell mit verzögerter Produktion betrachtet Marktgleichgewichte über mehrere Perioden hinweg und hat damit eine *dynamische* Struktur: Die Produktionsentscheidungen werden jeweils in der Vorperiode getroffen, ein Marktgleichgewicht in jeder einzelnen Periode ergibt sich wieder aus der Markträumungsbedingung (wohl auch mit Hilfe eines Auktionators). Bei der Analyse sequentieller Märkte (das sind Märkte, auf denen in jeder Periode neu gehandelt wird) ergeben sich folgende Schwierigkeiten:

a) Wie ist die Zielfunktion der Unternehmen beschaffen? (Maximierung des Periodengewinns oder intertemporale Gewinnmaximierung?)

b) Welche Erwartungen haben die Marktteilnehmer über die Preise in den zukünftigen Perioden?

Werden statische Erwartungen unterstellt, ergibt sich eine (möglicherweise instabile) Preisfunktion, die die Form eines Spinngewebes aufweist. Ein berühmtes Beispiel ist der sogenannte Schweinezyklus: Wenn das Angebot an Schweinen knapp ist, treibt das den Preis für Schweinefleisch hoch. Dies veranlaßt die Bauern, ihre Schweinezucht zu intensivieren, was im folgenden Jahr zu einem Überangebot und damit zu einem Preisverfall führt. Der niedrige Preis macht die Schweinezucht unattraktiv und das bewirkt ein knappes Angebot im dritten Jahr. So setzt sich der Zyklus fort.

In einer stationären Welt, in der sich die Produktions- und Nachfragebedingungen jeweils wiederholen, sind solche Preiserwartungen freilich unplausibel: sie werden ständig enttäuscht und lassen intelligenten Spekulanten (Arbitrageuren) die Möglichkeit, aus den falschen Erwartungen anderer Spekulanten Gewinne zu erzielen: ein intelligenter Bauer könnte etwa im zweiten Jahr die Schweinezucht intensivieren, wohl wissend, daß seine Konkurrenten ihre Produktion einschränken und der Preis im nächsten Jahr deshalb steigen wird: solche Spekulanten haben eine stabilisierende Funktion und ersetzen quasi den Auktionator.

Eine ähnlich stabilisierende Funktion hätte auch eine intelligente Lagerhaltung, die das Gut in Zeiten niedriger Preise lagert und in Zeiten hoher Preise verkauft. Lagerhaltung bei statischen Erwartungen kann dagegen destabilisierend wirken, wenn bei niedrigen Preisen ein weiterer Preisverfall erwartet wird und deshalb die Lager geräumt werden (und umgekehrt bei hohen Preisen).

Die Bildung von Erwartungen über Preise, die in der Zukunft herrschen, wäre einfacher, wenn es bereits heute Zukunftsmärkte (etwa Terminmärkte) für die jeweiligen Güter gäbe. Die Gleichgewichtstheorie von Arrow und Debreu analysiert den Extremfall, daß bereits in der ersten Periode (sozusagen "zu Beginn der Welt") Märkte für alle zukünftigen Perioden bestehen, auf denen Nachfrage und Angebot aller Folgeperioden bereits heute zu den jeweiligen Gleichgewichtspreisen gehandelt werden.

Dies ist ohne Zweifel eine etwas absurde Vorstellung, und moderne Ansätze der Gleichgewichtstheorie versuchen, sequentielle Märkte explizit zu erfassen. Ein Problem besteht dabei darin, die Erwartungen der Wirtschaftssubjekte zu modellieren. Wenn man daran interessiert ist, den Einfluß falscher Erwartungen auf die Allokation von anderen Fragestellungen zu trennen, dann ist es sinnvoll, zunächst einmal den Fall zu untersuchen, in dem die Erwartungen korrekt sind (sich also auch tatsächlich bestätigen). Dies wird häufig etwas unglücklich als "rationale Erwartungen" bezeichnet. Ein solches Vorgehen ermöglicht es beispielsweise zu erkennen, ob bestimmte Instabilitäten allein auf Erwartungsfehler zurückzuführen sind (wie im Beispiel des Schweinezyklus) oder ob auch andere ökonomische Faktoren Bedeutung haben.

Literaturhinweis:

Einen sehr guten Überblick über die Problematik von Preisanpassungsprozessen liefert F. **Fisher**, Disequilibrium Foundations of Equilibrium Economics, Cambridge 1981.

Aufgabe 3

Diskutieren Sie die Existenz, Eindeutigkeit und Stabilität eines Gleichgewichts auf einem Partialmarkt. Welche Rolle spielt die "ceteris paribus"-Bedingung in dieser Analyse?

Lösung

Siehe Abschnitt "C. Gleichgewicht auf einem Partialmarkt".

Aufgabe 4

Machen Sie sich die unterschiedlichen Betrachtungsweisen von Partial- und Totalmodellen klar und diskutieren Sie Vor- und Nachteile der verschiedenen Ansätze.

Lösung

Vgl. die Abschnitte "C. Gleichgewicht auf einem Partialmarkt" und "D. Allgemeines Gleichgewicht: Totalmodelle".

Aufgabe 5

Von zwei Gütern werden die Mengen x° und y° produziert und auf zwei Haushalte verteilt.

a) Zeigen Sie in einer Edgeworth-Box folgende Situationen:
   - Die Gütermengen werden voll ausgeschöpft, die Haushalte sind jedoch nicht in ihrem Optimum.
   - Bei gegebenen Preisen bestimmen die Haushalte ihr individuelles Optimum; die Menge eines Gutes reicht jedoch nicht aus, um die Nachfrage der Haushalte zu befriedigen, während die Menge des anderen Gutes nicht ausgeschöpft wird.

b) Bestimmen Sie für die zweite Situation in a) graphisch die Überschußnachfrage auf beiden Märkten und zeigen Sie die Gültigkeit des Walrasschen Gesetzes.

c) Konstruieren Sie mögliche Gleichgewichtssituationen!

Lösung

a) Im Punkt A der Anfangsausstattung in Abbildung "Edgeworthbox" des Abschnitts D.1b sind die Gütermengen auf beide Haushalte verteilt. Da sich in A die Indifferenzkurven schneiden (ihre Steigungen stimmen nicht überein), können sich bei einem gegebenem Preisverhältnis nicht beide Haushalte im individuellen Optimum befinden. Denn das individuelle Optimum ist ja dadurch bestimmt, daß die Steigung der Indifferenzkurven (das Verhältnis der Grenznutzen) gleich dem Preisverhältnis ist.

Die Abbildung "Marktungleichgewicht bei reinem Tausch" des Abschnitts D.1b zeigt, wie jeder Haushalt zum gegebenen Preisverhältnis $\tan\alpha = -p_x/p_y$ sein individuelles Optimum bestimmt. Die einzelnen Haushalte orientieren sich bei ihren Entscheidungen allein an den Marktpreisen, ohne sich darum zu kümmern, ob ihre Pläne insgesamt miteinander kompatibel sind. (Das ist ein Charakteristikum des dezentralen Marktsystems: Die beiden Haushalte treten nicht direkt miteinander in Kontakt, sondern machen Angebot und Nachfrage auf einem anonymen Markt geltend.)

b) Die in der erwähnten Abbildung "Marktungleichgewicht bei reinem Tausch" beschriebenen Konsumpläne können aber gesamtwirtschaftlich nicht realisiert werden: beide Haushalte zusammengenommen möchten von Gut X mehr konsumieren als insgesamt vorhanden ist (positive Überschußnachfrage):

$$e_x = x_1 + x_2 - \bar{x}_1 - \bar{x}_2 > 0$$

Umgekehrt muß gleichzeitig ein Überschußangebot auf dem Markt für Gut Y bestehen: $e_y < 0$. Denn weil $\tan\alpha = e_y/e_x$ (Gegenkathete zu Ankathete), gilt geometrisch:

$$(W) \qquad \frac{e_y}{e_x} = -\frac{p_x}{p_y} \qquad \text{oder} \qquad e_y p_y + e_x p_x = 0 \qquad \text{Gesetz von Walras}$$

(Bekanntlich erhält man das Gesetz von Walras algebraisch durch die Aggregation der Budgetbeschränkungen beider Haushalte). Wenn $e_x > 0$, muß somit gelten $e_y < 0$.

c) Beide Märkte sind im Ungleichgewicht, und zwar besteht auf einem Markt eine positive Überschußnachfrage, auf dem anderen Überschußangebot. Dies muß wegen der Wechselbeziehung zwischen den Märkten immer gelten: die Überschußnachfragen sind gemäß dem Gesetz von Walras voneinander abhängig.

Was im Ungleichgewicht geschieht, hängt vom jeweiligen Anpassungsprozeß ab. Unterstellen wir einen Walrasschen Auktionator, so wird er den Preis für Gut Y senken und/oder den Preis für Gut X erhöhen. Beides hat denselben Effekt: die Budgetgerade wird steiler; sie dreht sich dabei in Punkt A. Da die Pläne der Haushalte nur vom Austauschverhältnis p_x/p_y abhängen (Abwesenheit von Geldillusion; Homogenität der Nachfrage vom Grade Null) wirkt eine Preissenkung für Gut Y genauso wie eine Preissteigerung für Gut X.

Falls die Preiserhöhung für Gut X die Überschußnachfrage abbaut, kommt es durch die Preissteigerung zu einem stabilen Gleichgewicht auf diesem Markt: die Überschußnachfrage geht auf Null zurück, $e_x = 0$.

Wegen der Wechselwirkung geht aber andererseits auch gleichzeitig (durch die relative Preissenkung von Gut Y) das Überschußangebot auf dem Markt für Gut Y zurück. Nach dem Gesetz von Walras ist auch der Markt für Gut Y im Gleichgewicht, wenn der Markt für Gut X im Gleichgewicht ist:

$$e_x = 0 \quad \Rightarrow \quad p_y \cdot e_y = 0 \quad \Rightarrow \quad (\text{weil} \quad p_y > 0) : e_y = 0;$$

Vergleiche die Abbildung "Allgemeines Gleichgewicht bei reinem Tausch" des Abschnitts D.1b: Ein allgemeines Marktgleichgewicht besteht, wenn sich die Indifferenzkurven tangieren *und* die Tangente der Indifferenzkurven durch den Punkt A (als Budgetgerade) verläuft. Welche Bedeutung haben diese Überlegungen bei der Bestimmung des allgemeinen Marktgleichgewichts?

Im Marktgleichgewicht müssen beide Märkte geräumt sein:

$$\begin{aligned} e_x(p_x, p_y) &= 0; \\ e_y(p_x, p_y) &= 0; \end{aligned} \tag{4}$$

Wir haben scheinbar 2 Gleichungen zur Bestimmung von 2 Unbekannten p_x, p_y: wegen des Gesetzes von Walras sind aber beide voneinander abhängig. (Falls eine Gleichung erfüllt ist, ist auch die andere erfüllt.) Wegen der Homogenität der Nachfrage vom Grade Null sind die Gleichgewichtsbedingungen nur vom Relativpreis abhängig; dieser läßt sich aus einer Gleichgewichtsbedingung ermitteln:

$$e_x\left(\frac{p_x}{p_y}\right) = 0; \tag{4'}$$

Das Gut Y wird hier also als Numéraire gewählt.

Aufgabe 6

a) Welche theoretischen Bausteine werden zur Beschreibung eines mikroökonomischen Totalmodells benötigt? Geben Sie die notwendigen Verhaltensfunktionen und Gleichgewichtsbedingungen an.

b) Zeigen Sie, daß bei Gültigkeit des Walrasschen Gesetzes folgt:

(1) Herrscht auf den Märkten 1 bis n-1 Gleichgewicht, so herrscht auch auf dem n-ten Markt Gleichgewicht.

(2) Ein Totalmodell bestimmt nur die relativen Preise.

Lösung

a) Vergleiche D.2b "Verallgemeinerung des Modells".

Haushalte:

Bausteine: Jeder Haushalt ist charakterisiert durch seine Präferenzen (Nutzenfunktion) und seine Anfangsausstattung (Faktorausstattung $\bar{v}_{ih}$ und Anteilsrechte an den Gewinnen der einzelnen Unternehmen θ_{hk}).

Verhalten: Jeder Haushalt nimmt Güter- und Faktorpreise sowie die Gewinnhöhe als gegeben an und maximiert seinen Nutzen bei Beachtung seiner Budgetrestriktion.

Ergebnis: Aus dem Optimierungskalkül erhält man individuelle Faktorangebots- und Güternachfragefunktionen. Faßt man diese über alle Haushalte zusammen, ergeben sich die aggregierten Funktionen:

$$x_j^N(p_1, ..., p_n, q_1, ..., q_m); \quad j = 1, ..., n$$
$$v_i^A(p_1, ..., p_n, q_1, ..., q_m); \quad i = 1, ..., m.$$

Unternehmen:

Bausteine: Jedes Unternehmen ist durch seine Produktionsfunktion charakterisiert. Wir gehen davon aus, daß die Unternehmen alle Faktoren auf dem Markt (von den Haushalten) kaufen; sie haben also keine Erstausstattung.

Verhalten: Jedes Unternehmen maximiert seinen Gewinn und nimmt dabei Güter- und Faktorpreise als gegeben an.

Ergebnis: Aus dem Maximierungskalkül erhält man die unternehmensspezifische Güterangebots- und Faktornachfragefunktion.

Über alle Unternehmen, die ein bestimmtes Gut produzieren bzw. einen bestimmten Faktor nachfragen, aggregiert, ergibt dies die aggregierten Funktionen:

$$x_j^A(p_1, ..., p_n, q_1, ..., q_m); \quad j = 1, ..., n$$
$$v_i^N(p_1, ..., p_n, q_1, ..., q_m); \quad i = 1, ..., m$$

Je nach der Fragestellung kann man die gesamten "Bausteine" des Totalmodells betrachten oder nur die aus den Grunddaten abgeleiteten aggregierten Funktionen. Im letzteren Fall gehen zwar wesentliche Informationen über die einzelnen Wirtschaftssubjekte verloren, durch die Konzentration auf die Eigenschaften der aggregierten Funktionen kann man aber die Wechselwirkungen zwischen den verschiedenen Märkten besser herausarbeiten. Im folgenden werden wir daher nur mit den aggregierten Funktionen arbeiten. Dabei dürfen wir freilich nicht vergessen, daß sie mit ihren speziellen Eigenschaften (Stetigkeit, Homogenität, usw.) letztlich aus individuellen Optimierungskalkülen abgeleitet sind. Auf einer weiteren Stufe der Aggregation betrachtet man nur noch die Überschußnachfragefunktionen:

$$e_{xj} = x_j^N(p_1, ..., p_n, q_1, ..., q_m) - x_j^A(p_1, ..., p_n, q_1, ..., q_m) \quad j = 1, ..., n;$$
$$e_{vi} = v_i^N(p_1, ..., p_n, q_1, ..., q_m) - v_i^A(p_1, ..., p_n, q_1, ..., q_m) \quad i = 1, ..., m.$$

Marktgleichgewicht : Die Pläne **aller** Haushalte und Unternehmen sind dann miteinander vereinbar, wenn jeder Markt geräumt ist (die Überschußnachfrage gleich Null ist).

Die Gleichgewichtsbedingungen zur Bestimmung der Gleichgewichtspreise lauten:

$$e_{xj}(p_1, ..., p_n, q_1, ..., q_m) = 0 \quad \text{j=1,...,n;}$$
$$e_{vi}(p_1, ..., p_n, q_1, ..., q_m) = 0 \quad \text{i=1,...,m;}$$

Wegen des Gesetzes von Walras (W)

$$\sum_{j=1}^{n} p_j e_{xj} + \sum_{i=1}^{m} q_i e_{vi} = 0$$

sind dann nur n+m-1 Gleichungen voneinander unabhängig. Das bedeutet: wenn n+m-1 Gleichungen erfüllt sind (ökonomisch: wenn n+m-1 Märkte im Gleichgewicht sind), ist auch automatisch die letzte Gleichung erfüllt (ist auch der (n+m)te Markt im Gleichgewicht).

Beweis: Sei $e_{vi} = 0$, i=1, ..., m und $e_{xj} = 0$, j=1, ..., n-1. Dann folgt aus (W): $p_n \cdot e_{xn} = 0$. Weil $p_n > 0$, muß gelten: $e_{xn} = 0$.

Da bei der Ermittlung der Gleichgewichtspreise nur n+m-1 Gleichungen voneinander unabhängig sind, lassen sich die absoluten Preise nicht bestimmen. Alle Funktionen sind aber homogen vom Grade Null, hängen folglich nur von den relativen Preisen ab (vgl. Aufgabe 5 Teil IV B). Wir verfügen folglich über n+m-1 Gleichungen zur Bestimmung von n+m-1 relativen Preisen.

Aufgabe 7

Nennen Sie einige Ansätze, in denen das mikroökonomische Totalmodell weiterentwickelt worden ist!

Lösung

Vgl. "A. Einleitung" des Kapitels Koordination.

Aufgabe 8

"Die Makroökonomie hat es mit gesamtwirtschaftlichen, aggregierten Größen zu tun, - das Objekt der Mikroökonomie dagegen sind einzelne Wirtschaftseinheiten". Ist Makroökonomie mehr als eine Aggregation über mikroökonomische Einheiten?

Lösung

Obwohl eine ganze Reihe von Ökonomen diese Frage bejahen würde, versteht sich die moderne Makroökonomie in der Regel als eine Analyse einfacher, hochaggregierter Totalmodelle. Die Mikroökonomie untersucht (ausgehend vom Verhalten einzelner Wirtschaftssubjekte, die bewußte Entscheidungen treffen), welche Wechselbeziehungen beim Zusammentreffen sehr vieler Wirtschaftssubjekte auf sehr vielen verschiedenen Märkten bestehen. Zwar gehen dann durch die Aggregation Informationen über das Verhalten einzelner Wirtschaftssubjekte verloren, doch lassen sich die Eigenschaften der Aggregate auf individuelle Entscheidungen zurückführen.

Makroökonomische Modelle betrachten dagegen von vorneherein nur Aggregate (wie etwa einen repräsentativen Haushalt, ein repräsentatives Unternehmen, ein homogenes Konsumgut, einen homogenen Faktor Arbeit etc.). Dabei wird unterstellt, daß Aggregationsprobleme – sei es die Aggregation über alle Haushalte (wie sie im Abschnitt B des Kapitels IV beschrieben wird) oder über verschiedene Güterbündel – vernachlässigt werden können. Eine berühmte Kontroverse in der Makroökonomie war etwa der Streit, unter welchen Bedingungen man von einem homogenen Gut "Kapital" sprechen kann (sog. Reswitching-Debatte).

Der entscheidende Unterschied zwischen keynesianischer Makroökonomie und neoklassischer Gleichgewichtstheorie besteht freilich nicht im Aggregationsniveau, sondern in der Frage, ob man sich darauf beschränken kann, Märkte nur im Gleichgewichtszustand zu analysieren und damit sofortige Markträumung zu unterstellen. (Vergleiche den Abschnitt über Ungleichgewichtsanalyse).

Aufgabe 9

a) Erläutern Sie die Begriffe "duale Entscheidungshypothese", "Fixpreismodell" und "Unterbeschäftigungsgleichgewicht".

b) Erläutern Sie, warum in einem allgemeinen Gleichgewichtsmodell die Güternachfragefunktionen nur von den Preisen, nicht aber vom Einkommen abhängig sind und zeigen Sie den Unterschied zur effektiven Nachfrage.

Lösung

a) Vgl. insbesondere den Abschnitt D.3 "Ungleichgewichtsanalyse".

b) In der Haushaltstheorie wird zunächst einmal die Nachfrage in Abhängigkeit von Güterpreisen und Einkommen betrachtet. Dies ist jedoch nur die Konsequenz einer Partialanalyse: zur Vereinfachung werden die Entscheidungen des Haushalts darüber, welches Einkommen er auf den Faktormärkten (insbesondere auf dem Arbeitsmarkt) erzielen will, ausgeklammert und das Einkommen als gegeben betrachtet. Im Totalmodell aber bestimmt der Haushalt selbst, welche Faktor*mengen* er in Abhängigkeit von den Faktor- und Güter*preisen* anbietet. Da er über die Arbeitszeit (wie über alle Mengengrößen) selbst entscheidet, wird das Einkommen endogen bestimmt. Die Pläne aller Haushalte können nur dann ausgeführt werden, wenn auf allen Märkten Gleichgewicht herrscht.

Wenn jedoch zu gegebenen Preisen und Löhnen ein Überschußangebot auf dem Arbeitsmarkt besteht und das Ungleichgewicht bestehen bleibt, weil Preise und Löhne fix sind, dann kann ein Teil der Arbeitskräfte sein geplantes Arbeitsangebot nicht verwirklichen. Weil die Nachfrage nach Arbeit beschränkt ist, können nicht alle Haushalte so viel anbieten, wie sie ursprünglich geplant haben; manche sind unfreiwillig arbeitslos – sie unterliegen einer Mengenbeschränkung ($A_h^A \leq \bar{A}$), und es ist für sie sinnvoll, so viel zu arbeiten wie möglich. (Die Beschränkung wird bindend: $A_h^A = \bar{A}$, vgl. die Abbildung "Unterbeschäftigungsgleichgewicht" in D.3.)

Aufgrund der Mengenbeschränkung ist in dieser Ungleichgewichtssituation für die Haushalte auch ihr realisierbares Einkommen $\bar{E}$ exogen gegeben. Weil alle Preise (p und l) annahmegemäß konstant sind, ist ihre effektive Nachfrage dann nur eine Funktion des realisierbaren Einkommens: $x^e = x^e(\bar{E})$. Diese Überlegung verdeutlicht, daß in einer entscheidungstheoretischen Fundierung der keynesianischen Konsumfunktion C = C(E) die Nachfrage nicht allein von Preis-, sondern auch von Mengensignalen (Mengenbeschränkungen) abhängig sein muß.

Die Ungleichgewichtstheorie versucht, eine mikroökonomische Fundierung der keynesianischen Makrotheorie zu entwickeln. Wesentlicher Bestandteil der Theorie ist die Überlegung, daß sich die Märkte nicht sofort durch flexible Preise an ein neues Gleichgewicht anpassen.

Literaturhinweise:

Eine sehr verständliche Einführung liefert das Buch von K.W. **Rothschild**, Einführung in die Ungleichgewichttheorie, Heidelberg 1981.

Eine Sammlung wichtiger Aufsätze zur Ungleichgewichtstheorie findet sich in dem Sammelband "Die neue Makroökonomik", hrsg. von H. **Hagemann**, H.D. **Kurz** und W. **Schäfer**, Frankfurt 1981.

Eine ganz konträre Auffassung vertritt die Neue Klassische Makroökonomie, die von vollkommener Markträumung ausgeht. Diese Makrotheorie ist im Grunde eine moderne Form aggregierter Gleichgewichtsanalyse (vgl. das Lehrbuch von R. **Barro**, Makroökonomie, Regensburg 1986).

B) Übungsaufgaben

Aufgabe 1

Auf dem Markt für Gut X verhalten sich alle Marktteilnehmer als Mengenanpasser (Marktform der vollkommenen Konkurrenz). Drei Haushalte haben folgende Nachfragefunktionen:

$$x_1^N = 60 - 3p; \qquad x_2^N = 40 - 2p; \qquad x_3^N = 40 - p.$$

a) Leiten Sie graphisch und algebraisch die Gesamtnachfrage ab.
(Hinweis: Geben Sie die präzisen Definitionsbereiche der individuellen und aggregierten Funktionen an.)

b) Das Gut X wird von einem Unternehmer mit der Kostenfunktion $K_1 = x^2/16$ angeboten. Ermitteln Sie graphisch und algebraisch seine Angebotsfunktion sowie den Gleichgewichtspreis auf dem Markt. Welche Mengen fragen die einzelnen Haushalte nach?

c) Ein zweiter Unternehmer kann das Gut mit der Kostenfunktion $K_2 = 5x$ produzieren. Ermitteln Sie dessen Angebotskurve, das aggregierte Angebot und den Gleichgewichtspreis.

d Ein weiterer Unternehmer erfindet eine Technologie mit der Kostenfunktion $K_3 = \sqrt{x}$. Welche Probleme stellen sich bei der Ermittlung seiner Angebotsfunktion? Diskutieren Sie Existenz und Eindeutigkeit eines möglichen Gleichgewichts auf dem Markt.

Lösung

a) Die Nachfragefunktionen sind nur für positive Gütermengen definiert ($x_i \geq 0$). Individuelle und Gesamtnachfrage sind in Abbildung 4.4 graphisch dargestellt:

Um die aggregierte Nachfrage algebraisch zu berechnen, müssen wir die Definitionsbereiche der individuellen Funktionen angeben:

$$x_1^N = \begin{cases} 60 - 3p & \text{für} \quad 0 \leq p \leq 20 \\ 0 & \text{für} \quad p \geq 20 \end{cases}$$

$$x_2^N = \begin{cases} 40 - 2p & \text{für} \quad 0 \leq p \leq 20 \\ 0 & \text{für} \quad p \geq 20 \end{cases}$$

$$x_3^N = \begin{cases} 40 - p & \text{für} \quad 0 \leq p \leq 40 \\ 0 & \text{für} \quad p \geq 40 \end{cases}$$

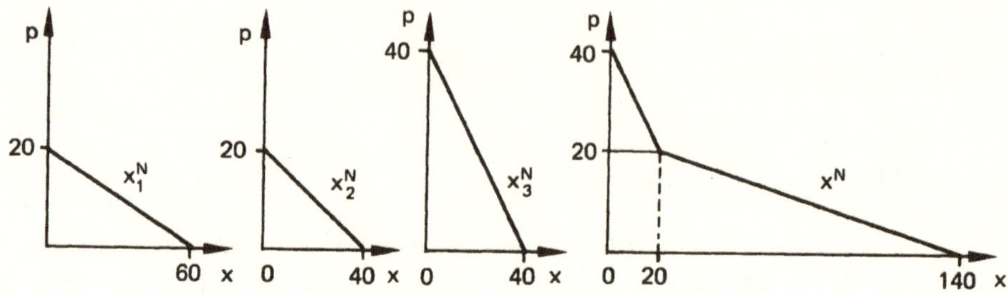

Abbildung 4.4

Durch Aggregation erhält man daraus:

$$x^N = \begin{cases} 140 - 6p & \text{für} \quad 0 \leq p \leq 20 \\ 40 - p & \text{für} \quad 20 \leq p \leq 40 \\ 0 & \text{für} \quad p \geq 40 \end{cases}$$

b) Nach der Outputregel (Preis = Grenzkosten) erhalten wir: $dK_1/dx = 1/8$ x = p, und somit als Angebotsfunktion die Inverse: x_1^A = 8p.

Gleichgewicht ($x^N = x^A$) herrscht, falls 140 - 6p = 8p. Daraus ergibt sich: $p^* = 10$, $x^* = 80$ (Abbildung 4.5).

Für die einzelnen Haushalte gilt $x_1^* = 30$, $x_2^* = 20$, $x_3^* = 30$.

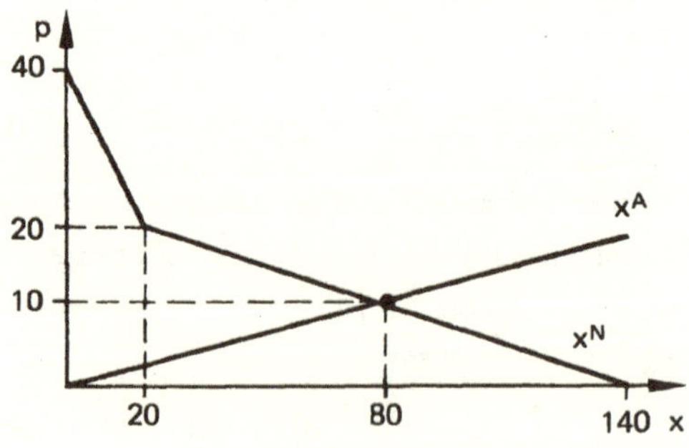

Abbildung 4.5

c) Die lineare Kostenfunktion (konstante Skalenerträge) macht die Anwendung der Outputregel unmöglich; $dK_2/dx = 5 =$ konstant. Für Preise niedriger als 5 würde der Unternehmer einen Verlust machen, wenn er etwas produziert (der Erlös kann die Kosten nicht decken); er wird daher nichts anbieten. Für Preise höher als 5 würde er unendlich viel produzieren. Ist p = 5, so ist der Gewinn unabhängig vom Produktionsniveau gleich Null. Die optimale Produktionsmenge ist für diesen Fall nicht eindeutig definiert.

Sein Angebot lautet demnach:

$$x_2^A = \begin{cases} 0 & \text{für} \quad p < 5 \\ [0, \infty) & \text{für} \quad p = 5 \\ \infty & \text{für} \quad p > 5 \end{cases}$$

Das Gesamtangebot beträgt:

$$x^A = \begin{cases} 8p & \text{für} \quad p < 5 \\ [40, \infty) & \text{für} \quad p = 5 \\ \infty & \text{für} \quad p > 5 \end{cases}$$

Der Gleichgewichtspreis ist $p^* = 5$, die Gleichgewichtsmenge $x^* = 110$ (vgl. Abbildung 4.6).

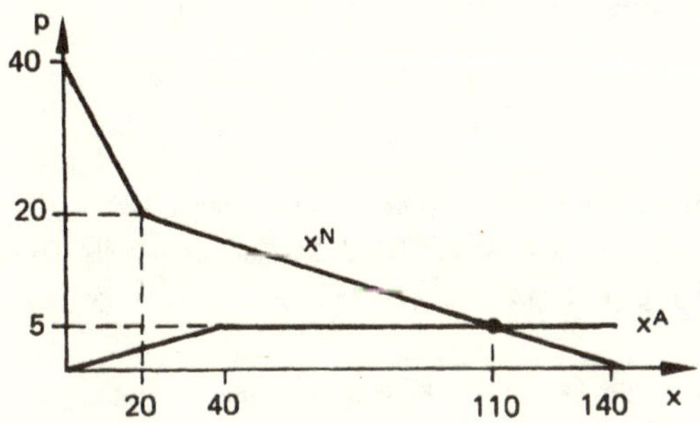

Abbildung 4.6

d) Die Technologie weist zunehmende Skalenerträge auf. In diesem Fall existiert kein Gewinnmaximum: zu jedem Preis p > 0 kann der Unternehmer seinen Gewinn steigern, indem er mehr produziert. (Vgl. Abbildung 4.7; rechts von $\underline{x}$ steigt die Differenz zwischen Erlös E = p^* x und Kosten K (d.h. der Gewinn) mit zunehmendem x immer weiter an.) Würde der Preis tatsächlich konstant bleiben, so würde der Unternehmer folglich unendlich viel produzieren;

$$x_3^A = \begin{cases} 0 & \text{für} \quad p = 0 \\ \infty & \text{für} \quad p > 0 \end{cases}$$

Ein Marktgleichgewicht bei Mengenanpasserverhalten existiert also nicht; die Eindeutigkeitsfrage ist somit sinnlos.

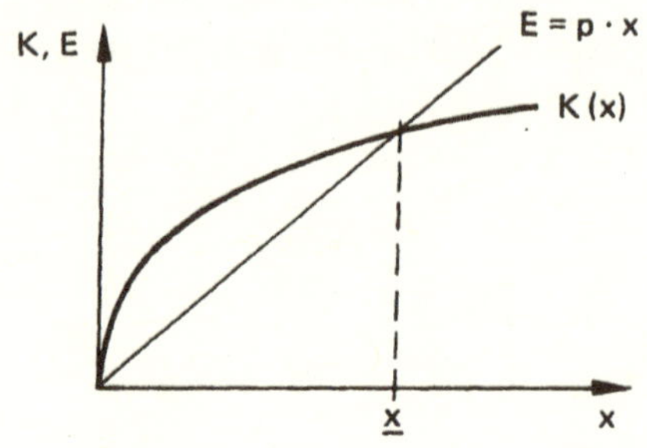

Abbildung 4.7

Was bedeutet das ökonomisch? Natürlich bleibt der Preis nicht konstant, wenn die Produktion beliebig ausgedehnt wird. Der Unternehmer wird erkennen, daß er einer beschränkten Nachfrage gegenübersteht: das unterstellte Mengenanpasserverhalten ist nicht rational. Die Nichtexistenz eines Marktgleichgewichts verdeutlicht, daß zunehmende Skalenerträge mit vollkommener Konkurrenz nicht vereinbar sind. Dann liegt vielmehr ein **natürliches Monopol** vor (vgl. Aufgabe IV C 2).

Aufgabe 2

a) Ist die Gesamtnachfrage bei identischen Präferenzen unabhängig von der Einkommensverteilung zwischen den Haushalten? Stellen Sie jeweils eine Situation dar, in der diese Unabhängigkeit gegeben beziehungsweise nicht gegeben ist. Begründen Sie Ihre Antwort.

b) Die Haushalte haben unterschiedliche Präferenzen, die Einkommensverteilung ist in verschiedenen Situationen konstant.
Ermitteln Sie für den Zwei-Personen-Zwei-Güter-Fall die Gesamtnachfrage für zwei unterschiedliche Preisrelationen p_1 und p_2. Prüfen Sie an Hand des Ergebnisses, ob sich ein "repräsentatives" Wirtschaftssubjekt ebenso verhalten hätte.

c) Diskutieren Sie die Aussage: *Geeignete Annahmen über die Präferenz- und Einkommensverteilung der Haushalte können gewährleisten, daß die Marktnachfrage qualitativ wesentlich andere, stabilere Eigenschaften aufweist als die individuellen Nachfragen der Haushalte.*

Lösung

a) Während wir bisher die Aggregation von Nachfrage und Angebot nur auf einem Partialmarkt betrachteten, geht es nun darum, Konsumpläne (die sich ja gleichzeitig auf verschiedene Märkte auswirken) bei unterschiedlichen Einkommen zu aggregieren. Wie in der Abbildung zum Abschnitt B.2a "Identische Präferenzen, unterschiedliche Einkommen" gezeigt, ist es – selbst wenn alle Haushalte die gleiche Präferenzordnung haben –

nicht ausreichend, nur zu untersuchen, wieviel ein ("repräsentativer") Haushalt mit dem aggregierten Gesamteinkommen nachfragen würde. Die aggregrierten Konsumpläne (als die Summe der nachgefragten Mengen der einzelnen Haushalte) hängen vielmehr stark von der Einkommens*verteilung* ab: Wenn ein Haushalt ein Einkommen von 100 hat, ein zweiter bei gleichen Präferenzen eines von 200, ist die Gesamtnachfrage durch Punkt A bestimmt. Würde nur ein Haushalt mit einem Gesamteinkommen von 300 nachfragen, würde er Konsumplan B wählen.

Die Einkommensverteilung ist nur dann unerheblich, wenn die Einkommens-Konsum-Kurve jedes Haushalts als lineare Gerade durch den Ursprung verläuft.

b) Vgl. Abschnitt 2b "Heterogene Präferenzen, konstante Einkommensverteilung".

Warum würde ein rationaler Haushalt, der zum Preisverhältnis p^1 den Konsumplan C^1 wählt, zum veränderten Preisverhältnis p^2 nicht den Konsumplan C^2 wählen?

Die Präferenzen der Haushalte sind unabhängig von den Preisen; sie werden also durch Preisänderungen nicht beeinflußt. Zu den Preisen p^1 hat er C^1 gegenüber C^2 vorgezogen, obwohl er auch C^2 hätte kaufen können.

Zu den neuen Preisen p^2 kann er ebenfalls sowohl C^1 als auch C^2 kaufen. Wenn für ihn vorher C^1 besser als C^2 war, wäre es nun irrational, plötzlich C^2 zu kaufen: er könnte sich mindestens so gut stellen wie vorher, indem er wieder C^1 kaufte.

c) Vgl. den Abschnitt B.2b "Heterogene Präferenzen, konstante Einkommensverteilung".

Aufgabe 3

Betrachten Sie die skizzierten Angebotsfunktionen auf dem Arbeitsmarkt:

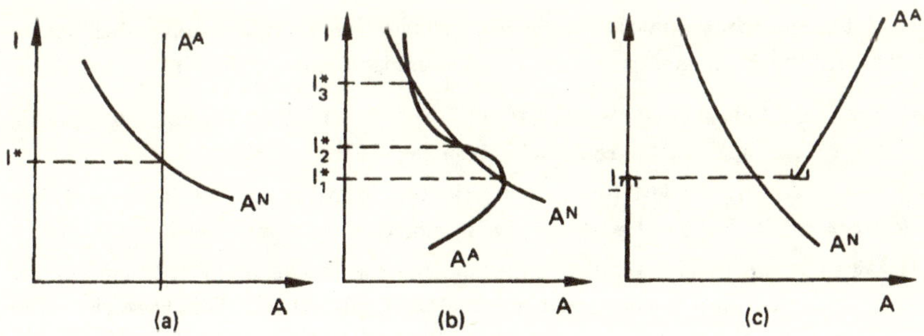

Abbildung 4.8

a) Diskutieren Sie den Verlauf der Angebotsfunktionen.

b) Ermitteln Sie in jedem Fall die Überschußnachfrage auf dem Arbeitsmarkt. Diskutieren Sie jeweils Existenz und Eindeutigkeit eines Marktgleichgewichts.

c) Welche der Situationen sind gemäß der Walrasschen Preisanpassungshypothese stabil?

d) Diskutieren sie folgende Aussage: Wenn auf dem Arbeitsmarkt viele Arbeitsanbieter einem Kartell der Arbeitsnachfrager (Unternehmen) gegenüberstehen, also ein Nachfragemonopol (Monopson) besteht, kommt es zu Arbeitslosigkeit.

e) Überlegen Sie sich, wie man *unfreiwillige Arbeitslosigkeit* im Rahmen der mikroökonomischen Theorie definieren könnte.

Lösung

a) Die aggregierte **Arbeitsangebotsfunktion** ist die Summe aller individuellen, die sich aus dem Nutzenmaximierungskalkül (Indifferenzkurvenanalyse im Güter-/Freizeitraum) ableiten lassen (vgl. Übungsaufgabe 8 in Teil II).

In Abbildung 4.8a) ist die angebotene Menge an Arbeit unabhängig von der Lohnhöhe. Wie in Aufgabe 8, Teil II, gezeigt, ist dieser Fall mit den Annahmen über die Nutzenfunktion eines Haushalts vereinbar.

Abbildung 4.8b) zeigt eine Arbeitsangebotsfunktion, die teilweise einen fallenden Verlauf hat. Auch dies ist mit den Annahmen über die Nutzenfunktion vereinbar, sogar durchaus plausibel: zunächst wird es mit steigendem Lohn attraktiver, zu arbeiten. Ab einer gewissen Lohnhöhe aber geht die Arbeitsbereitschaft zurück, weil dann das Einkommen ausreicht, um sich mehr Freizeit leisten zu können.

In Abbildung 4.8c) gibt es einen Minimumlohn, unterhalb dessen keine Arbeit angeboten wird. Dies kann verschiedene Gründe haben:

(i) Alle Arbeiter ziehen es vor, zu einem Lohnsatz, der niedriger als $\underline{l}$ ist, nicht zu arbeiten (und wählen statt dessen etwa Arbeitslosenunterstützung).

(ii) Der Lohnsatz ist notwendig, das Existenzminimum zu sichern. Dabei wird unterstellt, das Existenzminimum sei für alle Arbeitskräfte gleich.

Die **Arbeitsnachfragefunktion** ergibt sich aus dem Gewinnmaximierungskalkül der Unternehmen (nach der Inputregel: Lohn = Wertgrenzprodukt der Arbeit; l = p·dx/dA).

b) Die Überschußnachfrage $e_A = A^N(p) - A^A(p)$ erhält man jeweils als Differenz zwischen Nachfrage und Angebot (vgl. Abbildung 4.9).

Im Fall a) und b) existiert (mindestens) ein Gleichgewicht. $(l^* > 0; A^* > 0)$ Das Gleichgewicht im Fall a) ist eindeutig, bei b) gibt es 3 Gleichgewichte.

Im Fall c) ist die Arbeitsnachfrage zu gering, um ein Gleichgewicht oberhalb des Existenzminimums $\underline{l}$ zu erreichen. Auf diesem Markt existiert kein Gleichgewicht. Zum Lohnsatz $\underline{l}$ herrscht ein Überangebot (unfreiwillige Arbeitslosigkeit); für Löhne unterhalb des Existenzminimums ist der Markt ebenfalls nicht geräumt.

c) Vergleiche Aufgabe 3 in Teil IV.A. Bei Gültigkeit der Walrasschen Preisanpassungshypothese ist der Markt a) stabil. Die Gleichgewichte l_1^* und l_3^* auf dem Markt b) sind

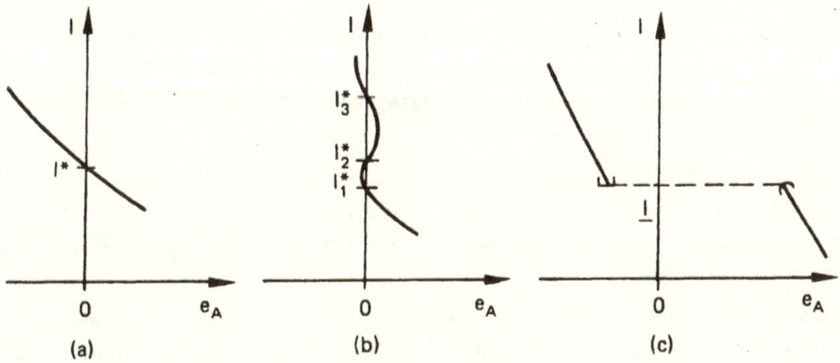

Abbildung 4.9

stabil, während bei kleinen Abweichungen von l_2^* ein Lohnanpassungsprozess weg von l_2^* erfolgt; dieses Gleichgewicht ist instabil.

In c) existiert kein Gleichgewicht; die Stabilitätsfrage ist sinnlos.

d) Das Monopolunternehmen (der Monopsonist) maximiert seinen Gewinn bei gegebener (steigender) Arbeitsangebotsfunktion $A^A(l)$. Wir können dieses Problem mit Hilfe der Monopsontheorie (vgl. Abschnitt H.2 des Kapitels III) lösen und bilden dazu die Inverse der Angebotsfunktion (die Preis-Bezugs-Kurve) $l = l(A)$ mit $dl/dA > 0$.

Der Gewinn errechnet sich als: $G = p \cdot X(A) - l(A) \cdot A$ mit der Bedingung 1. Ordnung: Wertgrenzprodukt = Grenzausgaben,

$$p \cdot \frac{dx}{dA} = l + \frac{dl}{dA} \cdot A = l \cdot (1 + \frac{1}{\epsilon}) > l$$

(Die Grenzausgaben $l + (dl/dA) \cdot A$ sind höher als der Lohnsatz, der für einen zusätzlichen Arbeiter gezahlt werden muß, weil mit steigendem Arbeitseinsatz ($dA>0$) für alle Arbeiter ein höherer Lohn ($dl/dA>0$) gezahlt werden muß.)

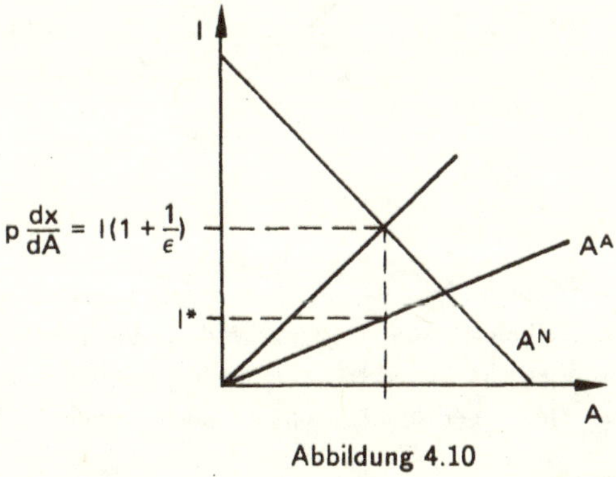

Abbildung 4.10

Wie Abbildung 4.10 zeigt, ist der Lohnsatz niedriger als das Wertgrenzprodukt der Arbeit, aber alle Arbeiter, die zum herrschenden Lohnsatz arbeiten möchten, werden eingestellt (die Arbeiter befinden sich auf ihrer Angebotsfunktion; sie sind nicht unfreiwillig arbeitslos).

Ökonomisch läßt sich dies folgendermaßen erklären: Zur Maximierung seines Gewinns versucht der Monopolist zwar, den Lohn möglichst niedrig zu halten (unter das Wertgrenzprodukt zu drücken), er beschäftigt aber alle Arbeiter, die bereit sind, zu diesem Lohnsatz zu arbeiten.

Hinweis: Überlegen Sie sich analog das Ergebnis eines Monopols auf dem Arbeitsmarkt und diskutieren Sie die Zielfunktion des Monopolisten. (Vgl. dazu: Johannes **Schneider**, Marktfehler und Arbeitslosigkeit, Regensburg 1987, Kapitel V).

e) Eine zweckmäßige mikroökonomische Definition unfreiwilliger Arbeitslosigkeit lautet folgendermaßen: Ein Arbeiter ist unfreiwillig arbeitslos, wenn er zum herrschenden Lohnsatz mehr Arbeit anbieten möchte als ihm möglich ist. Er ist also auf dem Arbeitsmarkt rationiert (d.h. unterliegt einer Mengenbeschränkung).

Unfreiwillige Arbeitslosigkeit liegt genau dann vor, wenn der Schattenpreis für Arbeit (die Grenzrate der Substitution zwischen Freizeit und Konsum) niedriger ist als der Reallohn: Gegeben die Mengenbeschränkung wäre der Arbeiter bereit, auch zu einem niedrigeren Lohnsatz zu arbeiten.

(In Abbildung 4.11 etwa ist bei einem Lohn l^o ein Teil der Arbeitskräfte unfreiwillig unbeschäftigt, weil die gesamte Arbeitsnachfrage dann geringer ist als das Arbeitsangebot.)

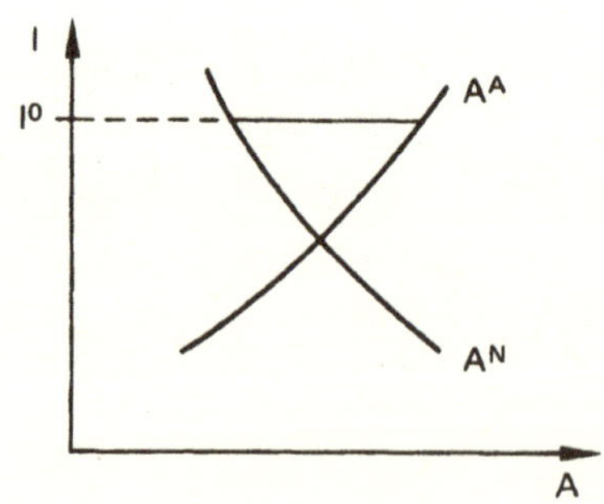

Abbildung 4.11

Auf einem perfekten Walrasianischen Markt ist schwer zu begründen, wieso unfreiwillige Arbeitslosigkeit nicht durch eine Lohnsenkung abgebaut wird, da dies sowohl im Interesse der Unternehmer wie der unfreiwillig Unterbeschäftigten liegt. Offensichtlich ist der Arbeitsmarkt kein perfekter Wettbewerbsmarkt, sondern weist spezifische Eigenheiten auf.

Literaturhinweis:

Zum Verständnis der Probleme des Arbeitsmarktes leistet die moderne Kontrakttheorie und Informationsökonomie wichtige Beiträge. Einen Überblick über die Theorie impliziter Kontrakte bietet S. **Rosen**, im Journal of Economic Literature 1985, S. 1144 - 1175. Eine kritische Analyse der modernen Ansätze findet sich in J. **Schneider** 1987, a.a.O.

Aufgabe 4

Die Nachfrage auf einem Agrargütermarkt sei $x^N = 40$, die Angebotsfunktion laute $x^A = 4p$.

a) Berechnen Sie Gleichgewichtspreis und -menge.

b) Untersuchen Sie anhand eines Preis-Mengen-Diagramms, ob das Gleichgewicht stabil ist.

c) Bestimmen Sie das Ausmaß des Marktungleichgewichts, wenn der Staat einen Mindestpreis von p = 15 setzt. Beschreiben sie diese Situation verbal und graphisch.

d) Diskutieren Sie folgende These: Da die Nachfrage auf dem Agrarmarkt unelastisch ist, kann der Preismechanismus hier nicht funktionieren.

e) Wie kann der Staat ein Gleichgewicht erreichen, ohne den Mindestpreis zu senken?

Lösung

a) Es gilt $x^N = 40$ (starre, preisunabhängige Nachfrage) und $x^A = 4p$
Im Marktgleichgewicht muß Angebot gleich Nachfrage sein: $x^N = x^A$, also 40 = 4p. Somit gilt: $p^* = 10, x^* = 40$. Es existiert ein eindeutiges Gleichgewicht (Abbildung 4.12).

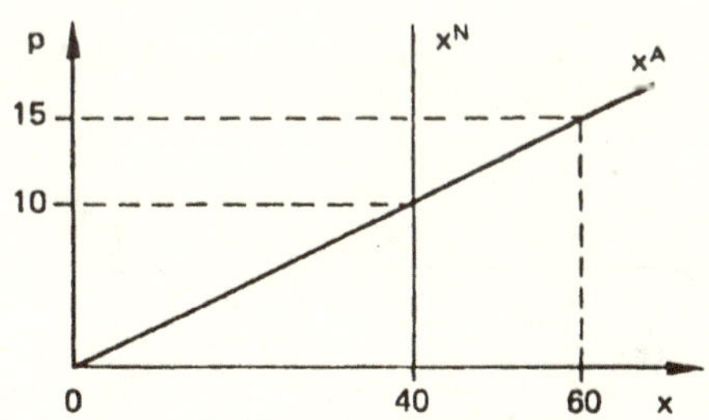

Abbildung 4.12

b) Bei Gültigkeit der Walrasschen Preisanpassungshypothese ist ein Gleichgewicht stabil, wenn bei höheren Preisen ein Überschußangebot besteht und bei niedrigeren Preisen eine

Überschußnachfrage. Dies ist hier der Fall; das Gleichgewicht ist stabil:

$$\text{für} \quad p > p^* : e_x(p) < 0 \quad \frac{dp}{dt} < 0$$

$$\text{für} \quad p < p^* : e_x(p) > 0 \quad \frac{dp}{dt} > 0$$

c) Zum Preis p = 15 ist die angebotene Menge ($x^A(15) = 60$) größer als die nachgefragte ($x^N(15) = 40$): es herrscht ein Marktungleichgewicht (Überschußangebot). Ein Teil der Anbieter kann seine Produkte zum herrschenden Preis nicht verkaufen. Wegen der staatlich fixierten Preise ist eine Marktanpassung mit Hilfe einer Preissenkung nicht möglich. Zur Beseitigung des Überschußangebots müssen also andere Mechanismen gefunden werden (vgl. Teil e). (Das bedeutet aber nicht, daß eine Aufhebung der Preiskontrolle weniger wirksam wäre als andere Maßnahmen, vgl. Teil d).

d) Diese These ist falsch. Wie in a) und b) gezeigt, existiert ein stabiles Marktgleichgewicht bei flexiblen Preisen, obwohl die Nachfrage völlig unelastisch ist. Selbst wenn auch das Angebot völlig starr wäre (etwa $x^A = 60$ für p > 0), (Abbildung 4.13), ist das Argument, der Markt wäre immer im Ungleichgewicht, falsch. In diesem Fall würde der Preis auf Null fallen; alle Nachfrager können ihre Pläne verwirklichen, aber auch alle Anbieter (falls das Überschußangebot kostenlos beseitigt bzw. vernichtet werden kann). Es existiert ein Gleichgewicht zum Preis p = 0 in dem ökonomischen Sinn, daß die Pläne aller Wirtschaftssubjekte realisierbar sind. Dieser Fall wird im Einführungsbuch nur deshalb nicht als Gleichgewicht bezeichnet, weil er mathematische Schwierigkeiten (Randlösung) bereitet. (Nur falls für alle Preise $x^A < 40$, existiert kein Marktgleichgewicht im ökonomischen Sinn.)

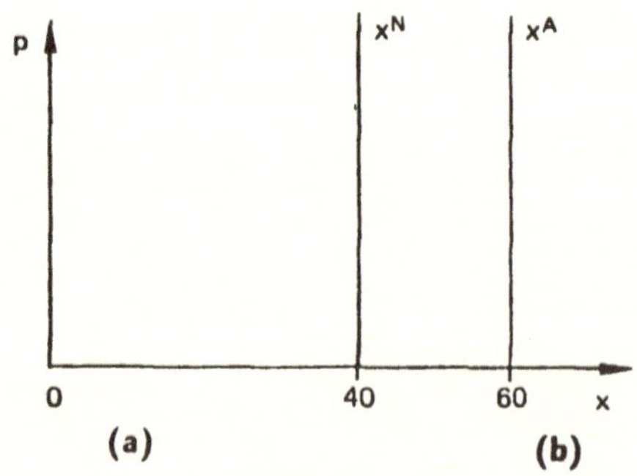

Abbildung 4.13

Natürlich wird auf dem Agrarmarkt niemand zum Preis von Null anbieten. Dies zeigt aber nur, daß das Angebot nicht preisunabhängig ist. Die Mindestpreise auf dem Agrarmarkt müssen daher anders begründet werden, etwa mit dem Argument der Einkommenssicherung. Eine Möglichkeit, diese Vorstellung zu präzisieren, wäre eine Angebotsfunktion wie in Abbildung 4.14: Bei einem niedrigeren Preis als p^* könnten die Anbieter nicht überleben (das Einkommen reicht nicht zur Existenzsicherung), sie müßten aus dem Markt ausscheiden; beim Preis p^* aber herrscht Überangebot – auf dem Markt existiert kein Gleichgewicht.

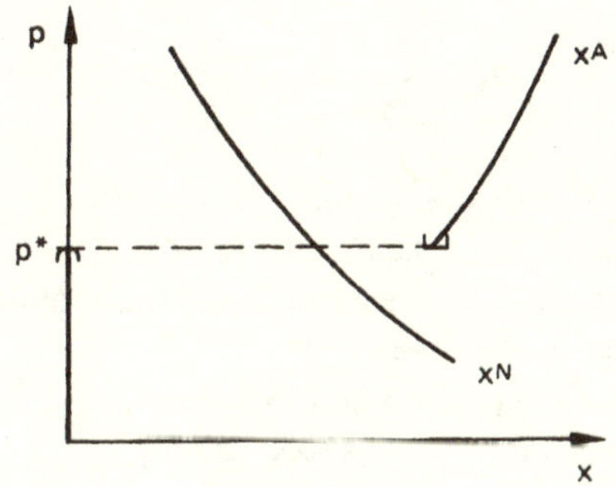

Abbildung 4.14

Zu begründen ist in dieser Situation freilich, warum nicht ein Teil der Anbieter aus dem Markt ausscheidet und in dynamischere Märkte abwandert (Beispiel: Stahl- oder Schiffbauindustrie). Zudem ist zu prüfen, ob eine Einkommenssicherung nicht effizienter durch direkte Einkommenssubventionen (statt über Preisregulierung) erfolgen könnte.

e) Es gibt nur zwei Möglichkeiten: Entweder wird das Angebot durch staatliche Eingriffe reduziert (etwa durch Produktionsbeschränkungen (Rationierung), Abbauprämien oder einem Importverbot) oder die Nachfrage stimuliert (z.B. durch Verteuerung von Substituten, staatlich garantierte Käufe oder Exportsubventionen). Dabei muß verhindert werden, daß das Überangebot auf einem Schwarzmarkt abgesetzt wird.

Aufgabe 5

a) Zeigen Sie, daß in einem allgemeinen Gleichgewichtsmodell Angebots- und Nachfragefunktionen homogen vom Grade Null in den Preisen sind.

b) Zeigen Sie die Gültigkeit des Gesetzes von Walras in einem allgemeinen Gleichgewichtsmodell mit H Haushalten und K Unternehmen.

Lösung

Vgl. die Abschnitte D.2a und 2b.

Jeder Haushalt h maximiert seinen Nutzen bei Beachtung der Budgetrestriktion.

$$(1) \qquad \sum_{j=1}^{n} p_j x_{jh}^n = \sum_{i=1}^{m} q_i v_{ih}^a + G_h \quad \leftrightarrow \quad \sum_{j=1}^{n} \mu \, p_j x_{jh}^n = \sum_{i=1}^{m} \mu \, q_i v_{ih}^a + \mu \, G_h$$

Wenn sich alle Preise (p_j, q_i) und der Gewinn G_h um einen proportionalen Faktor μ verändern, bleibt die Budgetrestriktion und damit der optimale Konsumplan unverändert; die Güternachfrage und Faktorangebotsfunktion sind somit homogen vom Grade Null in Preisen und Gewinn.

Ein Unternehmen k maximiert seinen Gewinn

$$(2) \qquad G_k = \sum_{j=1}^{n} p_j x_{jk}^a - \sum_{i=1}^{m} q_i v_{ik}^n .$$

Wenn alle Preise (p_j, q_i) sich um einen proportionalen Faktor μ verändern, steigt der Nominalgewinn ebenfalls um den Faktor μ. Die optimale Faktor- und Produktionskombination dagegen ändert sich nicht. Güterangebots- und Faktornachfragefunktion sind homogen vom Grade Null in den Preisen.

Die Unternehmergewinne fließen den Haushalten entsprechend ihren Anteilen θ_{hk} zu. Eine proportionale Variation der Unternehmergewinne ändert folglich die Gewinne aller Haushalte proportional:

$$(3) \qquad G_h = \sum_{k=1}^{K} \theta_{hk} G_k \quad \leftrightarrow \quad \mu\, G_h = \sum_{k=1}^{K} \mu\, \theta_{hk} G_k$$

Da sich in einem Totalmodell bei einer proportionalen Veränderung aller Preise somit auch die Gewinne der Haushalte proportional verändern, sind Güternachfrage- und Faktorangebotsfunktionen in einem allgemeinen Gleichgewichtsmodell homogen vom Grade Null in den Preisen.

b) Das Gesetz von Walras erhalten wir durch folgende Schritte: Zunächst summieren wir über die Budgetrestriktionen (1) aller Haushalte:

$$(4) \quad \sum_{h=1}^{H} \sum_{j=1}^{n} p_j x_{jh}^n = \sum_{h=1}^{H} \sum_{i=1}^{m} q_i v_{ih}^a + \sum_{h=1}^{H} G_h \quad \Rightarrow \quad \sum_{j=1}^{n} p_j x_j^n = \sum_{i=1}^{m} q_i v_i^a + \sum_{h=1}^{H} G_h$$

Durch Summieren über die Gewinne aller Unternehmen (2) erhalten wir:

$$(5) \quad \sum_{k=1}^{K} G_k = \sum_{k=1}^{K} \sum_{j=1}^{n} p_j x_{jk}^a - \sum_{k=1}^{K} \sum_{i=1}^{m} q_i v_{ik}^n = \sum_{j=1}^{n} p_j x_j^a - \sum_{i=1}^{m} q_i v_i^n .$$

Die Gesamtgewinne aller Unternehmen fließen den Haushalten zu: $\sum G_k = \sum G_h$. Deshalb ergibt (5) in (4) eingesetzt das Gesetz von Walras:

$$(W) \qquad \sum_{j=1}^{n} p_j \cdot (x_j^n - x_j^a) + \sum_{i=1}^{m} q_i \cdot (v_i^n - v_i^a) = 0$$

Marktgleichgewicht bei reinem Tausch (ohne Produktion): (vgl. Abschnitt D.1)

Aufgabe 6

Zwei Haushalte mit den Nutzenfunktionen

$$u_1 = x_1^4 \cdot y_1^3 \qquad \text{und} \qquad u_2 = x_2^2 \cdot y_2^5$$

haben von den Gütern X und Y eine Anfangsausstattung von je 42 Einheiten.

a) Ermitteln Sie die aggregierten Überschußnachfragen.

b) Zeigen Sie die Gültigkeit des Gesetzes von Walras.

c) Formulieren Sie die Gleichgewichtsbedingungen und ermitteln Sie Gleichgewichtspreise und die getauschten Gütermengen.

Lösung

a) Die individuellen Nachfragefunktionen erhält man, indem für jeden Haushalt die Nutzenfunktion bei Beachtung der Budgetbeschränkung $p_x x_h + p_y y_h = p_x \cdot 42 + p_y \cdot 42$ (h=1;2) maximiert wird. Die Bedingung 1. Ordnung (für Haushalt 1: $y_1 = \frac{3}{4} \frac{p_x}{p_y} x_1$; für Haushalt 2: $y_2 = \frac{5}{2} \frac{p_x}{p_y} x_2$) jeweils in die entsprechende Budgetbeschränkung eingesetzt, liefert die Nachfragefunktionen:

$$x_1 = 24 + 24 \frac{p_y}{p_x} \qquad y_1 = 18 + 18 \frac{p_x}{p_y}$$

$$x_2 = 12 + 12 \frac{p_y}{p_x} \qquad y_2 = 30 + 30 \frac{p_x}{p_y}$$

Daraus erhält man die aggregierten Überschußnachfragefunktionen:

$$e_x = x_1 - \bar{x}_1 + x_2 - \bar{x}_2 = 36 \frac{p_y}{p_x} - 48$$

$$e_y = y_1 - \bar{y}_1 + y_2 - \bar{y}_2 = 48 \frac{p_x}{p_y} - 36$$

b) Für beliebige Preise p_x, p_y gilt:

$$p_x \cdot e_x + p_y \cdot e_y = p_x \cdot (36 \cdot \frac{p_y}{p_x} - 48) + p_y \cdot (48 \cdot \frac{p_x}{p_y} - 36) = 0$$

c) Die Gleichgewichtsbedingungen lauten:

$$36 \cdot \frac{p_y}{p_x} - 48 = 0 \qquad (1)$$

$$48 \cdot \frac{p_x}{p_y} - 36 = 0 \qquad (2)$$

(1) und (2) sind linear voneinander abhängig [wenn (1) erfüllt ist, ist auch immer (2) erfüllt]. Wir erhalten: $(p_x/p_y)^* = 0,75$. Es gilt: $x_1^* = 56, y_1^* = 31,5, x_2^* = 28, y_2^* = 52,5$. Haushalt 1 gibt 10,5 Einheiten von Gut Y ab und erhält dafür 14 Einheiten von Gut X (umgekehrt Haushalt 2).

Marktgleichgewicht mit Produktion und variablem Faktorangebot

Aufgabe 7

In einer Modellwirtschaft gibt es einen Haushalt und ein Unternehmen. Beide verhalten sich als Mengenanpasser. Das Unternehmen produziert das Konsumgut X mit Hilfe des Faktors Arbeit A. Der Nutzen des Haushalts ist abhängig von der konsumierten Menge des Gutes X und der Freizeit F. Er kann seine verfügbare Zeit T auf Arbeits- und Freizeit aufteilen und erhält den gesamten Gewinn des Unternehmens.

a) Formulieren Sie die Verhaltensannahmen für beide Wirtschaftssubjekte. Welchen Beschränkungen unterliegen sie?

b) Welche Bedingungen müssen Präferenzordnung und Produktionsfunktion erfüllen, damit sich eindeutige Nachfrage- und Angebotsfunktionen ergeben?

c) Formulieren Sie die Gleichgewichtsbedingungen. Skizzieren Sie graphisch ein Modellgleichgewicht.

d) Skizzieren Sie folgende Situation: Zu den von einer Zentralinstanz vorgegebenen Preisen herrsche ein Überschußangebot auf dem Arbeitsmarkt. Welche Aussagen können Sie dann über die geplante Überschußnachfrage auf dem Konsumgütermarkt machen? Wie kann es zum Gleichgewicht auf mindestens einem der Märkte kommen?

e) Überlegen Sie sich anhand einer Skizze, wie hoch der Reallohn im Gleichgewicht sein muß, wenn die Technologie linear ist.

f) Die Produktionsfunktion sei $x = \sqrt{A}$, die Nutzenfunktion $u = \sqrt{x \cdot F}$. Ermitteln Sie die Nachfrage- und Angebotsfunktionen für den Arbeits- und den Konsumgütermarkt.
Bestimmen Sie den Reallohn l/p im Gleichgewicht. Wie hoch ist die Arbeits- und Konsummmenge im Gleichgewicht?
Zeigen Sie, daß das Gesetz von Walras gültig ist.

Lösung

a) Der Haushalt maximiert den Nutzen u(x,F) unter Beachtung seiner Budgetrestriktion $p \cdot x = l \cdot A + G = l \cdot (T - F) + G$. Die Preise p und l sowie den Gewinn betrachtet er als gegeben.

Das Unternehmen maximiert den Gewinn G = p x - l A unter der Nebenbedingung der Produktionsfunktion x = f(A), p und l betrachtet er als gegeben.

b) Wenn der Haushalt streng konvexe Indifferenzkurven hat, erhält man einen eindeutigen optimalen Konsumplan. Bei einer marginalen Variation von Preis, Lohn oder Gewinn verändert sich dieser optimale Konsumplan nur leicht (stetig, nicht sprunghaft). Man erhält somit aus den Bedingungen 1. Ordnung

die **Güternachfragefunktion** $x^N = x^N(p, l, G)$ sowie
die **Arbeitsangebotsfunktion** $A^A = A^A(p, l, G)$.

Da der Haushalt seine Budgetbeschränkung beachten muß, können beide Funktionen nicht voneinander unabhängig sein.

Für eine Produktionsfunktion mit abnehmenden Skalenerträgen (streng konkave Produktionsfunktion) erhält man bei vorgegebenen Preisen (p,l) einen eindeutigen optimalen Produktionsplan (Gewinnmaximum). Wird p oder l leicht variiert, ändert sich der optimale Produktionsplan ebenfalls nur leicht (stetig). Aus den Bedingungen 1. Ordnung (Preis = Grenzkosten bzw. Wertgrenzprodukt = Faktorpreis) erhält man
die **Güterangebotsfunktion** $x^A = x^A(p, l)$ und
die **Arbeitsnachfragefunktion** $A^N = A^N(p, l)$.

Beide Funktionen sind nicht voneinander unabhängig, da aufgrund der Produktionsfunktion gilt: Für eine bestimmte produzierte Menge ist immer ein bestimmter Arbeitseinsatz erforderlich.

Die abgeleiteten Funktionen sind *geplante* Mengen bei vorgegebenen Preisen.

Es gilt das Gesetz von Walras:

$$p \cdot x^N - l \cdot A^A - G = 0$$
$$G - p \cdot x^A + l \cdot A^N = 0$$
$$\Rightarrow p(x^N - x^A) + l(A^N - A^A) = 0 \quad \text{oder} \quad p \cdot e_x + l \cdot e_A = 0$$

c) Im Gleichgewicht müssen beide Märkte geräumt sein:

$$x^A(p, l, G) = x^N(p, l, G) \qquad \text{bzw.} \quad e_x = 0$$
$$A^A(p, l, G) = A^N(p, l, G) \qquad \text{bzw.} \quad e_A = 0$$

Dabei gilt wegen der Bedingungen 1. Ordnung:

$$\frac{\partial U/\partial F}{\partial U/\partial x} = \frac{l}{p}; \qquad p \cdot \frac{dx}{dA} = l$$

Zudem gilt: A = T - F und daher: dA = - dF

Eine Umformung liefert:

$$-\frac{dx}{dF} = \frac{\partial u/\partial F}{\partial u/\partial x} = \frac{l}{p} = \frac{dx}{dA}$$

Die vom Haushalt angebotene Menge A^* wird vom Unternehmen gerade nachgefragt. Es wird die Menge x^* produziert und konsumiert.

Der Realgewinn ist im Gleichgewicht G^*/p. Die Indifferenzkurve des Haushaltes tangiert die Produktionsfunktion, die Grenzrate der Substitution zwischen Freizeit und Konsum für den Haushalt ist gleich dem Grenzertrag des Faktors Arbeit (vgl. Abbildung 4.15).

d) Nach dem Gesetz von Walras ($pe_x + le_A = 0$) muß eine Überschußnachfrage auf dem Gütermarkt vorliegen, falls auf dem Arbeitsmarkt ein Überschußangebot besteht (vgl. Abbildung 4.16).

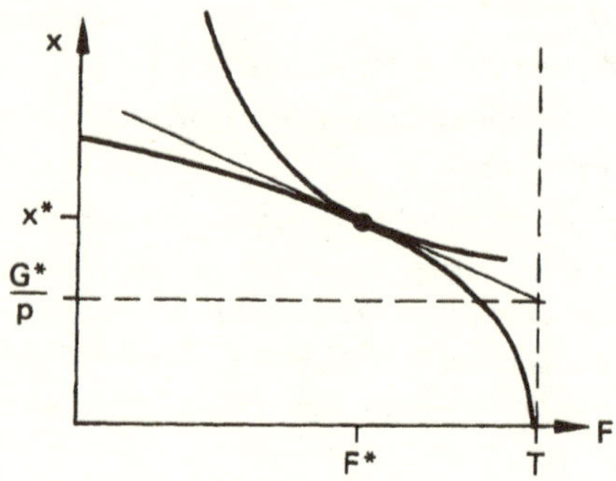

Abbildung 4.15

Gemäß der Preisanpasssungsregel von Walras wird ein Walrasianischer Auktionator den Lohn l relativ zum Güterpreis p senken, um so die Überschußnachfrage auf dem Gütermarkt abzubauen und gleichzeitig (durch den sinkenden Reallohn) die Arbeitslosigkeit auf dem Arbeitsmarkt abzubauen. Wenn auf einem Markt Gleichgewicht herrscht, muß nach dem Gesetz von Walras auch der andere Markt im Gleichgewicht sein.

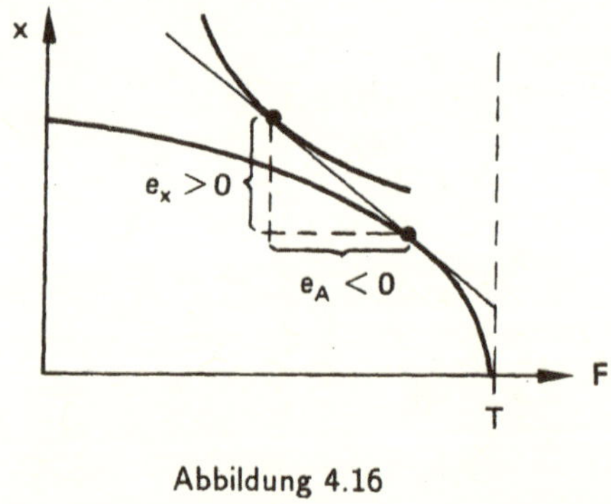

Abbildung 4.16

In der Realität gibt es keinen derartigen Auktionator; die Ungleichgewichtssituation wird daher kaum sofort abgebaut: Denn aufgrund des Ungleichgewichts auf dem Arbeitsmarkt ist die effektive Nachfrage auf dem Gütermarkt geringer als die geplante; es gibt keinen automatischen Mechanismus, der diese *geplante* Nachfrage auf dem Gütermarkt an die Unternehmen übermittelt (vgl. den Abschnitt D.3 über die Ungleichgewichtstheorie).

e) Im Marktgleichgewicht tangieren sich Indifferenzkurve und Produktionsfunktion. Bei linearer Technologie muß der Reallohn gleich der konstanten Steigung der Produktionsfunktion sein: $l/p = dx/dA = \tan \alpha$ (gleichgültig, wie die Indifferenzkurven verlaufen). Im Spezialfall linearer Technologien ist der Reallohn somit unabhängig von der Nachfrage eindeutig bestimmt: die Präferenzen der Haushalte spielen keine Rolle für die Höhe

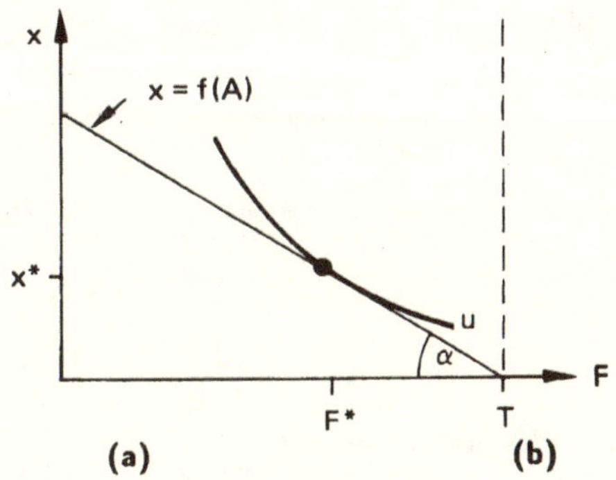

Abbildung 4.17

des Reallohns (Zudem ist der Unternehmensgewinn gleich Null).

Das Resultat läßt sich auf die Produktion mehrerer Güter (und auch auf produzierte Zwischenprodukte) verallgemeinern und wird in der Literatur als "Nichtsubstitutionstheorem" bezeichnet (vgl. zB. Varian). Die Aussage ist allerdings nur dann gültig, wenn es nur einen einzigen nicht-produzierten (originären) Faktor gibt.

f) Diese Teilaufgabe ist mathematisch etwas anspruchsvoll. Wenn Sie die Aufgabe explizit selber lösen, erhalten Sie aber einen guten Einblick in die Struktur von allgemeinen Gleichgewichtsmodellen.

Um Ihnen eine bessere Kontrolle der einzelnen Rechenschritte zu erleichtern, werden im Folgenden die Einzelschritte der Lösung etwas ausführlicher dargestellt:

I. Optimierungsproblem des Haushaltes

Der Haushalt hat die Nutzenfunktion $u = \sqrt{x \cdot F}$; seine maximal nutzbare Zeit ist T und sein Gewinnanspruch G. Seine Budgetgleichung lautet: $p \cdot x = l \cdot A + G = l \cdot (T - F) + G$. Wir maximieren die Lagrangefunktion:

$$L = \sqrt{x \cdot F} + \lambda[l(T - F) + G - px]$$

Als Bedingung 1. Ordnung erhalten wir:

(1) $$\frac{\partial L}{\partial x} = 0,5\frac{U}{x} - \lambda p = 0$$

(2) $$\frac{\partial L}{\partial F} = 0,5\frac{U}{F} - \lambda l = 0$$

(3) $$\frac{\partial L}{\partial \lambda} = l(T - F) + G - px = 0$$

Aus (1) und (2) erhalten wir: F/x = p/l oder

(4) $$F = \frac{p}{l} \cdot x$$

(4) in (3) eingesetzt, ergibt die Güternachfragefunktion:

$$x^N = \frac{l \cdot T + G}{2p} \tag{5}$$

Die Arbeitsangebotsfunktion läßt sich ermitteln, indem (4') x = l/p F in (3) eingesetzt wird:

$$A^A = 0,5T - \frac{G}{2l} \tag{6}$$

II. Optimierungsproblem des Unternehmens

Max: $G = p\sqrt{A} - lA$. Nach der Inputregel ($0,5p\sqrt{1/A} = l$) erhält man: $A^{0,5} = 0,5p/l$ und daraus die Arbeitsnachfragefunktion:

$$A^N = \frac{1}{4} \cdot \left(\frac{p}{l}\right)^2 \tag{7}$$

Mit der Arbeitsmenge A^N wird die Gütermenge $x^A = \sqrt{A^N}$ produziert; die Güterangebotsfunktion lautet demnach:

$$x^A = 0,5 \cdot \frac{p}{l} \tag{8}$$

(Man erhält sie alternativ nach der Grenzkostenregel.)

Der maximale Gewinn als Funktion von p und l ergibt sich durch Einsetzen von (7) und (8) in die Gewinngleichung:

$$G = px - lA = \frac{p^2}{2l} - \frac{p^2}{4l} = \frac{p^2}{4l} \tag{9}$$

III. Gleichgewicht auf dem Arbeitsmarkt

Die Gleichgewichtsbedingung lautet $A^A = A^N$, also (6) = (7).

Unter Berücksichtigung von (9) erhält man:

$$\frac{1}{4} \cdot \left(\frac{p}{l}\right)^2 = \frac{T}{2} - \frac{1}{2} \cdot \frac{1}{4} \cdot \left(\frac{p}{l}\right)^2$$

oder: $(p/l)^2 = 4/3 \cdot T$ beziehungsweise

$$\left(\frac{p}{l}\right)^* = 2 \cdot \sqrt{\frac{T}{3}} \tag{10}$$

Zum Gleichgewichtspreis (10) ergibt sich auf dem Arbeitsmarkt die Menge:

$$A^* = \frac{T}{3}$$

Nach dem Gesetz von Walras gilt: Wenn der Arbeitsmarkt im Gleichgewicht ist, herrscht auch auf dem Gütermarkt Gleichgewicht.

Das läßt sich folgendermaßen zeigen:

(10) eingesetzt in (8) ergibt

$$x^A = \sqrt{\frac{T}{3}}.$$

Aus (5) und (9) erhält man:

$$x^N = 0,5 \cdot \frac{l}{p} \cdot T + \frac{1}{8} \cdot \frac{p}{l}$$

(10) eingesetzt ergibt

$$x^N = 0,5 \cdot 0,5\sqrt{\frac{3}{T}} \cdot T + \frac{2}{8} \cdot \sqrt{\frac{T}{3}} = \sqrt{\frac{T}{3}} = x^A = x^*$$

weil $1/4 \cdot \sqrt{3/T} \cdot T = 3/4 \cdot \sqrt{T/3}$, denn $\sqrt{3/T} = \sqrt{T/3} \cdot 3/T$.

Vergleichen Sie als Beispiel Abbildung 4.18. Dort setzen wir T=12 und erhalten dann:

$$(\frac{p}{l})^* = 4; \quad A^* = 4; \quad x^* = 2$$

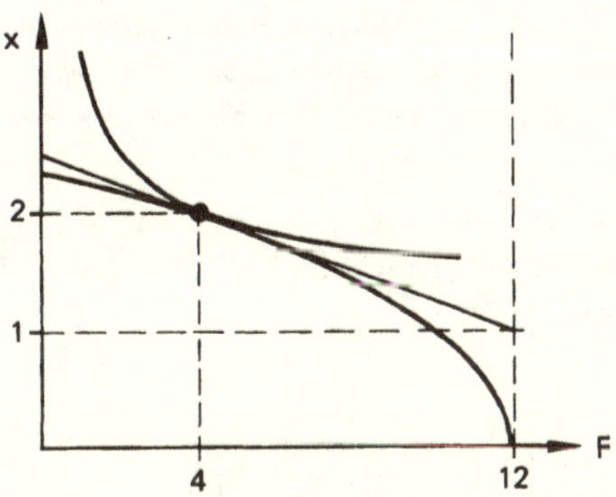

Abbildung 4.18

Das Gesetz von Walras gilt für beliebige Preise und Löhne, also auch im Ungleichgewicht: Setzen Sie die Gleichungen (5), (6), (7) und (8) in (W) ein:

$$(11) \quad p \cdot (x^N - x^A) + l \cdot (A^N - A^A) = l\frac{T}{2} + \frac{G}{2} - \frac{1}{2}\frac{p^2}{l} + \frac{1}{4}\frac{p^2}{l} - \frac{T}{2} \cdot l + \frac{G}{2} = G - \frac{1}{4}\frac{p^2}{l} \overset{*}{=} 0;$$

* wegen (9)

Aufgabe 8

In einer Modellwirtschaft gibt es 100 Haushalte h und 100 Unternehmen k. Alle verhalten sich als Mengenanpasser. Alle Unternehmen k produzieren das Konsumgut X jeweils entsprechend der Produktionsfunkton $x_k = \sqrt{A}_k$. Alle Haushalte haben identische Präferenzen $u\ (X_h,\ F_h) = 16 \ln x_h + F_h$. Ihre verfügbare Zeit beträgt jeweils T =24 Stunden. Jeder Haushalt ist am Gewinn jedes Unternehmens mit einem Hundertstel beteiligt.

a) Ermitteln Sie die Nachfrage- und Angebotsfunktionen für den Arbeits- und den Konsumgütermarkt (Hinweis: $\partial u/\partial x = 16/x$).

b) Bestimmen Sie den Reallohn l/p im Gleichgewicht. Wie hoch ist die Arbeits- und Konsummmenge pro Haushalt im Gleichgewicht?

c) Zeigen Sie, daß das Gesetz von Walras gültig ist.

d) Ermitteln Sie das Marktgleichgewicht, wenn die 100 Haushalte nur Arbeitseinkommen beziehen und der gesamte Gewinn einem weiteren Haushalt G zufällt.

e) Zeigen Sie, daß der Gewinn als Entlohnung für einen fixen (knappen) Faktor Kapital K interpretiert werden kann, wenn die Produktionsfunktion $x = \sqrt{A \cdot K}$ lautet und 100 Einheiten Kapital zur Verfügung stehen. Berechnen Sie das allgemeine Marktgleichgewicht (1) wenn der gesamte Kapitalstock gleichmäßig auf alle Haushalte verteilt ist sowie (2) wenn der gesamte Kapitalstock einem weiteren Haushalt G gehört.

f) Bestimmen Sie in beiden Fällen aus e) die Lohnquote, d.h. den Anteil des Lohneinkommens $l \cdot A$ am Gesamtoutput $p \cdot x$. Diskutieren Sie die Aussagefähigkeit der Lohnquote als Verteilungsmaß.

Lösung

a) Die Modellwirtschaft hat die gleiche Struktur wie die von Aufgabe 7; nur die Präferenzen der Haushalte sind anders. Da alle Unternehmen und Haushalte identisch sind und der Gewinn proportional aufgeteilt wird, kann man das Marktgleichgewicht bestimmen, indem nur ein repräsentativer Haushalt und ein repräsentatives Unternehmen betrachtet werden. Weil bei der unterstellten Nutzenfunktion für die Güternachfrage keine Einkommenseffekte auftreten, läßt sich das allgemeine Gleichgewicht sehr einfach lösen.

Güternachfrage- und Arbeitsangebotsfunktion eines Haushaltes ergeben sich wieder aus den Bedingungen 1. Ordnung. Die Lösung lautet: [Zum besseren Vergleich sind die Gleichungen wie in Aufgabe 7) durchnummeriert].

$$(1) \qquad \frac{16}{x} = \lambda p$$

$$(2) \qquad 1 = \lambda l$$

Daraus ergibt sich unmittelbar:

(5) $$x_h^n = 16 \cdot \frac{l}{p}$$

(6) $$A_h^A = 16 - \frac{G}{l}$$

Das Optimierungsproblem jedes Unternehmens ist unverändert; es gilt:

(7) $$A_k^N = \frac{1}{4} \left(\frac{p}{l}\right)^2$$

(8) $$x_k^A = \frac{1}{2} \frac{p}{l}$$

(9) $$G_k = \frac{1}{4} \frac{p^2}{l}$$

b) Die Gleichgewichtsbedingung auf dem Gütermarkt lautet:

$$100 \cdot x_k^A = 100 \cdot x_h^N \quad \text{oder:} \quad 100 \cdot 16\, l/p = 100 \cdot 0{,}5\, p/l \quad \text{damit:}$$

(10) $$\frac{p}{l} = \sqrt{32} \sim 5{,}66$$

Im Gleichgewicht gilt pro Haushalt:

$$x_h = 0{,}5\sqrt{32} = \sqrt{8} \sim 2{,}8 \qquad \text{und} \quad A_h = 8$$

Bei einer Gesamtzeit T = 24 ist dann F = T - A = 16. Insgesamt werden 100 $\sqrt{8}$ Einheiten des Gutes mit 800 Arbeitsstunden produziert.

c) Laut Gesetz von Walras erhält man die selbe Lösung aus der Gleichgewichtsbedingung auf dem Arbeitsmarkt: $A^A = A^N$ oder, gemäß (6), (7) und (9):

$$\frac{100}{4} \cdot \left(\frac{p}{l}\right)^2 = 1600 - \frac{100}{4} \left(\frac{p}{l}\right)^2 \quad \rightarrow \quad \frac{p}{l} = \sqrt{32}$$

Allgemein gilt:

$$p(x^N - x^A) + l\,(A^N - A^A) = 100\,(16l - \frac{1}{2}\,\frac{p^2}{l} + \frac{1}{4}\,\frac{p^2}{l} - 16l - G) = 100(\frac{1}{4}\,\frac{p^2}{l} - G) = 0 \qquad (W)$$

wegen (9).

Hinweis: Setze l =1 und überprüfe, daß für $p > \sqrt{32}$ auf dem Gütermarkt Überschußangebot und auf dem Arbeitsmarkt Überschußnachfrage besteht.

d) Wenn die 100 Haushalte keinen Gewinn erhalten, ergibt sich ein ganz anderes Marktgleichgewicht: ihr Arbeitsangebot ist dann starr (jeweils A=16);
die Gesamtarbeitszeit beträgt demnach:

(6') $A^A = 16 \cdot 100$ und

die aggregierte Nachfrage der Arbeiter:

(7') $x^N = \frac{l}{p} \cdot 16 \cdot 100$

Für den Haushalt G, dem der gesamte Gewinn zufällt, ist es optimal, nicht zu arbeiten. (Hinweis: Zeigen Sie, daß sich für ihn ein negatives Arbeitsangebot ergeben würde). Er konsumiert seinen gesamten Gewinn:

$x_G^N = \frac{G}{p} = 100 \cdot \frac{1}{4} \cdot \frac{p}{l}$

Gleichgewicht auf dem Arbeitsmarkt besteht, wenn 100 $A^A = 100A^N$ oder p/l = 8.

Die Arbeiter arbeiten nun länger (16 statt 8 Stunden) zu einem niedrigeren Reallohn und konsumieren die Menge $x_h = l/p \cdot A = 2$.

Der Haushalt, dem der Gewinn zufällt, konsumiert die Menge $x_G = 100 \cdot 1/4 = 200$.

Die aggregierte Güternachfrage ist gleich dem Güterangebot $100 \cdot 1/2 \cdot 8 = 400$. Das Marktgleichgewicht ist Pareto-optimal. Die Ausgangsverteilung ist freilich extrem anders, und allein eine Änderung der Gewinnanteile ändert den Reallohn und das Wertgrenzprodukt des Faktors Arbeit drastisch, obwohl die Grunddaten (Technologie und Präferenzen) ansonsten identisch sind mit denen in Teilaufgabe b.

Überlegungsfrage: Im zweiten Fall ist die in der Volkswirtschaft insgesamt produzierte Gütermenge wesentlich höher. Kann man daraus ableiten, daß der Wohlstand der Gesamtgesellschaft in der zweiten Situation höher ist? Diskutieren Sie in diesem Zusammenhang die Problematik von Wohlfahrtsvergleichen von Volkswirtschaften anhand des Sozialprodukts.

e) Weil die Produktionsfunktion abnehmende Grenzerträge der Arbeit aufweist, erhält der Faktor Arbeit bei vollkommener Konkurrenz (Entlohnung nach dem Wertgrenzprodukt) nie den gesamten Output als Entlohnung: es bleibt ein Rest übrig, der entweder als Lohn für andere Faktoren verwendet wird oder als Residuum reiner Gewinn im ökonomischen Sinn ist (also das, was nach Abzug aller Opportunitätskosten in alternativen Verwendungen übrig bleibt).

Langfristig können jedoch bei der Produktion derartige Residualgewinne kaum erzielt werden: wo solche "übernormalen" Gewinne möglich sind, werden neue Unternehmen angelockt; der Gewinn wird wegkonkurriert. Dies ist nur dann nicht möglich, wenn irgendwelche fixen Faktoren, die in der Produktionsfunktion implizit enthalten sind, aber nicht modelliert werden, verhindern, daß weitere Unternehmen in den Markt eintreten. Das könnte zum Beispiel ein beschränkter Bestand an Boden oder Kapital sein. Das anfallende Residuum ist daher ökonomisch sinnvoller interpretierbar als Entlohnung für einen fixen, nicht vermehrbaren Faktor, den wir mit K (Kapital) bezeichnen. Wenn K bei der Produktion benötigt wird und nur in begrenzter Menge zur Verfügung steht (z.B. K = 100), erzielt er eine Entlohnung in Höhe seines gesamtwirtschaftlichen Wertgrenzproduktes (er erhält eine Knappheitsrente). Den Preis für die Nutzung von Kapital bezeichnen wir als Zins r. Das Zinseinkommen r · K fließt dem Kapitalbesitzer zu.

Es ist plausibel anzunehmen, daß der Output verdoppelt werden kann, wenn alle relevanten Faktoren verdoppelt werden können, daß also gesamtwirtschaftlich konstante Skalenerträge bestehen, wenn alle Faktoren tatsächlich beliebig vermehrt werden könnten. Demzufolge sei die "wahre" Produktionsfunktion: $x = \sqrt{A \cdot K}$ (und in der oben angegebenen Funktion ist K implizit konstant gehalten worden mit K = 1).

Wie läßt sich nun – je nach Verteilung des Kapitalstocks auf die Haushalte – das allgemeine Marktgleichgewicht bestimmen? Bei konstanten Skalenerträgen können wir nicht nach dem üblichen Schema verfahren und mit den Faktornachfragefunktionen $A^N = A^N(l,r,p)$ und $K^N = K^N(l,r,p)$ arbeiten. Input- und Outputregel sind in diesem Fall ja nicht anwendbar, da die Kostenfunktion linear verläuft. Statt dessen benutzen wir ökonomische Intuition, um ein allgemeines Marktgleichgewicht zu charakterisieren.

Bei konstanten Skalenerträgen spielen sich im Marktgleichgewicht die relativen Preise (der Reallohn l/p und der Realzins r/p) so ein, daß die Unternehmen keinen Gewinn erzielen. Aufgrund der konstanten Skalenerträge ist das Produktionsniveau der einzelnen Unternehmen im Gleichgewicht unbestimmt (zu den Gleichgewichtspreisen ist der Gewinn für ein Unternehmen bei jedem Outputniveau gleich hoch). Gesamtwirtschaftlich aber ist das Angebot an Faktoren beschränkt, und die Faktorpreise müssen im Gleichgewicht die relativen Knappheiten der Faktoren so widerspiegeln, daß alle angebotenen Faktoren voll beschäftigt werden (die Faktoren erzielen eine Knappheitsrente entsprechend ihrer gesamtwirtschaftlichen Grenzproduktivität). Das Faktorpreisverhältnis r/l ergibt sich dann aufgrund der relativen Knappheit der beiden Faktoren: das gleichgewichtige Verhältnis der Grenzproduktivitäten entspricht der Steigung der Isoquante in dem Punkt, in dem die gesamtwirtschaftlich angebotenen Faktormengen K^A, A^A voll eingesetzt werden.

Für jedes beliebige Produktionsniveau gilt bei der Produktionsfunktion $x = \sqrt{A \cdot K}$:

$$\frac{l}{p} = \frac{\partial x}{\partial A} = 0.5\frac{x^A}{A^N}$$

$$\frac{r}{p} = \frac{\partial x}{\partial K} = 0,5\frac{x^A}{K^N}$$

$$-\frac{dK}{dA} = \frac{\partial x/\partial A}{\partial x/\partial K} = \frac{K^N}{A^N} \qquad \text{oder:} \quad A^N = \frac{r}{l} \cdot K^N$$

Im allgemeinen Marktgleichgewicht entspricht der Arbeits- und Kapitaleinsatz gerade dem Faktorangebot. Bei gegebenen Faktormengen K^A, A^A ist das Gesamtgleichgewicht somit determiniert. Gemäß (W) ist auch der Gütermarkt im Gleichgewicht, wenn auf den Faktormärkten Gleichgewicht herrscht.

Wieviel Kapital und Arbeit wird von den Haushalten angeboten? In beiden Fällen wird der gesamte Kapitalstock angeboten, da für ihn keine andere Verwendung besteht: $K^A = 100$. Das Arbeitsangebot bestimmt sich aus den Optimierungsplänen der Haushalte: Max $U_h(x_h, F_h)$ bei $px_h = lA_h + rK_h$ mit der Lösung:

(5) $$x_h^N = 16 \cdot \frac{l}{p}$$

(6‘) $$A_h^A = 16 - \frac{r}{l} \cdot K_h$$

(Dies entspricht dem Ergebnis von Teilaufgabe b), wenn man Gewinneinkommen als Kapitaleinkommen interpretiert).

Für den Fall (*Fall 2*), daß sich der gesamte Kapitalbestand im Besitz eines einzigen Haushaltes befindet ($K_h = 0$ für alle h außer G), läßt sich das Gleichgewicht sehr einfach bestimmen: weil dann die Arbeiter über kein zusätzliches Einkommen aus anderen Quellen verfügen, werden sie jeweils genau 16 Stunden arbeiten: $A_h = 16$. Haushalt G andrerseits bietet keine Arbeit an. Folglich ist auch das gesamtwirtschaftliche Arbeitsangebot fix ($A^A = 1600$) . Im Gleichgewicht werden alle Faktoren voll beschäftigt ($A^N = A^A$; $K^N = K^A$); demnach wird ein Gesamtoutput in Höhe von $x = \sqrt{1600 \cdot 100} = 400$ produziert.

Durch das starre Faktorangebot sind bereits alle relativen Preise determiniert: der Reallohn entspricht dem Grenzprodukt der Arbeit: l/p = 1/8; das Verhältnis r/p ergibt sich als Grenzprodukt des Kapitalbestandes: r/p = 2. Das Faktorpreisverhältnis (Zins-Lohn-Verhältnis) muß genau gleich der Steigung der Isoquante im Punkt A = 1600, K = 100 sein (es muß den relativen Knappheiten der Faktoren entsprechen): r/l = 1/16. Bei diesen Gleichgewichtspreisen fragen die Arbeiter insgesamt 200 Einheiten von Gut x nach; der Kapitalbesitzer G konsumiert ebenfalls 200 Einheiten ($x_G = r/pK$). Die Allokation (Reallohn; Produktion und Konsum) ist somit identisch mit dem in Teilaufgabe d) abgeleiteten Ergebnis, wenn der gesamte Kapitalstock einem einzelnen Haushalt gehört.

Verfügen die Arbeiter dagegen auch über Kapitaleinkommen (*Fall 1*), so schränken sie ihre Arbeitszeit entsprechend ihren Präferenzen ein. Das Arbeitsangebot ist nun endogen vom Faktorpreisverhältnis abhängig. Wenn der gesamte Kapitalstock proportional auf alle Arbeiter aufgeteilt ist (jeder also eine Einheit Kapital besitzt), erhält man durch Einsetzen von Gleichung (5) in die Budgetbeschränkung px = lA + rK und durch Aggregation über alle Haushalte:

$$A^A = 1600 - \frac{r}{l} \cdot K^A \tag{15}$$

Aus (14), (15) und $K^A = K^N = 100$ folgt: r/l = 8; damit: $A^A = A^N = 800$. Insgesamt wird $x^A = 2\sqrt{2} \cdot 100$ produziert; es gilt: $l/p = 1/\sqrt{32}$; $r/p = \sqrt{2}$ und, nach (5): $x^N = 2\sqrt{2} \cdot 100$. Die Allokation entspricht derjenigen in Teilaufgabe b). Weil jeder Arbeiter nun auch über Zinseinkommen verfügt, ist das gesamtwirtschaftliche Arbeitsangebot niedriger als im Fall (2). Der Faktor Arbeit ist relativ knapper; sein Grenzprodukt (damit der Reallohn) folglich höher. Weil insgesamt weniger Arbeit verfügbar ist, steigt das Faktoreinsatzverhältnis K/A. Dementsprechend steigt das Grenzprodukt der Arbeit relativ zum Grenzprodukt des Kapitals; das Zins/Lohn-Verhältnis nimmt im Vergleich zu Fall (2) ab.

e) Als gesamtwirtschaftliches Maß für die Verteilung wird häufig die Lohnquote verwendet. Welchen Einfluß hat hier die geänderte Aufteilung des Kapitalstocks auf die Lohnquote? Wie in Abschnitt E.4 des Kapitels III gezeigt, entspricht der Anteil des Lohneinkommens am Gesamteinkommen der Volkswirtschaft (die Lohnquote) lA/px bei vollkommener Konkurrenz gerade der Produktionselastizität der Arbeit (ϵ_A). Weil

$$p \cdot \frac{\partial x}{\partial A} = l, \quad \text{gilt} \quad \frac{\partial x}{\partial A} = \frac{l}{p} \qquad \text{und damit} \quad \frac{lA}{px} = \frac{\partial x}{\partial A}\,\frac{A}{x} = \epsilon_A$$

mit ϵ_A als Lohnquote.

Im konkreten Beispiel mit einer Produktionselastizität von $\epsilon = 1/2$ besteht das Lohneinkommen gerade aus der Hälfte des produzierten Volkseinkommens – ganz unabhängig vom Lohn/Zinsverhältnis. Vergleichen Sie Abbildung 4.19:

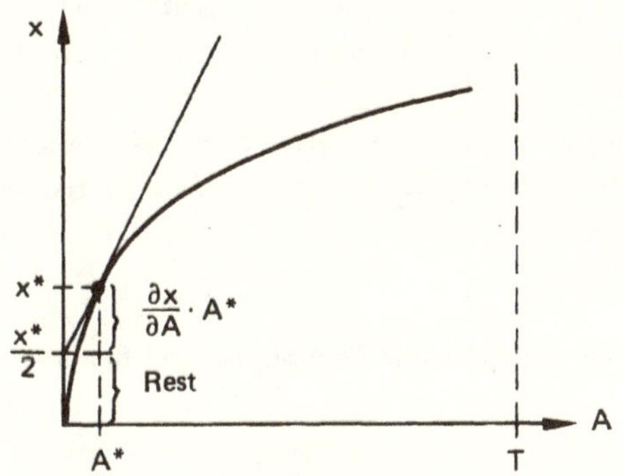

Abbildung 4.19

Die Tangente an die Produktionsfunktion hat die Steigung l/p $= \partial X/\partial A$. Geometrisch läßt sich demnach das Lohneinkommen $\partial X/\partial A \cdot A$ wie in der Abbildung 4.19 ermitteln. Der "Rest" verbleibt zur Entlohnung anderer Faktoren (hier: des Faktors Kapital) [bei abnehmenden Skalenerträgen würde auch nach Entlohnung aller Faktoren noch ein Residuum (als Gewinn) übrigbleiben].

Warum ändert sich die Lohnquote (lA/px) nicht, obwohl in den beiden betrachteten Fällen Reallohn und Realzins ganz unterschiedlich hoch sind? Wir wissen, daß die Lohnquote bei vollkommener Konkurrenz gleich der Produktionselastizität sein muß. Die Cobb-Douglas-Produktionsfunktion hat nun die Eigenschaft, daß die Produktionselastizitäten der Faktoren unabhängig vom Output- und Faktoreinsatzniveau konstant bleiben. Sie entsprechen jeweils den Exponenten, d.h. für die angegebene Produktionsfunktion gilt: $\epsilon_A = 0,5, \quad \epsilon_K = 0,5$. Das bedeutet aber, daß die Lohnquote immer genau 1/2 beträgt: Um dies zu verstehen, müssen wir analysieren, wie sich die relativen Preise bei vollkommener Konkurrenz ändern, falls das Faktoreinsatzverhältnis K/A steigt. Wenn etwa insgesamt weniger Arbeit verfügbar ist (der Faktor Arbeit knapper geworden ist), dann steigt das Grenzprodukt der Arbeit relativ zum Grenzprodukt des Kapitals: Das Zins-Lohn- Verhältnis nimmt ab. Wenn aber lA/rK unverändert bleibt, muß das Verhältnis Zins zu Lohn prozentual gerade um so viel gesunken sein, wie das Faktoreinsatzverhältnis Kapital zu Arbeit gestiegen ist. Ein Maß für die prozentuale Veränderung der Faktorpreisrelation, bezogen auf die prozentuale Veränderung des Faktoreinsatzverhältnisses, ist die **Substitutionselastizität**:

$$\sigma = \frac{d(r/l)}{d(K/A)} \cdot \frac{(K/A)}{(r/l)}$$

σ beträgt im Cobb-Douglas-Fall gerade -1: wenn K/A um ein Prozent steigt, sinkt r/l genau um ein Prozent, so daß die Lohnquote konstant bleibt.

Die Lohnquote spielte in der makroökonomischen Verteilungstheorie lange Zeit eine große Rolle (im Vergleich zur Gewinnquote – wobei Gewinn als Kapital-/Zinseinkommen zu verstehen ist). Wie die Aufgabe zeigt, hat die *funktionale* Einkommensverteilung (Verteilung betrachtet nach der Art der Einkommensentstehung) aber nur wenig Ausagekraft, wenn man an der *personellen* Verteilung (Einkommen je Haushalt) interessiert ist:

Obwohl die Präferenzen, die Technologie (und selbst die Lohnquote) gleich bleiben, führt allein eine Änderung der Verteilung des Kapitalstocks auf die Haushalte zu einem ganz anderen Marktgleichgewicht!

Allgemeines Marktgleichgewicht mit Produktion und fixem Faktorbestand

Aufgabe 9

Zwei Haushalte konsumieren die Güter X und Y entsprechend ihren Nutzenfunktionen

$$u_1 = x_1^3 \cdot y_1 \qquad \text{und} \qquad u_2 = x_1 \cdot y_2^3.$$

Die Güterproduktion erfolgt mit der Technologie $x = 2 \cdot \sqrt{v_x}$ beziehungsweise $y = 2 \cdot \sqrt{v_y}$, wobei $v_x + v_y = \bar{v} = 8$ (verfügbarer Faktorbestand).

a) Ermitteln Sie die Transformationskurve.

b) Ermitteln Sie das allgemeine Marktgleichgewicht, wenn jedem Haushalt 4 Einheiten des Faktors v gehören und jeder zur Hälfte am Gewinn der beiden Unternehmen beteiligt ist.

Lösung

a) Die Transformationskurve gibt an, welche Güterkombinationen (x,y) bei gegebenen Ressourcen und effizienter Produktion gesamtwirtschaftlich erreichbar sind. Die graphische Ableitung finden Sie im Abschnitt V.D.2a.

Die Ressourcenbeschränkung lautet $v_x + v_y = 8$.

Wenn einzelwirtschaftlich effizient produziert wird, muß gelten:

$$v_x = \frac{1}{4} \cdot x^2; \qquad v_y = \frac{1}{4} \cdot y^2.$$

Eingesetzt in die Ressourcenbeschränkung, erhält man folgende Beziehung:

$$\frac{1}{4}x^2 + \frac{1}{4}y^2 = 8 \qquad \text{oder} \quad y^2 = 32 - x^2$$

$$\text{bzw.} \qquad y = \sqrt{32 - x^2}$$

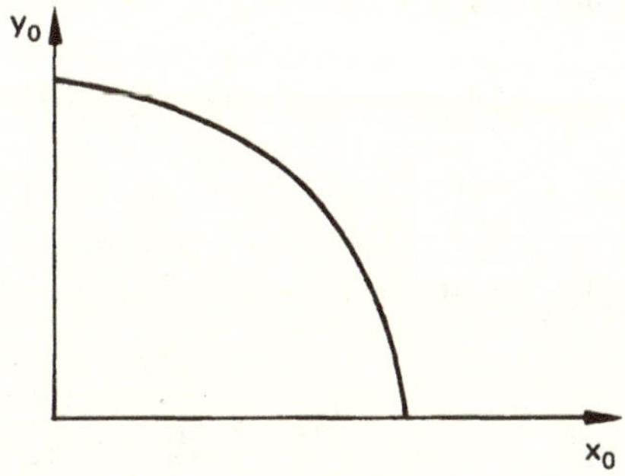

Abbildung 4.20

Die Gleichung gibt an, wieviel vom Gut Y maximal produzierbar ist, wenn gleichzeitig eine bestimmte Menge von Gut X produziert wird (vgl. Abbildung 4.20).

Die Steigung der Transformationskurve dy/dx gibt die Opportunitätskosten an. Welcher Punkt auf der Transformationskurve gewählt wird (die optimale Produktionsstruktur), hängt von der Nachfrage (damit von den Präferenzen und der Einkommensverteilung) ab. Wenn nur der Haushalt 2 nachfragt, tangiert im Optimum seine Indifferenzkurve die Transformationskurve (die Steigung in dem Punkt entspricht dem Preisverhältnis: $-dy/dx = p_x/p_y$). Da Haushalt 2 eine Präferenz für Gut Y hat, wird relativ viel von Gut Y produziert. Wenn auch Haushalt 1 nachfragt (mit Präferenz für Gut X) verschiebt sich die optimale Produktionsstruktur. Für beide Haushalte gilt, daß die Steigung ihrer Indifferenzkurven im Optimum gleich der Steigung der Transformationskurve (gleich dem relativen Preisverhältnis) ist.

b) Bei gegebenen Preisen p_x, p_y und q maximieren die einzelnen Unternehmen ihren Gewinn:

$$\text{Max} \quad G_x = 2 \cdot p_x \cdot \sqrt{v_x} - q \cdot v_x; \qquad \text{Max} \quad G_y = 2p_y \cdot \sqrt{v_y} - q \cdot v_y$$

Daraus erhält man als Faktornachfrage:

$$v_x = \left(\frac{p_x}{q}\right)^2; \qquad v_y = \left(\frac{p_y}{q}\right)^2$$

und als Güterangebot:

$$x^A = 2 \cdot \frac{p_x}{q}; \qquad y^A = 2 \cdot \frac{p_y}{q}$$

Der Gewinn der Unternehmen, als Funktion der Preise geschrieben, beträgt:

$$G_x = p_x x^A - q \cdot v_x = \frac{p_x^2}{q}$$

und

$$G_y = p_y \cdot y^A - q \cdot v_y = \frac{p_y^2}{q}$$

Die Budgetbeschränkung des Haushalts h lautet:

$$p_x \cdot x_h + p_y \cdot y_h = 4q + G_h \qquad \text{mit} \quad G_h = 0{,}5 \cdot G_x + 0{,}5 \cdot G_y$$

Als Nachfragefunktionen erhält man:

$$x_1 = 3 \cdot \frac{q}{p_x} + 3/4 \cdot \frac{G_1}{p_x} \qquad y_1 = \frac{q}{p_y} + \frac{1}{4} \cdot \frac{G_1}{p_y}$$

$$x_2 = \frac{q}{p_x} + \frac{1}{4} \cdot \frac{G_2}{p_x} \qquad y_2 = 3 \cdot \frac{q}{p_y} + \frac{3}{4} \cdot \frac{G_2}{p_y}$$

wobei:

$$G_1 = G_2 = 0{,}5 \cdot \frac{p_x^2}{q} + 0{,}5 \cdot \frac{p_y^2}{q}$$

Die **Marktgleichgewichtsbedingungen** für die 3 Märkte lauten:

(v) $$v_x + v_y = \bar{v} = 8$$

(x) $$x_1 + x_2 = x^A$$

(y) $$y_1 + y_2 = y^A$$

Wegen (W) genügt es, zwei Gleichungen zu betrachten:

(v) $$\left(\frac{p_x}{q}\right)^2 + \left(\frac{p_y}{q}\right)^2 = 8 \quad \text{beziehungsweise} \quad 8q^2 = p_x^2 + p_y^2$$

(x) $$4 \cdot \frac{q}{p_x} + 0{,}5 \cdot \frac{p_x}{q} + 0{,}5 \cdot \frac{p_y^2}{q \cdot p_x} = 2 \cdot \frac{p_x}{q}$$

Wegen (H) kann man ein Gut (etwa den Faktor v) als Numéraire wählen; es sei also q = 1.

(v) und (x) vereinfachen sich dann zu:

(v) $$p_x^2 + p_y^2 = 8$$

(x) $$8 = 3p_x^2 - p_y^2.$$

Daraus erhält man als Gleichgewichtspreise in Einheiten des Faktors V: $p_x = p_y = 2$. Von jedem Gut werden 4 Einheiten produziert. Haushalt 1 konsumiert drei Einheiten von Gut X und eine Einheit von Gut Y; umgekehrt Haushalt 2.

C) Weiterführende Fragen

In diesem Abschnitt soll zum einen die Markttheorie auf verschiedene konkrete Fragestellungen angewendet werden, zum anderen werden einige weiterführende theoretische Aspekte von allgemeinen Gleichgewichtsmodellen angesprochen.

Die ersten beiden Aufgaben geben einen Ausblick auf die vielfältigen Fragestellungen, mit denen sich die moderne Industrieökonomie als angewandte Mikroökonomie befaßt. Aufgabe 2 untersucht den Zusammenhang zwischen Technologie, Gesamtnachfrage und Marktstruktur. Es geht darum, wie sich die Zahl der Anbieter auf einem Markt bestimmen läßt.

Die Aufgaben 3 bis 5 sollen zeigen, wie sich die mikroökonomische Analyse auf die Untersuchung staatlicher Aktivität (Auswirkungen von Steuern; Bereitstellung von öffentlichen Gütern) anwenden läßt. Die Aufgaben 6 bis 8 schließlich vertiefen gewisse Aspekte der allgemeinen Gleichgewichtstheorie. Hauptsächlich anhand der Edgeworthbox werden abstrakte theoretische Probleme (wie Existenz und Eindeutigkeit des Gleichgewichts) ausführlicher diskutiert. Sie sind vor allem gedacht als Anregung für diejenigen, die sich intensiver mit solchen theoretischen Fragen auseinandersetzen wollen.

Aufgabe 1

Bei einer mit dem Preis fallenden Nachfragefunktion $x^N(p)$ kann jede Produktionssteigerung nur abgesetzt werden, falls der Marktpreis sinkt. Dennoch geht die Theorie vollkommener Konkurrenz davon aus, daß ein einzelnes Unternehmen beliebig viel absetzen kann, ohne den Marktpreis zu beeinflussen. Besteht hier ein Widerspruch?

Lösung

Wenn sich auf einem Markt nur wenige Anbieter mit hohem Marktanteil befinden, hat natürlich jeder einzelne einen fühlbaren Einfluß auf den Preis; er wird sich deshalb nicht als Mengenanpasser verhalten. Der Extremfall eines *Monopols* wurde in Kapitel III analysiert; die *Oligopoltheorie* befaßt sich mit der Frage, welche Formen strategischen Verhaltens auf einem Markt mit nur wenigen Konkurrenten denkbar sind.

Im Fall *vollkommener Konkurrenz* dagegen, also auf einem Markt mit sehr vielen Unternehmen mit jeweils nur geringem Marktanteil, hat die Produktionsentscheidung eines einzelnen Unternehmers einen verschwindend kleinen Einfluß auf den Marktpreis. Intuitiv läßt sich dies so verstehen: Für den einzelnen Produzenten ist nicht die gesamte Marktnachfrage relevant, sondern, vom Marktgleichgewicht aus gesehen, nur eine sehr kleine "Umgebung".Die für ihn relevante Marktnachfrage ist daher nahezu *völlig elastisch.* Da er nur einen kleinen Teil des Gesamtangebots produziert, ändert selbst eine starke Variation seiner Outputmenge seinen Marktanteil und den Preis nur geringfügig. Vollkommene Konkurrenz setzt voraus, daß aus technologischen oder institutionellen Gründen die Angebotsmöglichkeiten des einzelnen Produzenten stark beschränkt sind. Sehr salopp formuliert: "Der einzelne kann zu gegebenen Preisen verkaufen, was er will, aber seine Möglichkeiten des 'Wollens' sind stark eingeschränkt".

Mathematisch läßt sich die Überlegung folgendermaßen präzisieren: Auf dem Markt gebe es n Produzenten mit gleicher Kostenfunktion, die jeweils die Menge $x_j = X/n$ produzieren.

Der reziproke Wert der Marktnachfrageelastizität

$$\frac{1}{\epsilon} = \frac{dp}{dx}\frac{x}{p}$$

gibt an, um wieviel Prozent sich der Preis ändern muß, wenn der **Gesamt**output um ein Prozent steigt. Wenn nun nur das Unternehmen j seine Produktion ausdehnt und alle Konkurrenten ihre Produktion nicht variieren, verändert sich zwar die Gesamtmenge X um eben diesen Betrag: $\partial X/\partial x_j = 1$. Die prozentuale Preisänderung bezogen auf den Gesamtmarkt aber ist nahezu Null: Dies sehen wir, wenn wir die prozentuale Preisänderung eines einzelnen Unternehmens $(1/\epsilon_j)$ mit Hilfe der Marktnachfrageelastizität ϵ umformen:

$$\frac{1}{\epsilon_j} = \frac{\partial p}{\partial x_j}\frac{x_j}{p} = \frac{\partial p}{\partial X}\frac{\partial X}{\partial x_j}\frac{X/n}{p} \overset{*}{=} \frac{\partial p}{\partial X}\frac{X}{p}\frac{1}{n} = \frac{1}{\epsilon n} \xrightarrow[n\to\infty]{} 0$$

(* weil $x_j = X/n$ und $\partial X/\partial x_j = 1$)

Diese Überlegungen zeigen, daß die Theorie vollkommener Konkurrenz eine *sehr große Zahl von Marktteilnehmern* (auf beiden Marktseiten) unterstellt. Auch wenn n groß ist, läßt die Theorie freilich offen, wer die Preise so ändert, daß ein Marktgleichgewicht erreicht wird – vergleiche Aufgabe 2, Teil IV A).

In der Regel ist die Zahl der Unternehmer auf einem Markt jedoch relativ klein, und selbst wenn man zugesteht, daß Preisnehmerverhalten für die Nachfrageseite eine sehr brauchbare Approximation darstellt, scheint eine Theorie, die den Unternehmen keine Preissetzungsspielräume läßt, nur wenig hilfreich bei der Analyse von Marktphänomenen zu sein. Deshalb arbeitet die moderne Theorie der Marktstruktur mit Modellen unvollkommener Konkurrenz. Allerdings zeigt sich dabei, daß die Theorie vollkommener Konkurrenz nicht nur als *Referenzsystem* hilfreich ist, sondern daß sich unter gewissen Bedingungen Unternehmen auch auf Märkten mit nur wenigen direkten Konkurrenten so verhalten, wie es hier unterstellt wurde:

a) Falls ein Monopolist sich der Konkurrenz von vielen (und sehr engen) *Substituten* gegenübersieht, würde sich die Nachfrage nach seinem Produkt bei einer marginalen Preisänderung drastisch verändern, sodaß auch in diesem Fall die Nachfrageelastizität unter Umständen sehr hoch sein kann.

b) Die Bedrohung, daß potentielle Konkurrenten in den Markt eintreten, falls dort übernormale Gewinne möglich sind (also Gewinne, die bei alternativen Tätigkeiten nicht erzielt werden können), kann dazu führen, daß die schon im Markt aktiven Produzenten eine Preispolitik nach der Regel "Preis = Grenzkosten" verfolgen. Diese Aussage der Theorie der "*contestable markets*" läßt sich am Beispiel einer linearen Technologie (mit einer linearen Kostenfunktion K = ax) illustrieren: Falls auch potentielle Konkurrenten diese Technologie nutzen könnten, würden sie in den Markt eintreten, sobald der Preis dort höher ist als a ($p > a$), da dann durch ein Unterbieten des Preises Gewinne erzielt werden könnten. In diesem Fall erzwingt der potentielle Wettbewerb einen Marktpreis p = a, selbst wenn nur ein Unternehmer aktiv auf dem Markt produziert. Potentielle Konkurrenz funktioniert in der beschriebenen Form freilich nur dann, wenn weder Eintritts- noch Austrittsbarrieren bestehen, d.h. wenn die auf dem Markt aktiven Unternehmen keinerlei Kostenvorteile gegenüber potentiellen Konkurrenten haben.

Literaturhinweis:

Einen Überblick über modernere Ansätze bietet der Sammelband: **J. Stiglitz/F. Mathewson** (eds.), New developements in the analysis of market structure, Macmillan, London 1986.

Die Theorie der "contestable markets" wird entwickelt in dem Buch von **W. Baumol/J. Panzar/R. Willig**, Contestable markets and the theory of industry structure, New York 1982.

Aufgabe 2

a) Die langfristige Kostenfunktion für jede Unternehmung, die das Gut X herstellt, lautet:

$$K(x) = x^3 - 4x^2 + 8x$$

Bei positiven Gewinnen werden neue Anbieter in den Markt eintreten, bei negativen Gewinnen werden Anbieter den Markt verlassen. Die Nachfragefunktion für Gut X lautet:

$$x^N = 2000 - 100p$$

Ermitteln Sie Gleichgewichtspreis, Gleichgewichtsmenge sowie die Zahl der Anbieter.

b) Zeigen Sie, daß bei durchwegs abnehmenden Durchschnittskosten (zunehmenden Skalenerträgen) nur ein einziger Produzent auf dem Markt anbieten wird (natürliches Monopol).

Lösung

a) Bisher gingen wir davon aus, daß die *Zahl der Unternehmen*, die auf einem Markt anbieten, exogen gegeben ist. Diese Annahme der mikroökonomischen Gleichgewichtstheorie läßt freilich die Frage unbeantwortet, welche Marktstruktur sich auf einem bestimmten Markt herausbildet. Die moderne Markttheorie beschäftigt sich dagegen gerade mit diesem Aspekt. Eine zentrale Rolle spielt dabei die Überlegung, daß Märkte, auf denen "übernormale" Gewinne (also positive Gewinne im ökonomischen Sinn) erzielt werden können, neue Produzenten anlocken, während Verluste zum Ausscheiden von Unternehmen (etwa derjenigen mit veralteter Technolgie) führen. Auf diese Weise läßt sich die Zahl der aktiv auf dem Markt tätigen Unternehmen endogen bestimmen.

Obwohl dieser Marktprozess eigentlich eine dynamische Analyse erfordert, können wir anhand eines einfachen Beispiels das langfristige Gleichgewicht mit unseren Methoden untersuchen. Ein langfristiges Gleichgewicht ist dann erreicht, wenn alle auf dem Markt aktiven Unternehmen keinen Verlust machen, potentielle weitere Anbieter aber keinen Gewinn erzielen können. Das bedeutet vereinfacht: Wettbewerb führt dazu, daß alle aktiven Unternehmen einen Gewinn von Null erzielen. Wir betrachten einen Markt mit vielen Anbietern (jeder ist Mengenanpasser und produziert entsprechend seiner Angebotsfunktion). Die Kostenfunktionen haben einen ertragsgesetzlichen Verlauf. Langfristig werden die Unternehmen nicht zu einem Preis produzieren, der niedriger ist als das Minimum der Durchschnittskosten.

Bei einem höheren Preis werden Gewinne erzielt; damit treten neue Anbieter ein, und zwar solange, bis der Preis $p*$ gleich dem Minimum der Durchschnittskosten ist. Um die Zahl der Anbieter bestimmen zu können, müssen wir also untersuchen, wieviele Unternehmen produzieren müssen, damit die gesamte zu diesem Preis nachgefragte Menge auch gerade angeboten wird.

Das Minimum der Durchschnittskosten können wir berechnen, indem wir die Durchschnittskosten gleich den Grenzkosten setzen:

$$\frac{dK}{dx} = 3x^2 - 8x + 8 = x^2 - 4x + 8 = \frac{K}{x};$$

$$\Longrightarrow 2x^2 = 4x; \quad x = 2;$$

Ein einzelnes Unternehmen bietet genau 2 Einheiten an, wenn der Preis gleich dem Minimum der Durchschnittskosten (gleich den Grenzkosten) ist. Diesen Preis können wir ermitteln, indem wir x=2 in die Durchschnittskosten- oder Grenzkostenfunktion einsetzen:

$$p^* = 3 \cdot 4 - 8 \cdot 2 + 8 = 4;$$

Wieviele Unternehmen werden auf dem Markt produzieren? Die Gesamtnachfrage zum Preis 4 beträgt $x^N = 2000 - 400 = 1600$. Im langfristigen Gleichgewicht muß das Gesamtangebot der Gesamtnachfrage genau entsprechen. Demnach werden 800 Unternehmen je 2 Einheiten produzieren.

Die Zahl der Anbieter hängt in diesem Beispiel einmal von der Größe des Marktes (der Gesamtnachfrage) und zum anderen von der Technologie der Unternehmen ab: die Technologie weist zwar anfangs in einem kleinen Bereich zunehmende **Skalenerträge** auf (die z.B. aus Größenvorteilen resultieren), aber bereits ab 2 Einheiten ergeben sich bei der Produktion sinkende Skalenerträge (sinkende Skalenerträge sind gleichbedeutend mit steigenden Durchschnittskosten). Würden bei der Produktion stärkere Größenvorteile (auch bei höheren Produktionsniveaus) anfallen, so wäre die Zahl der Anbieter entsprechend kleiner. Auf Märkten mit hohen Skalenerträgen können folglich nur wenige Anbieter überleben. Es wird sich eine oligopolistische Marktstruktur herausbilden. Während Mengenanpasserverhalten auf Märkten mit sehr vielen Anbietern eine plausible Hypothese ist, werden sich die Anbieter in einem Oligopol ganz anders verhalten.

Literaturhinweis:

Als Einführung in die Oligopoltheorie ist neben Standardlehrbüchern (wie Henderson/ Quandt und Varian) besonders J. **Friedman**, Oligopoly Theory, Cambridge 1983 sowie M. **Holler**/ G. **Illing**, Einführung in die Spieltheorie, Heidelberg 1991 zu empfehlen.

Diese Theorie ist auch die Grundlage für die moderne Industrieökonomik (vgl. J. **Tirole**, The Theory of Industrial Organization, Cambridge 1988 und zur Vertiefung: R. **Schmalensee**/R. **Willig** (eds.), Handbook of Industrial Organization, Amsterdam 1989).

b) Bei der Analyse unterschiedlicher Marktformen muß man beachten, daß die Zahl der Anbieter wesentlich von der Art der Technologie abhängt (Es macht wenig Sinn, die Anbieterzahl als exogen zu betrachten). Bei bestimmten Gütern gibt es sogar den Extremfall, daß bei der Produktion durchwegs zunehmende Skalenerträge vorliegen. Das bedeutet: Die Durchschnittskosten nehmen mit steigender Stückzahl ständig ab.

Man bezeichnet dies als **natürliches Monopol** , weil ein einzelner Produzent jedes beliebige Güterniveau billiger (zu geringeren Durchschnittskosten) produzieren kann, als wenn mehrere Anbieter gleichzeitig produzieren würden. Traditioneller Wettbewerb kann in diesem Fall nicht funktionieren: Ein einzelner, der den gesamten Markt beliefert, könnte immer Konkurrenten unterbieten, die bei einem kleinerem Marktanteil höhere Durchschnittskosten haben.

Typische Beispiele für natürliche Monopole sind Güter, bei denen hohe Fixkosten (Unteilbarkeiten) bestehen, wie etwa bei der Energieversorgung, dem Telephonnetz und der Eisenbahn. Es ist unrentabel, sich Strom- und Telephonkabel von mehreren Anbietern ins Haus legen zu lassen, um Wahlmöglichkeiten zu haben - und zwar deshalb, weil damit jeweils hohe Fixkosten verbunden sind (bei geänderter Technologie - etwa Telephon- und Fernsehanschluß per Satellit - kann sich die gesamte Industriestruktur stark verändern).

Ein einfaches Beispiel soll dies illustrieren: Die Produktion eines bestimmten Gutes verursacht zunächst Fixkosten und erfolgt dann mit konstanten Grenzkosten, z.B.

$$K(x) = 400 + x \quad \text{mit} \quad \frac{dK}{dx} = 1$$

Die Durchschnittskosten K/x = 400/x + 1 sinken mit steigendem Output x (und gehen für $x \to \infty$ gegen 1 (vgl. Abbildung 4.21).

Ein Unternehmen kann 1000 Einheiten zu den Durchschnittskosten (1,4) herstellen. Produzieren 2 Unternehmen je 500 Einheiten, betragen die Durchschnittskosten 1,8: Dies wäre nicht effizient, weil dann beide Untenehmen jeweils Fixkosten in Höhe von je 400 aufbringen müßten: die Gesamtkosten wären folglich höher als wenn nur ein Unternehmen allein produzierte.

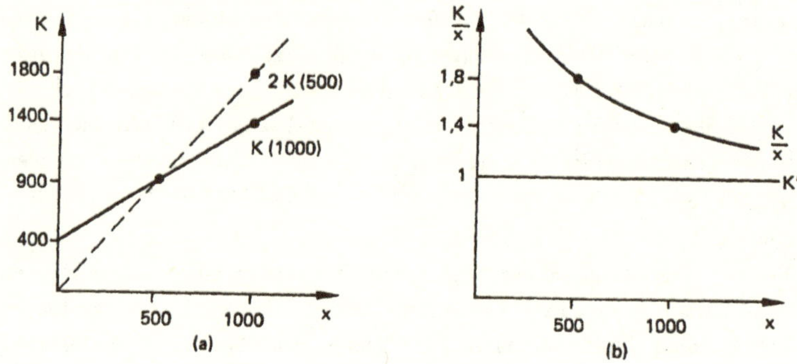

Abbildung 4.21

Welchen Preis das Unternehmen verlangen wird (etwa den Monopolpreis), ist nicht einfach zu beantworten. Man kann aber zeigen, daß es effizient (Pareto-optimal - vgl. Teil V) wäre, wenn der Preis den Grenzkosten entspricht ($p=1$). Die dabei anfallenden Verluste (hier in Höhe der Fixkosten von 400) müßten als eine Art öffentliches Gut durch Kopfsteuern subventioniert werden.

Aufgabe 3

Auf dem Markt für ein Gut wird eine Steuer eingeführt: die Unternehmer haben je verkaufte Einheit einen Betrag von t Geldeinheiten zu bezahlen.

a) Prüfen Sie, wovon die Höhe des Anteils der Steuer abhängt, der auf die Konsumenten abgewälzt werden kann.

b) Ändert sich etwas am Ergebnis, wenn statt der Unternehmen die Haushalte je gekaufter Einheit eine Steuer in Höhe von t abführen müssen?

c) Vergleichen Sie die Wohlfahrtseinbußen von Haushalten und Unternehmen mit dem Steueraufkommen.

Lösung

Ein wichtiges Anwendungsgebiet der Mikroökonomie ist die Untersuchung, wie sich Steuern auf das Verhalten der Wirtschaftssubjekte auswirken. Für Haushalte und Unternehmen wurde dies bereits in den Kapiteln II und III des Arbeitsbuches diskutiert. Hier soll in einer Partialbetrachtung die Wirkung von Steuern auf einen einzelnen Markt untersucht werden. Rückwirkungen auf andere Märkte (sogenannte Ausweicheffekte) werden dabei vernachlässigt.

a) Die Steuer verändert das Gewinnmaximierungskalkül eines Unternehmens folgendermaßen:

$$G = (p-t)\cdot x - K(x); \quad \frac{dG}{dx} = p - t - \frac{dK}{dx};$$

oder: $p = dK/dx + t$.

Es gilt nun eine modifizierte Outputregel: Die Steuer erhöht die effektiven Grenzkosten (und zwar gerade um den Steuersatz): der Unternehmer erzielt ja nur den Nettopreis p-t.

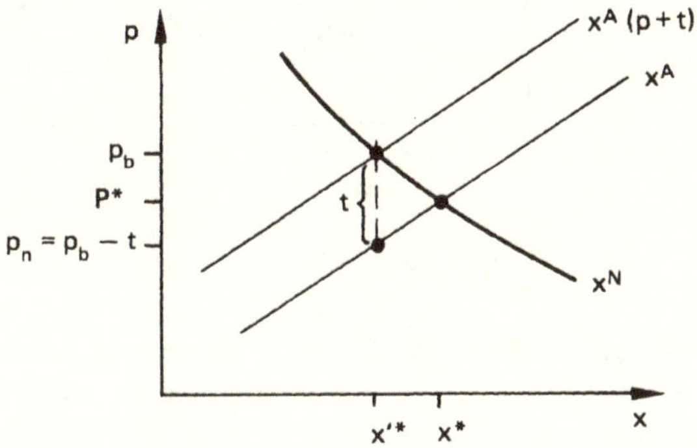

Abbildung 4.22

Die Angebotsfunktion entspricht daher einer jeweils um den Steuersatz t nach oben verschobenen Grenzkostenfunktion. Die Steuer führt zu einem neuen Marktgleichgewicht: Der Preis für die Konsumenten ist höher ($p_b > p^*$), die Gesamtmenge kleiner ($x'^* < x^*$), und der Nettopreis, den die Unternehmen erhalten, ist niedriger als im Fall ohne Steuern ($p_n = p_b - t < p^*$). Obwohl die Unternehmen die Steuer abführen müssen, tragen auch die Haushalte einen Teil der "Steuerlast": sie müssen einen höheren Preis zahlen. Man sagt, die Steuer wird teilweise auf die Konsumenten "überwälzt". Das Ausmaß der Überwälzung kann man daran messen, inwieweit der Gleichgewichtpreis, den die Konsumenten zahlen, steigt.

Wie hoch der Steueranteil ist, der via Erhöhung von p auf die Konsumenten überwälzt wird, hängt von den Elastizitäten der Kurven ab: je flacher (elastischer) die Angebotsfunktion und je steiler (unelastischer) die Nachfragefunktion ist, umso größer ist der auf die Konsumenten überwälzte Steueranteil.

Wenn die Nachfrage völlig starr ist (Abbildung 4.23a) oder das Angebot völlig elastisch (Abbildung 4.23b), dann steigt der Preis gerade um t: die Konsumenten müssen die gesamte Steuerlast tragen, der Nettopreis für die Unternehmer ist genauso hoch wie der frühere Gleichgewichtspreis.

Wenn dagegen das Angebot völlig starr ist (Abbildung 4.23c), dann bleibt der Gleichgewichtpreis für die Haushalte unverändert; die gesamte Steuerlast wird von den Unternehmen getragen.

b) Wenn die Haushalte die Steuern abführen müssen, verschiebt sich ihre effektive Nachfragefunktion gerade um t parallel nach unten: die Unternehmen können eine bestimmte Menge nun nur mehr verkaufen, wenn der verlangte Preis um t niedriger ist

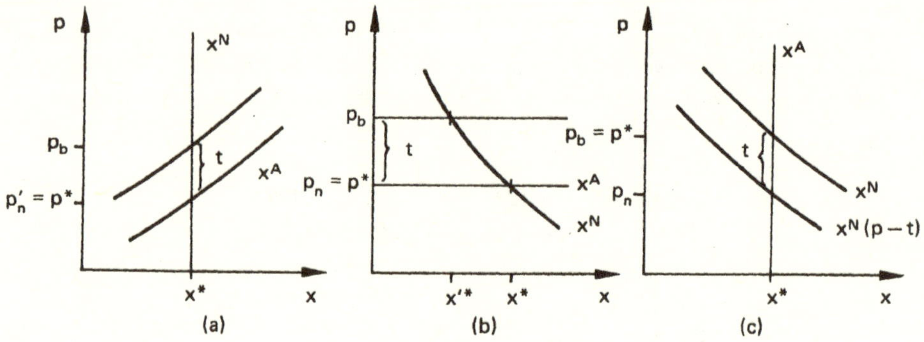

Abbildung 4.23

(für den Bruttopreis gilt: $p_b = p_n + t$). Das Marktgleichgewicht ist identisch mit dem in a) abgeleiteten: Der Nettopreis, den die Unternehmen berechnen, erhöht sich für die Haushalte um den Steuersatz t.

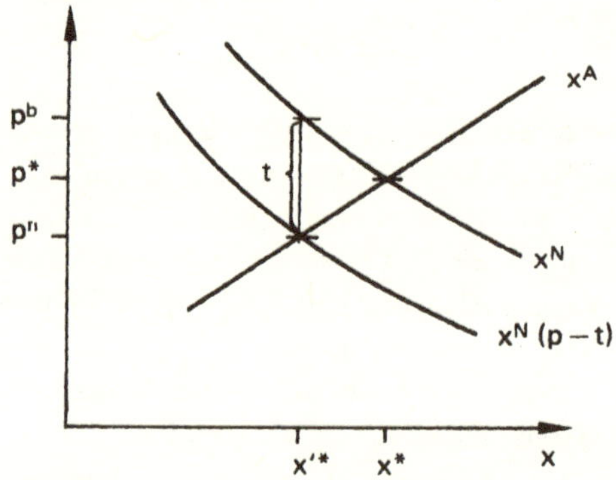

Abbildung 4.24

Für die Frage, wer die Steuerlast tragen muß, ist es also völlig unerheblich, wer die Steuer abführen muß: entscheidend ist, inwieweit sie überwälzt werden kann.

c) Worin besteht konkret die Steuerlast für die einzelnen Wirtschaftssubjekte? Durch die Einführung der Steuer steigt der Preis, den die Haushalte für den Konsum des Gutes zahlen müssen; sie erleiden somit Nutzeneinbußen. Andererseits sinkt der Preis, den die Unternehmen für ihr Produkt erzielen; dies reduziert ihren Gewinn.

Betrachten wir zunächst die Auswirkungen auf den Gewinn der gesamten Branche G = px-K(x). Den Gesamtgewinn können wir graphisch als die Differenz zwischen Erlös (dem Rechteck ABCD ≡ Preis p mal Menge x in Abbildung 4.25a) und den Kosten ermitteln. Die Gesamtkosten entsprechen gerade der Fläche ABC unter der Grenzkostenkurve, weil die Gesamtkosten sich als Integral über die Grenzkosten ergeben:

$$K(x) = \int_0^x \frac{dK(z)}{dz} \cdot dz.$$

Demnach bezeichnet die Fläche ACD den Gewinn G^0 vor Steuereinführung; nach der Steuereinführung reduziert er sich auf AEF.

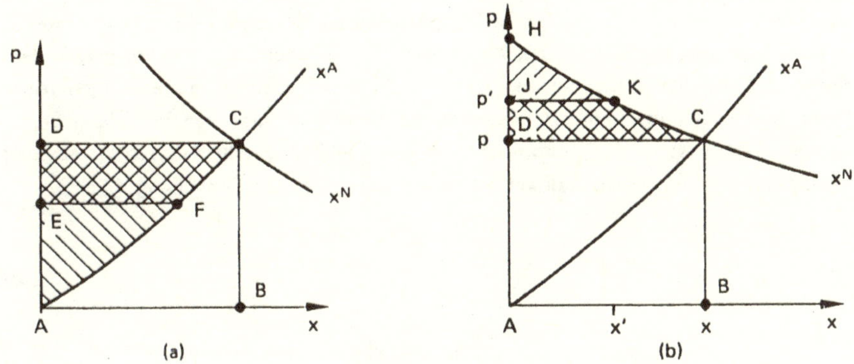

Abbildung 4.25

Die Gewinneinbußen bestehen folglich gerade in der Fläche CDEF.

Die Nutzeneinbußen für die Haushalte lassen sich nicht so einfach messen, weil der Nutzen ja nicht als kardinal meßbar interpretiert wird.

Häufig verwendet man jedoch als grobes Maß für den Gesamtnutzen der Haushalte aus dem Konsum eines Gutes zum Preis p die Fläche CDH unter der Nachfragefunktion (vgl. Abbildung 4.25b). Man bezeichnet die Fläche auch als **Konsumentenrente**. Das läßt sich mit folgender Überlegung rechtfertigen: An der Nachfragefunktion kann man ablesen, wieviel die Haushalte bereit sind, für eine bestimmte Menge x' zu zahlen (nämlich p'). Die Haushalte würden auch noch die zusätzliche Menge Δx = x-x' kaufen, wenn der Preis für diese zusätzlichen Einheiten um Δp = p'-p auf p gesenkt würde. Die Nachfragefunktion der Haushalte gibt also die marginale Zahlungsbereitschaft der Haushalte an. Wenn der Preis auf p fällt, müssen die Haushalte tatsächlich jedoch auch für alle vorhergehenden Einheiten nur den niedrigeren Preis p bezahlen (für alle Einheiten wird der gleiche Preis berechnet, obwohl die Zahlungsbereitschaft der Haushalte für alle vorher verkauften Einheiten höher ist). Die gesamte Zahlungsbereitschaft der Haushalte zum Preis p ist die Fläche ABCH, tatsächlich müssen sie aber nur den Betrag ABCD (px) aufwenden; die Differenz DCH zwischen dem, was sie insgesamt für die Menge x zu zahlen bereit sind, und dem was sie tatsächlich zahlen müssen, ist ihre Konsumentenrente – ein Maß für den Nutzen, den sie aus dem Konsum aller vorhergehenden Einheiten ziehen, weil der Preis sich nur nach der marginalen Zahlungsbereitschaft für die letzte verkaufte Einheit richtet. Die Nutzeneinbußen aus einer Preissteigerung auf p' nach einer Steuererhebung kann man demnach als Einbußen an Konsumentenrente durch die Fläche DCJK kennzeichnen.

Diese Aussage trifft freilich nur dann exakt zu, wenn keine Einkommenseffekte auftreten: wir untersuchten, wieviel die Haushalte bereit wären, zu zahlen, wenn für jede verkaufte Einheit ein anderer Preis (entsprechend der marginalen Zahlungsbereitschaft) berechnet würde. Diese fiktiven Ausgaben ABCH werden mit den tatsächlichen verglichen. Weil die fiktiven Ausgaben höher sind, wäre das verfügbare Budget bei gleicher Menge jedoch niedriger; dies kann durch Einkommenseffekte zu einer Verschiebung der Nachfragefunktion führen. Die Gesamteinbußen für Unternehmen und Haushalte zusammen bestehen in der Fläche EFCKJ. Das Steueraufkommen $t \cdot x'$ entspricht dagegen nur gerade dem Rechteck EFKJ. Wenn man davon ausgeht, daß dieses Steueraufkommen in irgendeiner Form den Wirtschaftssubjekten wieder zufließt und wenn man von Verteilungsfragen absieht, dann besteht der gesamtwirtschaftliche Wohlfahrtsverlust durch Besteuerung als sogenannter **excess burden** gerade in dem Dreieck FKC in Abbildung 4.26.

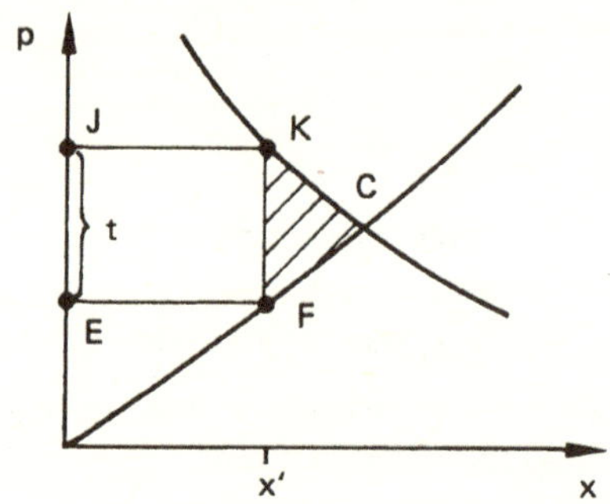

Abbildung 4.26

Aufgabe 4

Wie läßt sich die Gesamtnachfrage nach einem öffentlichen Gut bestimmen? Überlegen Sie sich folgendes Beispiel: Es soll über die Größe eines öffentlichen Parks entschieden werden, der von zwei (Gruppen von) Haushalten genutzt werden wird. Die marginale Zahlungsbereitschaft jedes Haushalts für eine Erweiterung des Parks (also die Nachfragefunktion) sinkt mit zunehmender Größe des Parks. Beachten Sie, daß der öffentliche Park, wenn einmal über seine Größe entschieden ist, beiden Haushalten in gleicher Weise zur Verfügung steht (Nicht-Rivalität in Konsum).

Lösung

Da **private Güter** (etwa Äpfel) jeweils ausschließlich von einem Haushalt konsumiert werden können, ist die gesamte nachgefragte Menge die Summe aller individuellen Nachfragemengen. Bei einem gegebenen einheitlichen Preis konsumiert jeder Haushalt entsprechend seinen Präferenzen eine bestimmte, von ihm gewählte Menge (sie ist in der Regel von Haushalt zu Haushalt verschieden). Folglich müssen die Nachfragefunktionen horizontal aggregiert werden. Im Fall **öffentlicher Güter** gilt dagegen: eine bestimmte Menge wird von allen in gleichem Umfang genutzt.

Da von allen Haushalten die gleiche Menge konsumiert wird, muß man, um die Gesamtnachfrage zu erhalten, für jede gegebene Menge x die **Preise**, welche die einzelnen Haushalte bereit sind zu zahlen (d.h. ihre marginale Zahlungsbereitschaft), addieren: Auf diese Weise der **vertikalen Aggregation** erhält man den Betrag, den alle Haushalte zusammen bereit sind zu zahlen, wenn eine bestimte Parkgröße x zur Verfügung gestellt wird. Es gilt also $p(x) = \sum_{h=1}^{2} p_h(x)$ (vgl. Abbildung 4.27).

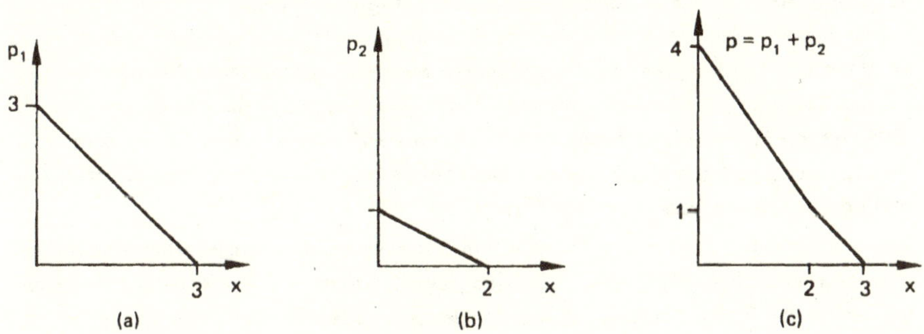

Abbildung 4.27

Man kann zeigen, daß die optimale Parkgröße dadurch bestimmt ist, daß die Summe aller individuellen, marginalen Zahlungsbereitschaften den Grenzkosten der Produktion entspricht:

$$\sum_h p_h(x) = \frac{dK}{dx}.$$

Bei öffentlichen Gütern wird also die gleiche Menge von allen konsumiert, wobei jeder entsprechend seinen Präferenzen einen unterschiedlich hohen Zahlungsbeitrag zur Finanzierung leistet. (Die Produktion der öffentlichen Güter kann dabei durchaus von privaten Unternehmen erfolgen). Die Schwierigkeit besteht darin, die individuelle Zahlungsbereitschaft korrekt zu ermitteln: angenommen, der Staat versucht, die individuellen Nachfragefunktionen durch Umfragen zu bestimmen. Dann ergibt sich folgendes Problem:

a) Falls der eigene Zahlungsbeitrag nicht an die individuellen Angaben gekoppelt ist, ist es rational, die eigene Nachfrage zu übertreiben (im Vertrauen darauf, daß andere das öffentliche Gut finanzieren).

b) Falls die Zahlungshöhe abhängig von den eigenen Angaben ist, ist es individuell rational, die Zahlungsbereitschaft stark zu untertreiben – im Wissen darum, daß der eigene Einfluß auf die Gesamtgröße des Parks verschwindend gering ist.

Man bezeichnet dies als Free-Rider- oder Trittbrettfahrer-Verhalten. Es läßt sich auch nicht ohne weiteres durch andere Entscheidungsmechanismen, etwa einer öffentlichen Abstimmung über das Projekt, lösen. In der Finanzwissenschaft werden in diesem Zusammenhang sogenannte "anreizverträgliche" Mechanismen diskutiert: dabei werden die Zahlungsbeiträge in einer Weise ermittelt, die es individuell rational macht, die wahren Präferenzen (in Form der Zahlungsbereitschaften) zu enthüllen.

Literaturhinweis:

Eine kompetente Einführung in diesen Problemkreis bietet das Buch von J. **Green**/J.J. **Laffont**, Incentives in Public Decision-Making, Amsterdam 1979.

Die Bestimmung des optimalen Versorgungsniveaus mit öffentlichen Gütern ist in der Regel etwas komplizierter als in dieser einfachen Partialanalyse: die vertikale Aggregation von marginalen Zahlungsbereitschaftsfunktionen ist technisch nicht mehr so leicht durchzuführen, wenn gleichzeitig auch noch der Konsum privater Güter einbezogen wird. Einkommenseffekte rufen dann Interdependenzen zwischen verschiedenen Märkten hervor, die eine Totalanalyse erforderlich machen. Die Partialbedingung "Summe der marginalen Zahlungsbereitschaften der Haushalte = Grenzkosten" muß nun umgeformt werden in die allgemeine Aussage "Summe der Grenzraten der Substitution zwischen öffentlichem und privatem Gut = Grenzrate der Transformation".

Eine ausführlichere Darstellung findet sich in fast allen finanzwissenschaftlichen Lehrbüchern, etwa bei: R.A. **Musgrave**/P.B. **Musgrave**/L.**Kullmer**, Die öffentlichen Finanzen in Theorie und Praxis, Band I, 3.Auflage, Tübingen 1984.

Der in dieser Aufgabe gewählte einfache Ansatz gilt jedoch auch in einem Totalmodell, sofern bei der Nachfrage nach dem öffentlichen Gut keine Einkommenseffekte auftreten (denn dann bleiben die Aussagen von Partialanalysen korrekt). Da in einem solchen Fall der entscheidende Unterschied zwischen öffentlichen und privaten Gütern am deutlichsten herausgeabeitet werden kann, behandelt die nächste Aufgabe ein Totalmodell mit Nutzenfunktionen, bei denen keine Einkommenseffekte für das Konsumgut auftreten.

Aufgabe 5

Betrachten Sie zwei Haushalte mit den folgenden Präferenzen für Gut X und die Freizeit F:

$$u_1 = \sqrt{x} + F \quad \text{und} \quad u_2 = 4 \cdot \sqrt{x} + F.$$

Jeder Haushalt verfügt über eine Gesamtzeit von T. Das Gut X wird mit der linearen Technologie x = A produziert.

a) Ermitteln Sie die Gesamtnachfrage nach Gut X und das allgemeine Marktgleichgewicht, wenn X ein privates Gut mit rivalisierendem Konsum ist.

b) Der Lohn für Arbeit sei nun auf l = 1 normiert. Ermitteln Sie die Zahlungsbereitschaft der Haushalte sowie die optimale Güterversorgung, wenn X ein öffentliches Gut ist (also von beiden Haushalten in gleicher Menge konsumiert wird).

Lösung:

a) Die Haushalte maximieren ihren Nutzen u_h unter der Budgetrestriktion $p \cdot x_h = l(T-F)+G$. Individuelle und aggregierte Güternachfrage betragen:

$$x_1 = \frac{l^2}{4 \cdot p^2}; \qquad x_2 = 4 \cdot \frac{l^2}{p^2}; \quad x^N = x_1 + x_2 = 4,25 \cdot \frac{l^2}{p^2}$$

Beachten Sie, daß die Güternachfage unabhängig von der Höhe der Faktorausstattung ist (es treten keine Einkommenseffekte auf). Für das individuelle Arbeitsangebot erhält man:

$$A_1 = \frac{l}{4p} - \frac{G}{l}; \qquad A_2 = 4 \cdot \frac{l}{p} - \frac{G}{l}$$

Die Produktionskosten betragen wegen der linearen Technologie: $K(x) = l \cdot x$ mit konstanten Grenzkosten K'(x) = l. Im Marktgleichgewicht müssen die Grenzkosten gleich dem Preis sein. Es entsteht folglich kein Gewinn (G=0). Zum Preis p = l wird beliebig viel auf dem Markt angeboten. Der Gleichgewichtspreis für Gut X ist also (unabhängig von der nachgefragten Menge) p=l. Haushalt 1 konsumiert zum Preis p=l 0,25 Einheiten von Gut X, Haushalt 2 mit stärkerer Präferenz für dieses Gut konsumiert 4 Einheiten.

b) Ein öffentliches Gut wird von beiden Haushalten in gleicher Höhe konsumiert. Es besteht keine Rivalität im Konsum der Haushalte. An der Nachfrage ist abzulesen, wieviel der einzelne Haushalt jeweils bereit ist, für ein beliebiges Versorgungsniveau zu zahlen. Die Nachfrage ist hier einkommensunabhängig; die Zahlungsbereitschaft ist somit unabhängig vom Freizeitniveau. Die Summe der marginalen Zahlungsbereitschaften ergibt sich aus der **vertikalen** Aggregation der Nachfragefunktionen. Das Versorgungsniveau ist dann optimal, wenn die Summe der marginalen Zahlungsbereitschaften aller Haushalt den Grenzkosten der Produktion (hier: l=1) entspricht. Die individuelle marginale Zahlungsbereitschaftsfunktion ergibt sich als Inverse der Nachfragefunktion:

$$p_1 = \frac{1}{2 \cdot \sqrt{x}}; \qquad p_2 = \frac{2}{\sqrt{x}}; \qquad p_1 + p_2 = \frac{2,5}{\sqrt{x}} \stackrel{!}{=} \frac{dK(x)}{dx} = 1;$$

Daraus erhält man $\sqrt{x} = 2.5$ oder x = 6,25. Haushalt 1 (mit geringer Präferenz für das öffentliche Gut) muß für dieses Versorgungsniveau $p_1 = 0,2$ zahlen (und arbeitet 1,25 Stunden); Haushalt 2 zahlt $p_2 = 0,8$ und arbeitet 5 Stunden. Mit der Gesamtarbeitszeit werden genau 6,25 Einheiten des öffentlichen Gutes produziert. Während bei privaten Gütern derjenige, der das Gut stärker schätzt, zum gleichen Preis mehr konsumiert, finanziert bei einem öffentlichen Gut (in einer effizienten Lösung) derjenige, der eine höhere Zahlungbereitschaft hat, einen größeren Anteil am Gesamtangebot,das allen in gleicher Weise zur Verfügung stehen wird.

Aufgabe 6

Diskutieren Sie die Bedeutung von Stetigkeit und Homogenität der Überschußnachfrage sowie des Gesetzes von Walras für die Frage der Existenz eines allgemeinen Marktgleichgewichts.

Lösung

In der mathematischen Wirtschaftstheorie kommt der Frage, unter welchen Bedingungen ein allgemeines Marktgleichgewicht existiert, eine zentrale Bedeutung zu. Mit Hilfe von Methoden, die weit mehr mathematische Kenntnisse voraussetzen als diese Einführung, wird untersucht, ob ein Zustand existiert, in dem alle Wirtschaftssubjekte ihre Pläne verwirklichen können, in dem also keiner mehr einen Anlaß hat, bei den gegebenen Parametern (das sind für die einzelnen Wirtschaftssubjekte die Preise) seine Pläne zu ändern. Der Beweis für die Existenz eines Gleichgewichts zeigt die logische Möglichkeit dafür, daß ein dezentrales Marktsystem eine "nicht-chaotische" Allokation von Ressourcen ermöglichen kann. Grundelemente elementarer Existenzbeweise sind folgende 3 Eigenschaften der Überschußnachfragefunktion:
(H) **Homogenität** und
(S) **Stetigkeit**, sowie das
(W) **Gesetz von Walras**.

Sie lassen sich bei geeigneten Annahmen über Präferenzordnungen und Technologie aus Optimierungskalkülen ableiten. Die Annahmen, die über die Gestalt der Präferenzen und Technologien getroffen werden, um die Existenz eines Gleichgewichts zu garantieren, sollten möglichst allgemein gehalten sein: es geht ja nicht darum, für eine konkrete Wirtschaft mit exakt bestimmten Präferenzen der Haushalte und korrekt beschriebenen Unternehmenstechnologien den konkreten Verlauf der Überschußnachfragefunktion zu untersuchen; vielmehr sucht man nach Aussagen, die unter recht allgemeinen Bedingungen gelten (so wäre es ausreichend zu wissen, daß die Präferenzen streng konvex sind und die Technologie abnehmende Skalenerträge aufweist, um sicher zu sein, daß die Funktionen stetig sind). Die Rolle der 3 Eigenschaften für den Existenzbeweis wollen wir anhand eines Zwei-Güter-Modells intuitiv darstellen: Wegen der Homogenität der Überschußnachfrage vom Grade Null sind nur die relativen Preise entscheidend. Man kann daher das absolute Preisniveau normieren, etwa den Preis eines Gutes, oder aber auch - wie im folgenden - die Summe aller Preise gleich 1 setzen:

$$p_x + p_y = 1;$$

Bei Gültigkeit der Nichtsättigungsannahme ist die Überschußnachfrage bei einem Preis von Null unendlich groß; die Funktion ist damit an dieser Stelle nicht definiert. Man könnte dieses mathematische Problem durch eine erweiterte Definition von Stetigkeit lösen. Da sich aber dadurch an der Argumentation grundsätzlich nichts ändern würde, vermeiden wir das Problem ganz und betrachten nur strikt positive Preise $p \geq \epsilon$ mit

$\epsilon > 0; \quad \epsilon \to 0$. Die Überschußnachfrage für ein Gut ist bei einem niedrigen Preis ϵ (Preis nahe Null) strikt positiv, aber nicht unendlich groß (also beschränkt).

$$e_x(p_x = \epsilon) > 0; \quad e_y(p_x = 1 - \epsilon) > 0;$$

$$(\text{wegen} \quad p_y = 1 - p_x \quad \text{ist} \quad p_y = \epsilon, \qquad \text{wenn} \quad p_x = 1 - \epsilon)$$

Wegen des Gesetzes von Walras (W) $p_x e_x + p_y e_y = 0$ muß gelten: wenn die Überschußnachfrage für ein Gut positiv ist (etwa für Gut Y beim Preis $p_x = 1 - \epsilon$), dann ist sie für das andere Gut negativ. Das bedeutet: Wir wissen, daß beim Preis $p_x = 1 - \epsilon$ auf dem Markt für Gut X die Überschußnachfrage negativ sein muß.

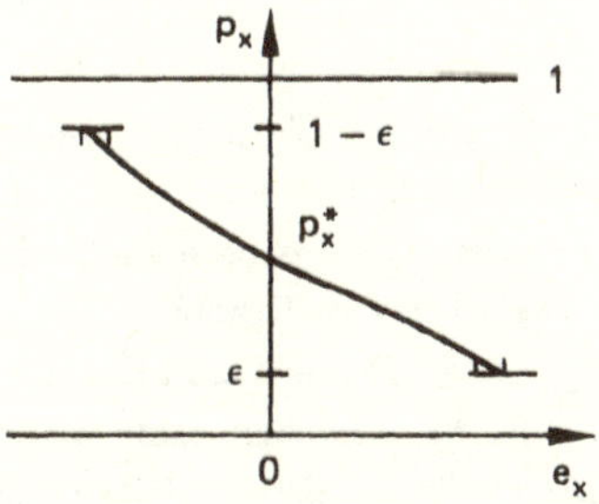

Abbildung 4.28

Andererseits wissen wir bereits, daß für einen niedrigen Preis $p_x = \epsilon$ die Überschußnachfrage positiv sein muß. Die Funktion $e_x(p_x)$ muß folglich, wenn p_x von ϵ auf $1-\epsilon$ steigt, notwendigerweise irgendwann das Vorzeichen wechseln. Da sie nach Voraussetzung stetig ist, kann sie das Vorzeichen nur wechseln, wenn sie irgendwann einmal den Wert Null annimmt (etwa bei p_x^* in Abbildung 4.28). Das bedeutet aber, daß es einen Preis zwischen ϵ und $1-\epsilon$ geben muß, zu dem der Markt für Gut X im Gleichgewicht ist. Wegen (W) ist dann auch gleichzeitig der Markt für Gut Y im Gleichgewicht. Für den Mehrgüterfall ist diese einfache, intuitive Argumentation nicht mehr ausreichend. Allgemeine Existenzbeweise bedienen sich sogenannter Fixpunkttheoreme, die auf einer ähnlichen Idee basieren.

Die Annahme der Stetigkeit war beim intuitiven Existenzbeweis zentral. Wäre die Funktion nicht stetig, könnte man keine definitive Aussage über die Existenz eines Marktgleichgewichtes machen, ohne den Verlauf der Funktion näher zu kennen. Wie Abbildung 4.29 zeigt, kann selbst bei Nichtstetigkeit der Funktion ein Marktgleichgewicht bestehen (Stetigkeit ist also ein hinreichende, aber keine notwendige Bedingung). Die Existenz kann aber nicht mehr durch ein so einfaches Argument gezeigt werden, denn über den konkreten Verlauf der Funktion wurden ja gerade keine Annahmen getroffen.

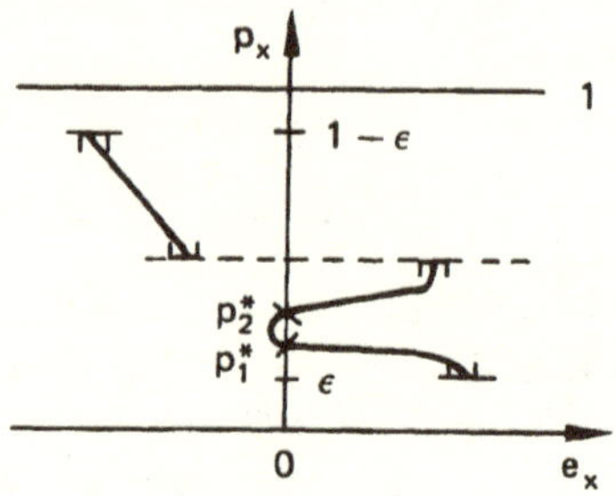

Abbildung 4.29

Literaturhinweise:

Eine sehr verständliche Einführung in die allgemeine Gleichgewichtstheorie bietet das Buch von J.**Quirk**/R.**Saposnik**, Introduction to General Equilibrium Theorie and Welfare Economics 1968. Ein modernes, mathematisch anspruchvolles Standardwerk stammt von A.**Mas-Colell**, The Theory of General Economic Equilibrium – A Differentiable Approach, Cambridge 1985. Überblicksaufsätze über verschiedene Teilgebiete der allgemeinen Gleichgewichtstheorie auf hohem mathematischen Niveau finden Sie in dem Handbuch, hrsg.von K.**Arrow**/M.**Intriligator** (eds.), Handbook of Mathematical Economics, Vol.I-III, Amsterdam, 1982.

Aufgabe 7

a) Konstruieren Sie graphisch in einer Edgeworth-Box für beide Haushalte jeweils die Kurve, die die optimalen Konsumpläne eines Haushalts bei verschiedenen Preisrelationen bezeichnet (Tauschkurve). Zeigen Sie, daß im Schnittpunkt der beiden Tauschkurven ein Marktgleichgewicht besteht.

b) Überlegen Sie, wie Sie mit Hilfe von Tauschkurven und einer Budgetgerade die Überschußnachfragen ermitteln können.

Lösung

a) Die Tauschkurve eines Haushalts erhält man, indem man zu jedem Preisverhältnis den optimalen Konsumplan bestimmt (Abbildung 4.30). Dies entspricht also der Abbildung der Preis-Konsum-Kurve im Abschnitt F.3a des Kapitels II. Allerdings dreht sich die Budgetgerade im Punkt A der Anfangsausstattung. Wenn die Präferenzen stetig und streng konvex sind, ändert sich der optimale Konsumplan bei einer kleinen Preisänderung nur wenig: die Tauschkurve ist stetig.

Die Kurve heißt deshalb Tauschkurve (oder offer curve), weil sie ausdrückt, wieviel ein Haushalt zu jedem Preisverhältnis von einem Gut nachfragt und dafür vom anderen Gut

Die Kurve heißt deshalb Tauschkurve (oder offer curve), weil sie ausdrückt, wieviel ein Haushalt zu jedem Preisverhältnis von einem Gut nachfragt und dafür vom anderen Gut zum Tausch anbietet. (Beim Arbeitsangebot hat man als "Erstausstattung" die gesamte für Freizeit und Arbeit zur Verfügung stehende Zeit und leitet die angebotene Arbeitszeit und damit die verbleibende Freizeit ab.) Nach dem Konstruktionsprinzip muß gelten: der optimale Konsumplan zu einem gegebenem Preisverhältnis liegt dort, wo die Budgetgerade (ausgehend vom Punkt A), deren Steigung gleich dem Preisverhältnis ist, die Tauschkurve schneidet: Dort tangiert die Budgetgerade eine Indifferenzkurve.

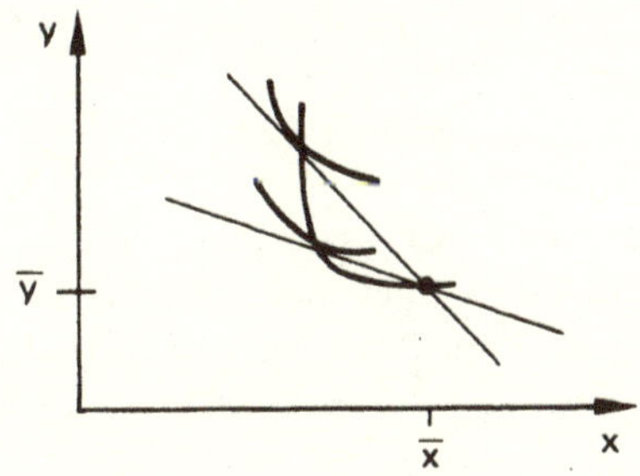

Abbildung 4.30

Betrachten wir nun die Tauschkurven von 2 Haushalten in einer Edgeworth-Box.

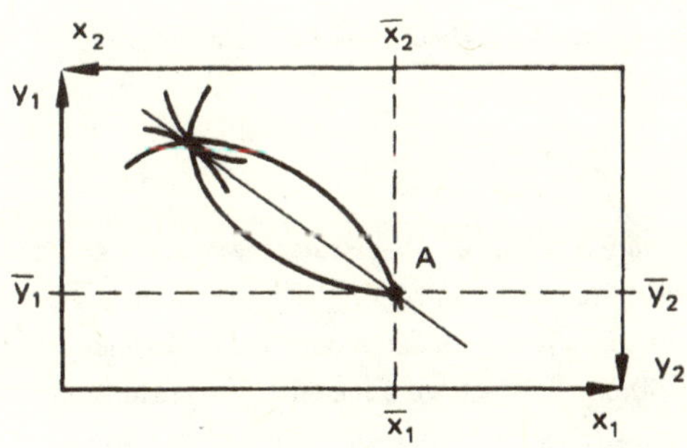

Abbildung 4.31

Wenn sich die Offerkurven beider Haushalte schneiden, wird die entsprechende Budgetgerade von den Indifferenzkurven beider Haushalte tangiert – es besteht also ein Marktgleichgewicht: Ein Haushalt bietet von einem Gut gerade soviel an, wie der andere nachfragt, und umgekehrt.

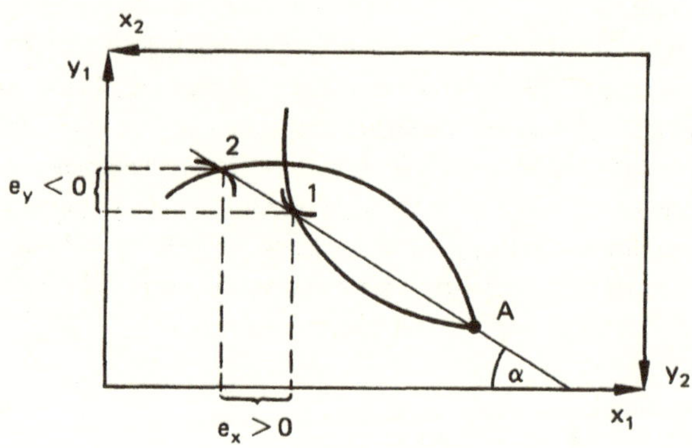

Abbildung 4.32

b) Betrachten Sie die Nachfrage zum Preisverhältnis $-p_x/p_y = \tan\alpha$ in Abbildung 4.32: Haushalt 1 wählt Konsumplan 1 auf seiner Tauschkurve; Haushalt 2 den Konsumplan 2 auf der zu ihm gehörenden Offerkurve. Die Überschußnachfrage bzw. das Überschußangebot für die beiden Güter läßt sich nun graphisch leicht ermitteln (wie in der Zeichnung angedeutet).

Aufgabe 8

Geben Sie anhand der Edgeworth-Box ein Beispiel für

a) nicht-eindeutige Marktgleichgewichte

b) die Nichtexistenz eines Marktgleichgewichts. Diskutieren Sie bei a) auch die Frage der Stabilität.

Lösung

a) Eindeutigkeit Unsere Annahmen über Präferenzen und Technologien garantieren keineswegs, daß es nur ein (eindeutiges) Marktgleichgewicht gibt. Dies läßt sich anhand der Edgeworth-Box leicht illustrieren: es ist möglich, Indifferenzkurven entlang einer Kontraktkurve so zu zeichnen, daß sich verschiedene Tangenten, die durch unterschiedliche Punkte entlang der Kontraktkurve gezogen werden, in einem Punkt A treffen. Wenn der Punkt A die Anfangsausstattung repräsentiert, stellen die entsprechenden Punkte auf der Kontraktkurve alle ein mögliches Marktgleichgewicht dar. Welches davon letzlich realisiert wird, hängt von den Marktpreisen ab. So sind zum Beispiel in Abbildung 4.33a M_1, M_2 und M_3 Marktgleichgewichte bei der Anfangsausstattung A.

Auch wenn sich die Anfangsausstattung A leicht verschiebt, kann man wieder recht einfach mehrere Gleichgewichte konstruieren: Nicht-Eindeutigkeit ist eine "robuste" Eigenschaft (d.h.: Man muß nicht pathologische Fälle konstruieren, um sicherzustellen, daß mehr als ein Gleichgewicht existiert).

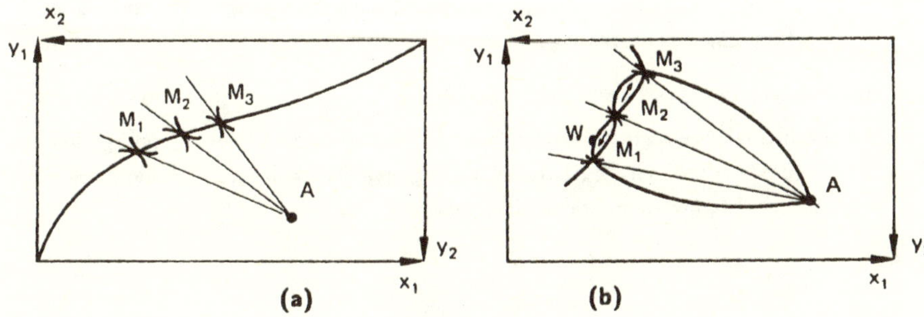

Abbildung 4.33

Woran liegt es, daß Marktgleichgewichte in der Regel nicht eindeutig sind? Lassen sich Bedingungen angeben, die ein eindeutiges Marktgleichgewicht garantieren? Voraussetzung für das Auftreten mehrerer Gleichgewichte ist, daß die Tauschkurven der Haushalte einen Wendepunkt haben und sich in einem bestimmten Bereich zurückbiegen. Dem liegt ein bestimmtes Verhalten zugrunde, das wir näher analysieren wollen. Betrachten wir die Tauschkurve von Haushalt 1 in Abbildung 4.33b bei einer Preissteigerung von Gut X (die Budgetgerade wird steiler). Oberhalb des Punktes W nimmt mit steigendem p_x seine Nachfrage nach Gut X zu: Der gestiegene Preis bewirkt für Haushalt 1, der ja einen Teil seiner Anfangsausstattung des Gutes X verkauft, einen positiven Einkommenseffekt: er erhält für eine bestimmte Menge X nun mehr von Gut Y, aber er könnte statt dessen (sogar bei konstanter Menge von Gut Y) auch mehr von Gut X konsumieren. Wenn alle Güter superior sind, ist es nicht unplausibel, daß dieser positive Einkommenseffekt den negativen Substitutionseffekt überwiegt und sich deshalb die Tauschkurve zurückbiegt. Für den Haushalt 2 hat die Preiserhöhung von Gut X den entgegengesetzten, nämlich einen negativen Einkommenseffekt (er ist ja Käufer und nicht Verkäufer von Gut X). Das führt sogar dazu, daß er auch von Gut Y weniger konsumiert (Y ist für ihn also in dem betrachteten Fall kein Substitut für X). Der aggregierte Einkommenseffekt für die Gesamtnachfrage kann ohne weiteres positiv sein. Nur wenn der aggregierte Einkommenseffekt bei der Gesamtnachfrage den Substitutionseffekt nicht überwiegt (eine sehr restriktive Annahme) ist ein eindeutiges Marktgleichgewicht garantiert. Man spricht dann davon, daß die aggregierten Nachfragen Brutto-Substitute sind.

Literaturhinweis:

Einen guten Überblick über den neuesten Kenntnisstand zu diesem Thema bietet T. **Kehoe**, Multiplicity of Equilibria and Comparative Statics, Quarterly Journal of Economics 1985, 119 ff.

Zur Stabilitätsanalyse betrachten wir den Verlauf der Tauschkurven in Abbildung 4.33b. Hier gibt es 3 Gleichgewichte, von denen bei Gültigkeit der Walrasschen Preisanpassungshypothese M_1 und M_3 stabil sind, während M_2 instabil ist. Dies ist leicht zu sehen, wenn man für ein Gut (etwa Gut X) die Überschußnachfrage bestimmt: bei einer leichten Bewegung weg von M_2, die eine Steigerung von p_x/p_y bewirkt, ergibt sich eine positive Überschußnachfrage und damit eine Bewegung in Richtung auf M_3 (umgekehrt bei einer Preissenkung).

b) Nichtexistenz eines Marktgleichgewichtes

Wenn die Indifferenzkurven eines Haushalts nicht konvex sind, treten Sprünge bei der Nachfragefunktion und der Tauschkurve auf (vgl.den Abschnitt B.2b). Dies kann dazu führen, daß ein Marktgleichgewicht nicht existiert.

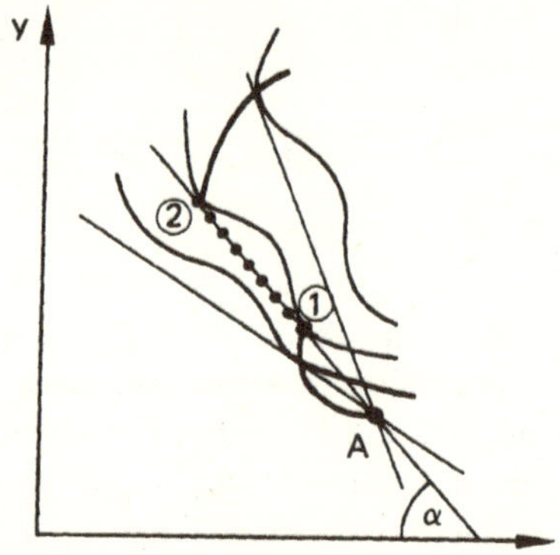

Abbildung 4.34

Betrachten wir in Abbildung 4.34 die Tauschkurve von Haushalt 1 in Abhängigkeit vom Preis p_x (sei $p_y = 1$). Die Indifferenzkurven des Haushalts sind nicht konvex, und beim Preis $-p_x^* = \tan\alpha$ (dem Preis, bei dem die Indifferenzkurve die Budgetgerade zweimal tangiert) springt der optimale Konsumplan von 1 auf 2: Wenn der relative Preis von Gut X steigt, wird plötzlich erheblich weniger von dem Gut konsumiert.

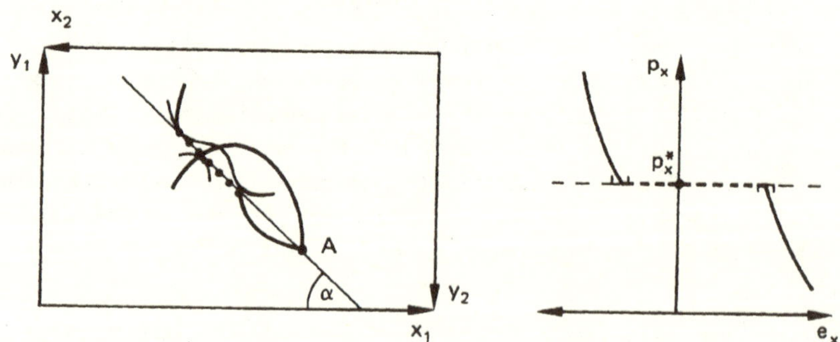

(a) (b)

Abbildung 4.35

In Abbildung 4.35a ist in einer Edgeworth-Box auch die (stetige) Tauschkurve eines zweiten Haushaltes mit konvexen Präferenzen eingezeichnet. Die Tauschkurven der beiden schneiden sich nicht: Es existiert kein Marktgleichgewicht: ist p_x niedrig, besteht eine Überschußnachfrage, und bei einem bestimmten Preis springt die Marktnachfrage plötzlich zurück; es herrscht Überschußangebot (vgl. Abbildung 4.35b).

Gibt es von beiden Haushaltstypen eine größere Anzahl, ist das Existenzproblem weniger gravierend. Wenn etwa die Tauschkurve von Haushalt 2 die Budgetgerade mit der Steigung $\tan\alpha$ gerade in der Mitte zwischen 1 und 2 schneidet, existiert bereits ein Gleichgewicht, sofern es von beiden Typen je zwei Haushalte (a,b) gibt: falls Haushalt 1a Punkt 1 konsumiert, Haushalt 1b dagegen Punkt 2, dann konsumiert im Durchschnitt jeder der beiden Haushalte eine Menge, die genau in der Mitte zwischen 1 und 2 liegt – es herrscht Marktgleichgewicht.

V. Gesamtwirtschaftliche Effizienz und Optimalität

A) Wiederholungs- und Übungsaufgaben:

Aufgabe 1

Die Abbildung 5.1 zeigt alternative Aufteilungen einer vorgegebenen Gütermenge (Milch) auf zwei Wirtschaftssubjekte (Mayer und Huber), wobei nicht der gesamte Bestand aufgeteilt sein muß.

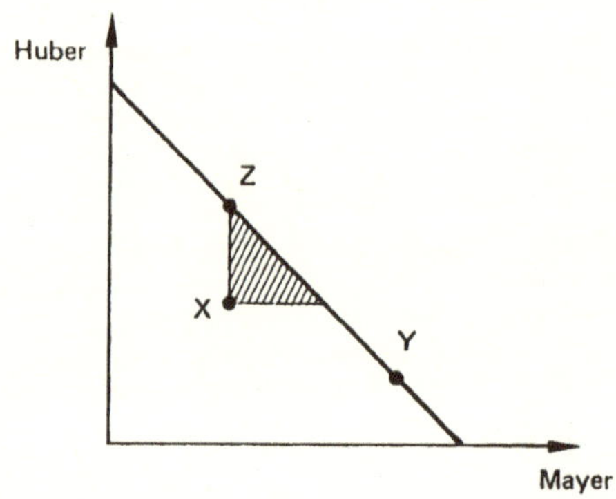

Abbildung 5.1

- Wo liegen alle Pareto-optimalen Punkte?
- Kennzeichnen Sie alle Zustände, die gemäß dem Pareto-Kriterium (der Pareto-Relation) besser als X sind.
- Vergleichen Sie die Zustände X,Y,Z mit Hilfe des Pareto-Kriteriums. Ist Y besser als X?
- Eignet sich das Pareto-Kriterium für wirtschaftspolitische Empfehlungen?

Lösung

Das Pareto-Kriterium vergleicht verschiedene gesamtwirtschaftliche Zustände. Ein Zustand A ist im Sinne von Pareto besser als ein Zustand B, wenn für alle Haushalte gilt: A ist mindestens so gut wie B *und* es gibt (wenigstens) einen Haushalt, der A für besser als B hält.

Das Pareto-Kriterium ermöglicht (freilich nur recht schwache) Aussagen über die gesamtwirtschaftliche Wohlfahrt. Dem liegt folgende, wenig kontrovers erscheinende Überlegung zugrunde: Wenn eine Pareto-Verbesserung möglich ist (wenn es also möglich ist, einen Haushalt besser zu stellen, ohne daß andere sich gleichzeitig verschlechtern), sollte sie durchgeführt werden, um so die gesamtwirtschaftliche Wohlfahrt zu steigern. Falls eine derartige Verbesserung nicht mehr möglich ist, dann ist ein Zustand Pareto-optimal. Anders formuliert: ein Zustand ist *Pareto-optimal*, wenn jeder andere erreichbare Zustand von mindestens einem Haushalt als schlechter bewertet wird.

Bei vielen Fragestellungen hilft das Kriterium kaum weiter, weil es bei politischen Maßnahmen häufig gerade darum geht, einige Bürger oder Personen auf Kosten anderer besserzustellen. Für diesen Fall aber macht das Pareto-Kriterium keine Aussage (die verschiedenen Zustände sind dann *nicht vergleichbar* im Sinne des Pareto-Kriteriums).

Dies wird bereits anhand einer trivialen Milchmädchenrechnung deutlich: Wir gehen davon aus, daß jeder Haushalt lieber mehr Milch mag als weniger (Annahme der Nichtsättigung). Dann sind alle Punkte im Quadranten nordöstlich von X (also etwa auch Z – hier wird nur Haushalt Huber besser gestellt) besser als der Zustand X, alle Punkte südwestlich sind schlechter, und die übrigen (etwa Y) sind mit X nicht vergleichbar (weil sich dann einer verbessert, der andere jedoch verschlechtert). Jede Verschwendung von Milch ist nicht optimal. Ein Pareto-Optimum ist in diesem einfachen Fall immer dann erreicht, wenn die Milch voll auf beide Haushalte verteilt ist (also entlang der Begrenzungslinie, die durch die Punkte Z und Y verläuft). Auch eine Aufteilung, bei der Haushalt Mayer die gesamte Milch bekommt, wäre Pareto-optimal.

Das Pareto-Kriterium untersucht also nur, ob eine Allokation von Ressourcen *effizient* ist, während sie die Frage nach einer *gerechten Verteilung* ausklammert. Da der Begriff Pareto-Optimum häufig falsche Assoziationen weckt (in dem Sinne, jedes Pareto-Optimum sei irgendwie erstrebenswert), verwenden viele Ökonomen heute statt dessen den Begriff Pareto-Effizienz. Daß die Verteilungsfrage ausgeklammert bleibt, wird bereits daran deutlich, daß es (unendlich) viele Pareto-Optima gibt, nämlich alle Punkte auf der Begrenzungslinie.

Pareto-Optima (etwa Z und Y) sind ohne ein zusätzliches Wohlfahrtskriterium untereinander nicht vergleichbar, da beim Vergleich verschiedener Pareto-Optima definitionsgemäß immer einer besser gestellt wird und ein anderer schlechter. Das Pareto-Kriterium macht also im konkreten Beispiel keine Aussage darüber, *wie* die Milch auf beide Haushalte aufgeteilt werden sollte (dazu wäre ein zusätzliches, *ethisches* Kriterium erforderlich). Es führt in diesem einfachen Beispiel nur zu der (kaum verwunderlichen) Feststellung, daß eine Verschwendung nicht optimal sein kann. Die Gesellschaft könnte beispielsweise Zustand X für gerechter ansehen als Zustand Y. Das Pareto-Kriterium zeigt aber, daß es möglich ist, von X aus Zustände zu erreichen, die für alle noch besser sind, und es wäre demnach nicht effizient, Zustand X anzustreben. Interessantere Aussagen ermöglicht die Pareto-Relation für den Mehr-Güter-Fall (siehe nächste Frage).

Aufgabe 2

In einer Edgeworthbox ist die Verteilung von Wein und Käse auf die Haushalte 1 und 2 durch Punkt Z vorgegeben (Abbildung 5.2).

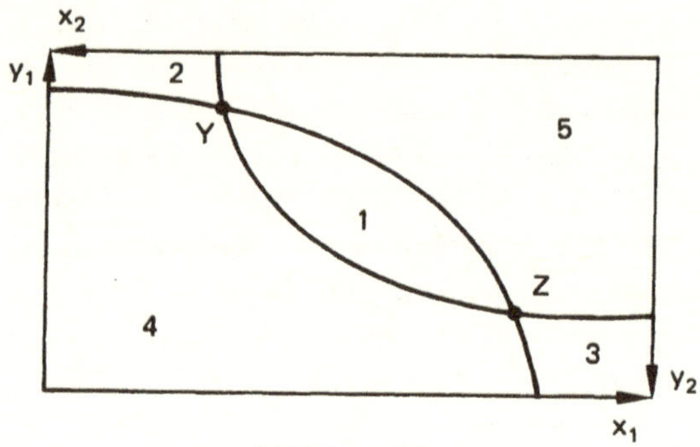

Abbildung 5.2

a) Welche Relationen gelten zwischen dem Punkt Z und den Punkten innerhalb der Flächen 1 bis 5?

b) Ermitteln Sie die Bedingungen für ein Pareto-Optimum. Skizzieren Sie alle Pareto-optimalen Zustände in der Edgeworthbox. Erläutern Sie den Begriff der Kontraktkurve.

c) Skizzieren Sie von Z aus gesehen mögliche Verhandlungslösungen.

d) Zeigen Sie, daß ein Marktgleichgewicht bei Mengenanpasserverhalten Pareto-optimal ist.

Lösung

a) In Punkt Y sind beide Haushalte genauso gutgestellt wie in Punkt Z (sie befinden sich auf der gleichen Indifferenzkurve): Y ist im Sinne von Pareto gleich gut wie Z.

Im Bereich 1 kann sich mindestens ein Haushalt besser stellen. Für alle Verteilungen X in 1 gilt: X ist strikt besser im Sinne von Pareto als Z (dies gilt auch für den Rand der Linse; ein Haushalt ist dort genauso gutgestellt wie in Z, der andere aber besser). In den Bereichen 2 und 3 sind beide Haushalte schlechter gestellt (auf einer niedrigeren Indifferenzkurve) als in Z: für alle X in 2 und X in 3 gilt: Z ist strikt besser im Sinne von Pareto als X.

Im Bereich 5 ist zwar Haushalt 1 besser gestellt, aber Haushalt 2 schlechter. (Umgekehrt für Bereich 4). Alle Verteilungen in 4 und 5 sind demnach mit Z nach dem Pareto-Kriterium nicht vergleichbar.

Hinweis: Zeichnen Sie sich jeweils zusätzliche Indifferenzkurven ein.

b) Ein Pareto-Optimum erhält man durch folgende Überlegung: Wie lange kann ich bei gegebenen Ressourcen einen Haushalt besser stellen, wenn ich das Nutzenniveau des anderen Haushalts konstant halte (also den anderen nicht schlechter stelle)? Entlang der Indifferenzkurve $\bar{u}_2$ in Abbildung 5.3 etwa ist der Haushalt 2 gleich gut gestellt wie in Zustand Z, d.h. indifferent zu diesem. Durch eine Bewegung entlang dieser Indifferenzkurve kann Haushalt 1 besser gestellt werden, und zwar solange, bis eine Indifferenzkurve von Haushalt 1 $\bar{u}_2$ tangiert. Von da ab ist es nicht mehr möglich, Haushalt 1 besser zu stellen, ohne daß Haushalt 2 auf eine niedrigere Indifferenzkurve gelangen müßte – der Zustand P ist Pareto-optimal (Umgekehrt könnte man natürlich auch das Nutzenniveau $\bar{u}_2$ konstant halten und würde so zum Pareto-Optimum Q gelangen).

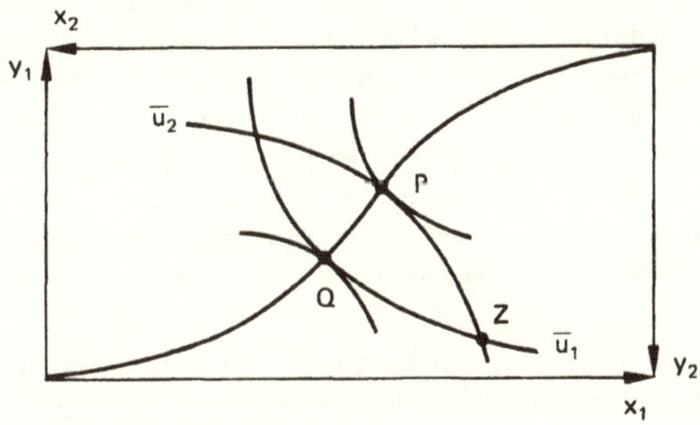

Abbildung 5.3

Ein Zustand ist folglich Pareto-optimal, wenn sich die Indifferenzkurven der Haushalte tangieren.

Dieses Resultat erhalten wir auch, wenn wir die mathematische Optimierungslösung ermitteln, also den Nutzen eines Haushalts bei gegebenen Ressourcen und gegebenem Nutzenniveau des anderen mit Hilfe der Lagrange-Funktion maximieren:

$$\text{Max} \qquad L = u_1(x_1, y_1) + \theta \cdot [u_2(x_2, y_2) - \bar{u}_2] + \mu_x[\bar{x} - x_1 - x_2] + \mu_y[\bar{y} - y_1 - y_2]$$

Das ergibt die Bedingungen 1. Ordnung:

$$\frac{\partial u_1}{\partial x_1} - \mu_x = 0 \qquad \frac{\partial u_1}{\partial y_1} - \mu_y = 0$$

$$\theta \cdot \frac{\partial u_2}{\partial x_2} - \mu_x = 0 \qquad \theta \cdot \frac{\partial u_2}{\partial y_2} - \mu_y = 0$$

beziehungsweise

$$(a) \qquad \frac{\partial u_1/\partial x_1}{\partial u_1/\partial y_1} = \frac{\partial u_2/\partial x_2}{\partial u_2/\partial y_2}$$

Das Verhältnis der Grenznutzen ist für beide Haushalte gleich

sowie

$$(b) \qquad x_1 + x_2 = \bar{x}; \quad y_1 + y_2 = \bar{y}$$

Die Güter werden voll aufgeteilt.

Die Bedingungen a) und b) sind die mathematische Formulierung der vorher graphisch abgeleiteten Bedingung: Die Indifferenzkurven müssen sich tangieren (Im Tangentialpunkt sind die Steigungen der Indifferenzkurven (das reziproke Verhältnis der Grenznutzen) gleich).

Wenn man dieses Vorgehen für beliebige Nutzenniveaus $\bar{u}_2$ wiederholt, erhält man eine Kurve, entlang derer sich die Indifferenzkurven tangieren, die sogenannte *Kontraktkurve* (der geometrische Ort aller Punkte, die ein Pareto-Optimum darstellen).

c) Die Kurve, auf der alle Pareto-Optima liegen, wird aus folgendem Grund Kontraktkurve genannt: Betrachten wir eine Situation, in der die Haushalte nicht auf einem anonymen Markt tauschen, sondern in direktem Kontakt miteinander verhandeln. Die Allokation der Ressourcen erfolgt hier also nicht über den Preismechanismus auf einem Wettbewerbsmarkt oder etwa durch eine zentrale Planungsinstanz, sondern durch direkte bilaterale, **kooperative** Verhandlungen. Es scheint plausibel, anzunehmen, daß die Partner ihre Verhandlungen miteinander solange fortsetzen, wie sie sich beide verbessern können: der Endzustand eines Verhandlungsprozesses muß dann auf der Kontraktkurve liegen.

Bei freiwilligen Verhandlungen muß zudem gelten: Der Endzustand muß für jeden mindestens so gut sein wie die Ausgangssituation Z; er liegt also in dem Bereich der Kontraktkurve, der durch die von Z erzeugte Linse 1 herausgeschnitten wird. (Man bezeichnet diesen Teil der Kontraktkurve auch als den *Kern* der Ökonomie - ein Begriff, der aus der Spieltheorie stammt. Der Kern bezeichnet alle möglichen Lösungen eines kooperativen "Verhandlungsspiels"). Die endgültige Verhandlungslösung ist allerdings nicht eindeutig bestimmt; nur der Bereich aller möglichen Endzustände läßt sich angeben.

d) Im Gegensatz zu Verhandlungen treten bei einer Koordination über den Markt die Tauschpartner nicht notwendigerweise in direkten Kontakt. Jeder orientiert sich bei seinen Entscheidungen vielmehr allein an den Preisen, ohne sich darum zu kümmern, ob seine Pläne mit denen anderer vereinbar sind.

Das sogenannte **erste Fundamentaltheorem der Wohlfahrtstheorie** beinhaltet folgende Aussage:

Ein Marktgleichgewicht ist Pareto-optimal.

Der Beweis ist einfach: Wir müssen zeigen, daß die Bedingungen (a) und (b) aus Teilaufgabe b) im Marktgleichgewicht erfüllt sind.

Im individuellen Optimum ist das Verhältnis der Grenznutzen für jeden Haushalt gleich dem Preisverhältnis. Da aber für alle Haushalte das gleiche Preisverhältnis gilt, ist die Steigung beider Indifferenzkurven gleich:

$$\text{Aus} \quad \frac{\partial u_1/\partial x_1}{\partial u_1 \partial y_1} = \frac{p_x}{p_y} \quad \text{und} \quad \frac{\partial u_2/\partial x_2}{\partial u_2/\partial y_2} = \frac{p_x}{p_y} \quad \text{folgt:}$$

$$\text{(a)} \qquad \frac{\partial u_1/\partial x_1}{\partial u_1/\partial y_1} = \frac{\partial u_2/\partial x_2}{\partial u_2/\partial y_2}$$

Im Marktgleichgewicht sind zudem beide Märkte geräumt; die Güter sind somit voll aufgeteilt:

(b) Aus $\begin{array}{l} e_x = 0 \\ e_y = 0 \end{array}$ folgt: $\begin{array}{l} x_1 + x_2 = \bar{x}_1 + \bar{x}_2 = \bar{x} \\ y_1 + y_2 = \bar{y}_1 + \bar{y}_2 = \bar{y} \end{array}$

Im Marktgleichgewicht tangieren sich die Indifferenzkurven; es ist folglich Pareto-optimal.

Das Theorem läßt sich auch auf eine Wirtschaft mit Produktion erweitern (vgl. die nächste Frage). Für die Gültigkeit des Theorems sind vor allem zwei Bedingungen wesentlich:

1) Alle Wirtschaftssubjekte verhalten sich als **Mengenanpasser** (es gibt also zB. keine Monopole) (vgl. zB. Aufgabe 4 unten)
2) Es bestehen keine **externen Effekte** (vgl. die Aufgaben in Teil V.B).

Falls das Marktgleichgewicht eindeutig ist, wird durch den Marktprozeß bei gegebener Anfangsausstattung Z genau ein Punkt M auf der Kontraktkurve erreicht (Abbildung 5.4). Die Gerade, die beide Indifferenzkurven im Punkt M tangiert, muß zugleich durch den Punkt Z verlaufen (denn nur dann kann sie Budgetgerade durch Z sein).

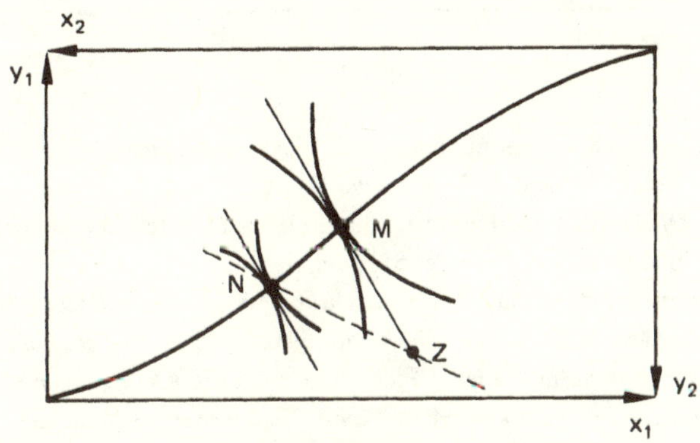

Abbildung 5.4

Man kann zeigen, daß der Bereich möglicher Verhandlungslösungen (Teilaufgabe c) kleiner wird (der "Kern" der Ökonomie "schrumpft" zusammen), wenn es von beiden Haushaltstypen jeweils mehrere gibt (etwa n Haushalte vom Typ 1 und n Haushalte vom Typ 2). Wenn es sehr viele gibt ($n \to \infty$), bleiben als einzige Verhandlungslösungen die Marktgleichgewichte übrig. Dies bestätigt, daß die Theorie vollkommener Konkurrenz (mit der Annahme des Mengenanpasserverhaltens) ein sinnvolles Konzept ist, wenn die Zahl der Marktteilnehmer sehr groß ist.

Jeder andere Punkt auf der Kontraktkurve (etwa Punkt N in Abbildung 5.4) kann bei gegebener Anfangsausstattung Z nicht über den Marktmechanismus verwirklicht werden: Die gestrichelt gezeichnete Budgetgerade NZ hat im Punkt N eine andere Steigung als die Indifferenzkurven.

Wenn (etwa aufgrund bestimmter Gerechtigkeitsvorstellungen) Punkt N als gesamtwirtschaftlich erstrebenswert angesehen wird, ist es dann dennoch möglich, diesen Zustand über ein dezentrales Marktsystem zu verwirklichen?

Das **zweite Fundamentaltheorem der Wohlfahrtstheorie** macht dazu folgende Aussage:

Unter gewissen Bedingungen ist **jedes Pareto-Optimum** bei geeigneter Umverteilung der Anfangsausstattung **auch ein Marktgleichgewicht.**

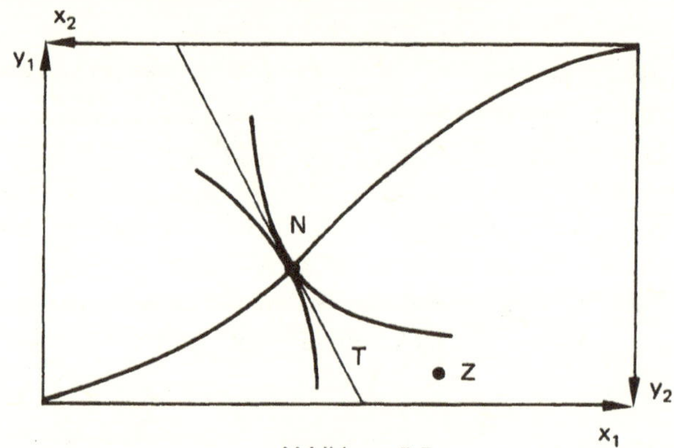

Abbildung 5.5

Die Grundidee läßt sich an der Abbildung 5.5 leicht verdeutlichen: Wenn die Anfangsausstattung so umverteilt wird, daß sie auf der Geraden T liegt (der Tangente der Indifferenzkurven durch N), wird das Pareto-Optimum N als Marktgleichgewicht verwirklicht. Das Preisverhältnis entspricht dann der Steigung der Indifferenzkurven. Auch ein Planer, der einen bestimmten Punkt auf der Kontraktkurve anstrebt, könnte jede gewünschte Pareto-optimale Allokation mit Hilfe eines Preissystems (dezentral) erreichen: Zu jedem Pareto-Optimum (und damit zu jeder Planungslösung, die Anweisungen über eine optimale Güterverteilung festlegt) kann man implizit Schattenpreise berechnen - man erhält sie immer als sogenannte duale Lösung des Optimierungsproblems: in Teilaufgabe b) etwa erhält man im Verlauf des Lösungsweges automatisch das Schattenpreisverhältnis μ_x/μ_y.

Das bedeutet: Selbst ein zentraler Planer, der bei vollständiger Information eine bestimmte Allokation verwirklichen möchte, könnte für seine Planungslösung immer auch entsprechende relative Preise berechnen - sie sind implizit (bildlich gesprochen: "im Schatten verborgen") in jeder Planungslösung enthalten (dies wird bei der Einbeziehung von Produktion noch deutlicher).

Die Theoreme der Wohlfahrtstheorie spielten eine gewisse Rolle beim Streit zwischen Vertretern eines freien Wettbewerbssystems und eines Marktsozialismus. Gerade die entscheidenden Unterschiede (etwa die informationsmäßigen Beschränkungen, denen ein Planer unterliegt im Vergleich zu den Bedingungen, die für ein reibungsloses Funktionieren des Marktmechanismus erforderlich sind) bleiben aber bei dieser einfachen

Betrachtung unberücksichtigt.

Literaturhinweise:

Die Pareto-Optimalität von Marktgleichgewichten diskutiert ausführlich E. **Sohmen** in dem sehr empfehlenswerten Buch: Allokationstheorie und Wirtschaftspolitik, Tübingen 1976.

Eine gute Einführung in den Zusammenhang zwischen Markt- und Verhandlungslösung ist das Buch von W. **Hildenbrand**/A. **Kirman**, Introduction to Equilibrium Analysis, Amsterdam 1976.

Die folgende Aufgabe analysiert die bisher abgeleiteten Überlegungen anhand eines konkreten mathematischen Beispiels.

Aufgabe 3

Zwei Schulkinder, Monika und David, versuchen, sich über die Verteilung von 12 Kaugummis und 12 Kugeln Eis zu einigen, und verhalten sich nutzenmaximierend entsprechend ihren Nutzenfunktionen $u_M(K_M, E_M) = K_M \cdot E_M^2$ und $u_D(K_D, E_D) = K_D^2 \cdot E_D$.

a) Sind die Verteilungen V_1 : "Monika besitzt alles, David nichts" bzw. V_2 : "Jeder bekommt die Hälfte" Pareto-optimal?

b) Gehen Sie aus von der Ausgangsverteilung V_2. Ist es denkbar, daß beide Kinder durch freiwilliges Verhandeln zu der Verteilung V_3 gelangen: "Monika erhält 5 Kaugummis und 7 Kugeln Eis, David den Rest". Ist zur Beurteilung ein interpersoneller Nutzenvergleich notwendig? (Begründung)

c) Ist V_3 ein möglicher Endzustand von Verhandlungslösungen?

d) Bestimmen Sie die Kontraktkurve.

e) Welches Marktgleichgewicht würde sich bei der Anfangsausstattung V_2 ergeben, wenn die beiden Kinder eine Marktlösung simulieren würden?

Lösung

a) Ein gesamtwirtschaftlicher Zustand ist dann Pareto-optimal, wenn jeder andere erreichbare Zustand von mindestens einem Individuum als schlechter bewertet wird.

Nach diesem Kriterium ist die Verteilung V_1 Pareto-optimal: Bei jeder anderen erreichbaren Verteilung (in der auch David etwas von den Gütern bekommt) müßte sich Monika verschlechtern. Das zeigt deutlich, daß ein Pareto-Optimum keineswegs als gerecht angesehen werden muß.

Die Gleichverteilung V_2 dagegen ist nicht Pareto-optimal: Da Monika eine Vorliebe für Eiscreme hat, während David Kaugummis vorzieht, können sich *beide* verbessern, wenn David von Monika Kaugummis gegen Eiscreme eintauscht. Wenn die Präferenzen unterschiedlich sind, ist eine Gleichverteilung nicht Pareto-optimal; es besteht immer für alle ein Anreiz, sich durch gegenseitiges Verhandeln besser zu stellen.

Algebraisch können wir dies durch einen Vergleich der Tauschbereitschaft der beiden Kinder zeigen: als Grenzrate der Substitution (Steigung der Indifferenzkurve) erhalten wir:

$$-\frac{dE_M}{dK_M} = \frac{\partial u_M/\partial K_M}{\partial u_M/\partial E_M} = \frac{E_M}{2K_M} \quad \text{und} \quad -\frac{dE_D}{dK_D} = \frac{\partial u_D/\partial K_D}{\partial u_D/\partial E_D} = \frac{2E_D}{K_D}$$

Im Punkt der Gleichverteilung (E = K = 6) gilt:
für Monika: - $dE_M/dK_M = 1/2$
für David: - $dE_D/dK_D = 2$

David wäre bereit, für eine zusätzliche Einheit Kaugummi 2 Kugeln Eis abzugeben. Monika dagegen würde nur eine halbe Kugel abgeben wollen oder - umgekehrt - für eine zusätzliche Kugel Eis würde sie zwei Kaugummis umtauschen (denn -$dK_M/dE_M = 2$). Dies zeigt, daß beide einen Vorteil haben, wenn Monika bei David einen Kaugummi gegen eine Kugel Eiskreme eintauscht: jeder stellt sich besser; die Tauschbereitschaft ist für jeden höher als die reale Tauschrelation 1:1.

Graphisch kann man sich das anhand der Edgeworth-Box verdeutlichen (Dabei unterstellen wir, daß sowohl Eiskugeln wie auch Kaugummis beliebig teilbar sind).

Während V_1 auf der Kontraktkurve (der Punkte aller Pareto-Optima) liegt, können sich beide Kinder von V_2 aus verbessern, wenn sie sich durch Verhandlungen zum Bereich 1 hin bewegen. Der Endzustand eines (kooperativen) Verhandlungsprozesses liegt auf dem Teil der Kontraktkurve, der durch die von V_2 erzeugte Linse herausgeschnitten wird.

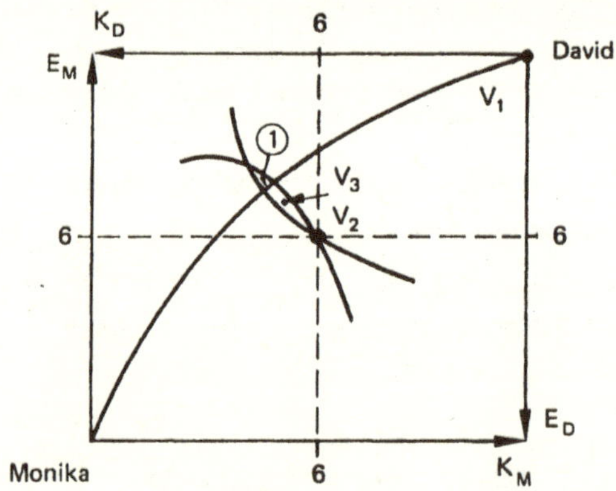

Abbildung 5.6

b) Wir betrachten eine kooperative Verhandlungslösung: beide nehmen freiwillig an einem Tausch teil. Drohungen und Gewalt - etwa der Fall, daß David Monika alles wegnimmt - seien ausgeschlossen. Bedingung für freiwillige Verhandlungen ist, daß beide Verhandlungspartner die Möglichkeit besitzen, sich besser zu stellen als im Ausgangszustand (sie müssen sich auf einen Punkt im Bereich der Linse einigen). V_3 liegt im Bereich der Linse, weil der Nutzen für beide höher ist als in der Ausgangsverteilung V_2. Denn dort beträgt das Nutzenniveau der Kinder:

$$u_M(V_2) = 6 \cdot 36 = 216; \qquad u_D(V_2) = 36 \cdot 6 = 216;$$

Wenn sie sich auf V_3 einigen, können sie sich verbessern auf:

$$u_M(V_3) = 5 \cdot 49 = 245 > u_M(V_2); \qquad u_D(V_3) = 245 > u_D(V_2);$$

Bei dieser Betrachtung geht es darum, zu untersuchen, ob sich jedes einzelne Kind gegenüber der Ausgangssituation verbessert. Ein interpersoneller Nutzenvergleich wird dagegen nicht unternommen. Man kann nicht sagen, beide Kinder seien gleich gut gestellt, weil ihr Nutzenniveau übereinstimmt. Dies ergibt sich rein zufällig als Folge der gewählten Normierung. Man gelangt aber hinsichtlich einer Pareto-Verbesserung zu völlig identischen Ergebnissen, wenn man etwa für David eine beliebige monotone Transformation der Nutzenfunktion wählt: zum Beispiel:

$$u'_D = 100 \cdot K_D^2 \cdot E_D + 55 \quad \text{oder} \quad u''_D = K_D \cdot \sqrt{E}_D \quad \text{oder} \quad u'''_D = 2 \cdot ln\, K_D + ln\, E_D$$

Für einen interpersonellen Nutzenvergleich müßte man über ein zusätzliches ethisches Kriterium verfügen; das Pareto-Kriterium reicht dafür nicht aus. So könnte man etwa argumentieren, daß es gerecht sei, wenn alle Kinder gleich behandelt werden (Verteilung V_2). Die meisten werden aber der Überlegung zustimmen, daß V_3 für alle eine Wohlfahrtsverbesserung bedeutet. Falls David körperbehindert wäre, sähen es manche sicher als gerecht an, daß er mehr Eis und mehr Kaugummis bekommt als Monika. Die Frage, welche Verteilung gerecht ist, ist sehr komplex; sie wird beim Pareto-Kriterium überhaupt nicht gestellt.

c) Wir unterstellen, daß bilaterale Verhandlungen solange fortgesetzt werden, wie für beide die Möglichkeit besteht, sich zu verbessern - also solange, bis ein Pareto-Optimum erreicht ist. Dies ist der Fall, wenn sich die Indifferenzkurven tangieren. Eine notwendige Bedingung besteht darin, daß die Steigung beider Indifferenzkurven gleich ist. Die Steigungen lassen sich wie oben ermitteln:

$$\frac{\partial u_M/\partial K_M}{\partial u_M/\partial E_M} = \frac{E_M}{2K_M} = 7/10 = 0.7 \neq \frac{\partial u_D/\partial K_D}{\partial u_D/\partial E_D} = \frac{2E_D}{K_D} = \frac{10}{7} = 1,43$$

Die Grenzraten der Substitution beider Kinder in V_3 sind unterschiedlich;somit besteht ein Anreiz, die Verhandlungen weiterzuführen.

d) Die Kontraktkurve erhält man, indem wir den Nutzen eines Kindes maximieren, bei konstantem Nutzenniveau des anderen und gegebenen Ressourcen. Da Kaugummi und Eis vollständig auf die Kinder aufgeteilt werden, muß gelten:

$$(V) \qquad K_M = 12 - K_D; \quad E_M = 12 - E_D \qquad \text{(Vollaufteilung der Güter)}$$

Die Lagrange-Funktion zur Bestimmung eines Pareto-Optimums lautet:

$$\text{Max} \qquad K_D^2 \cdot E_D + \theta \cdot [(12 - K_D) \cdot (12 - E_D)^2 - \bar{u}_M]$$

Wir erhalten aus den Bedingungen 1. Ordnung:

$$2K_D \cdot E_D - \theta(12 - E_D)^2 = 0; \qquad K_D^2 - 2 \cdot \theta(12 - K_D)(12 - E_D) = 0;$$

und daraus: $$\frac{2E_D}{K_D} = \frac{(12 - E_D)}{2(12 - K_D)} \quad \text{oder} \quad 48E_D - 3E_D \cdot K_D = 12K_D$$

und somit: $$E_D = \frac{12K_D}{48 - 3K_D}$$

Dies ist die Gleichung für die Kontraktgerade. Zusammen mit den Gleichungen (V) kann man damit alle Pareto-optimalen Verteilungen ermitteln. Durch kooperative Verhandlungen wird irgendein Punkt auf der Kontraktkurve im Bereich der Linse 1 erreicht. Welcher Punkt tatsächlich erreicht wird, hängt vom Verhandlungsgeschick der beiden ab. Von Monika aus gesehen lautet die Kontraktgerade: $E_M = 48K_M/[12 + 3K_M]$ (Hinweis: Verifizieren sie, daß die Steigungen der Indifferenzkurven jeweils gleich sind!)

e) Der Markt ist ein alternativer Allokationsmechanismus und hat im Falle vieler Teilnehmer Vorteile gegenüber gegenseitigen Verhandlungen (Reduktion der Transaktionskosten): Wenn viele Schulkinder tauschen möchten, könnte man dies über einen Markt etwa mit Hilfe des Hausmeisters organisieren. Er setzt zunächst beliebige Preise p_K und p_E fest, und alle Kinder teilen ihm ihre Nachfrage bzw. ihr Angebot mit. Er wird dann (etwa anhand der Walrasschen Preisanpassungsregel) die Preise so lange ändern, bis die Märkte im Gleichgewicht sind. Durch Experimentieren kann er die Nachfragefunktionen ermitteln. Die individuellen Nachfragefunktionen für Kaugummi erhalten wir, wenn wir die Bedingung 1. Ordnung (Verhältnis der Grenznutzen = Preisverhältnis) in die Budgetbeschränkung einsetzen. Für Monika etwa gilt:

$L = K_M E_M^2 - \mu(p_K K_M + p_E E_M - 6p_K - 6p_E)$

und somit (aus den Bedingungen 1. Ordnung):

$E_M = 2 \cdot p_k/p_E \cdot K_M$.

Wenn wir diese Einkommens-Konsumkurve in die Budgetbeschränkung einsetzen, erhalten wir Monikas Nachfragefunktion für Kaugummi:

$K_M = 2 + 2 \cdot p_E/p_K$

Ganz analog erhält man für David:

$K_D = 4 + 4 \cdot p_E/p_K$

Wenn nur die beiden Kinder tauschen, beträgt die Überschußnachfrage auf dem Kaugummimarkt:

$e_K = 6 \cdot p_E/p_K - 6$.

Ein allgemeines Marktgleichgewicht besteht, wenn die Überschußnachfrage null ist (wegen des Gesetzes von Walras können wir den Eismarkt vernachlässigen). Das gleichgewichtige Preisverhältnis beträgt $(p_E/p_K)^* = 1$. Im (eindeutigen) Marktgleichgewicht verspeist Monika 8 Kugeln Eis und 4 Kaugummis, David den Rest.

Hinweis: Zeigen Sie, daß das Gleichgewicht Pareto-optimal ist.

Aufgabe 4

Gegeben sei eine Modellwirtschaft, in der ein Haushalt eine Nutzenfunktion bezüglich eines Konsumguts X und Freizeit F bei gegebener Gesamtzeit T hat. X wird von einem Unternehmen nur mit dem Faktor Arbeit produziert, der vom Haushalt preiselastisch angeboten wird. Die Produktionsfunktion hat abnehmende Grenzerträge; den anfallenden Gewinn erhält der Haushalt (vgl. Teil IV).

a) Ermitteln Sie die Bedingungen für ein Pareto-Optimum.

b) Zeigen Sie, daß bei Mengenanpasserverhalten ein Pareto-Optimum erreicht wird.

c) Welches Ergebnis ergibt sich, wenn sich das Unternehmen als Monopolist verhält; wodurch unterscheidet es sich vom Mengenanpassermodell?

d) Skizzieren Sie ein Pareto-Optimum, wenn die Produktionsfunktion zunehmende Skalenerträge aufweist. Läßt sich das Pareto-Optimum als Marktgleichgewicht verwirklichen?

e) Wie unterscheiden sich die hier aufgeworfenen Fragen von jenen der Aufgabe 7 in Teil IV.B?

Lösung

a) Da hier nur ein Haushalt betrachtet wird, gibt es ein eindeutiges Pareto-Optimum (die Frage nach einer "gerechten" Verteilung stellt sich nicht). Der Zustand ist Pareto-optimal, falls bei gegebenen Ressourcen (der verfügbaren Zeit T) und gegebenen Produktionsmöglichkeiten [der Technologie x = f(A)] der Haushalt das maximal erreichbare Nutzenniveau verwirklichen kann.

Graphisch ist dies dann der Fall, wenn die Indifferenzkurve die Produktionsfunktion tangiert.

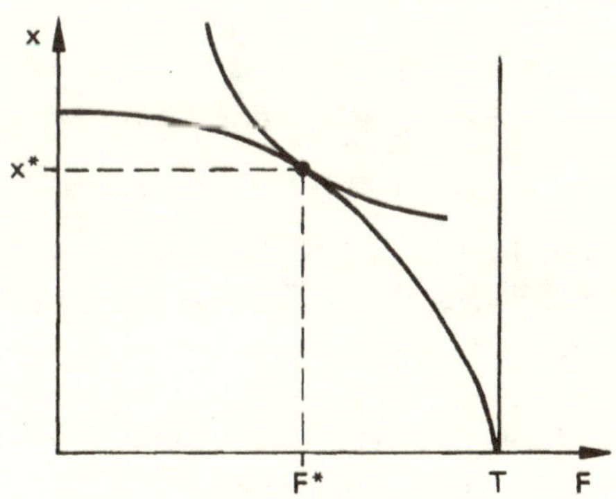

Abbildung 5.7

Mathematisch ergibt sich dies als Optimierungslösung:

Max $L = u(x, F) + \theta \cdot [f(A) - x] + \mu \cdot [T - A - F]$

$$\left.\begin{aligned}\frac{\partial u}{\partial F}-\mu=0\\ \frac{\partial u}{\partial x}-\theta=0\end{aligned}\right\} \qquad \frac{\partial u/\partial F}{\partial u/\partial x}=\frac{\mu}{\theta}$$

$$\left.\theta\cdot\frac{dx}{dA}-\mu=0\right\} \qquad \frac{dx}{dA}=\frac{\mu}{\theta}$$

$$\text{(a)} \qquad \frac{\partial u/\partial F}{\partial u/\partial x}=\frac{dx}{dA}$$

$$\left.\begin{aligned}f(A)-x=0\\ T-F-A=0\end{aligned}\right\} \qquad \text{(b)} \qquad \begin{aligned}f(A)&=x\\ F&=T-A\end{aligned}$$

Im Pareto-Optimum muß also gelten:

a) Die Steigungen von Indifferenzkurve und Produktionsfunktion sind gleich.

b) Die produzierten Güter werden voll konsumiert, die verfügbare Ressource Zeit voll ausgenutzt.

θ und μ können als Schattenpreise einer Planungslösung interpretiert werden.

b) Im Markt passen sich die Akteure an gegebene Preise an.

Im Haushaltsoptimum gilt: $$\frac{\partial u/\partial F}{\partial u/\partial x}=\frac{l}{p}$$

Für das Unternehmen gilt die Inputregel: $p\cdot dx/dA=l$.
Da Lohn und Preis für alle gleich sind, gilt die Bedingung

$$\frac{\partial u/\partial F}{\partial u/\partial x}=\frac{dx}{dA}$$

Im Marktgleichgewicht sind zudem beide Märkte geräumt:

$$e_x=0 \qquad \text{oder} \qquad x^N=x^A$$
$$e_A=0 \qquad \text{oder} \qquad A^N=A^A$$

Dies ist gleichbedeutend mit der Bedingung (b) in Teilaufgabe a).

c) Ein Monopolist maximiert den Gewinn unter Beachtung der Preis-Absatz-Funktion. Die Inputregel lautet: Grenzerlösprodukt = Faktorpreis (siehe die Abschnitte H.1 des Kapitels III und F.1 des Kapitels V).

$$p\cdot\frac{dx}{dA}\cdot(1+\frac{1}{\eta})=l \qquad \text{oder} \qquad \frac{l}{p}=\frac{dx}{dA}\cdot(1+\frac{1}{\eta})<\frac{dx}{dA} \qquad (\text{weil} \quad \eta<-1)$$

Der Reallohn ist kleiner als das Grenzprodukt des Faktors Arbeit. Da das Verhältnis der Grenznutzen gleich dem Reallohn ist (Haushaltsoptimum), wird die Pareto-Bedingung (a) verletzt:

$$\frac{\partial u/\partial F}{\partial u/\partial x}=\frac{l}{p}<\frac{dx}{dA}$$

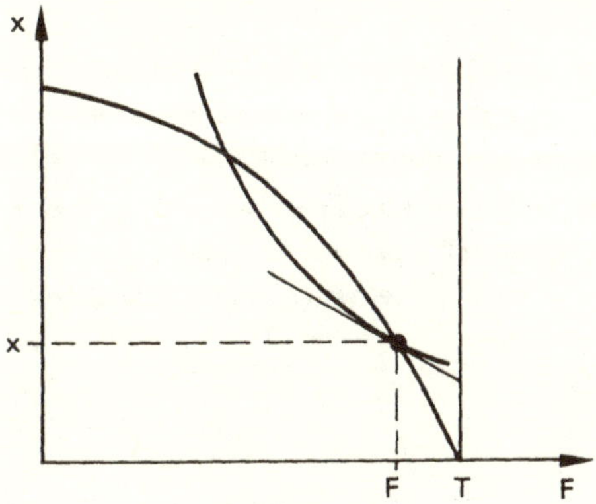

Abbildung 5.8

Die Steigungen der beiden Kurven stimmen nicht überein (vgl. Abbildung 5.8). Das Monopol führt zu einer suboptimalen Lösung: der Haushalt könnte sich besser stellen, wenn bei einem höheren Reallohn mehr gearbeitet und mehr konsumiert würde.

Dieses Ergebnis (die wohlfahrtsverzerrende Wirkung von Monopolen) gilt generell (In Modellen mit mehreren Haushalten wird es wesentlich plausibler, ist aber schwieriger darzustellen).

d) Bei zunehmenden Skalenerträgen ist die Produktionsfunktion konvex (wie in Abbildung 5.9). Falls die Indifferenzkurven stärker gekrümmt sind, ist das Nutzenniveau wieder maximal, wenn die Produktionsfunktion von einer Indifferenzkurve tangiert wird (Punkt P in Abbildung 5.9). (Andernfalls ergäbe sich eine Randlösung).

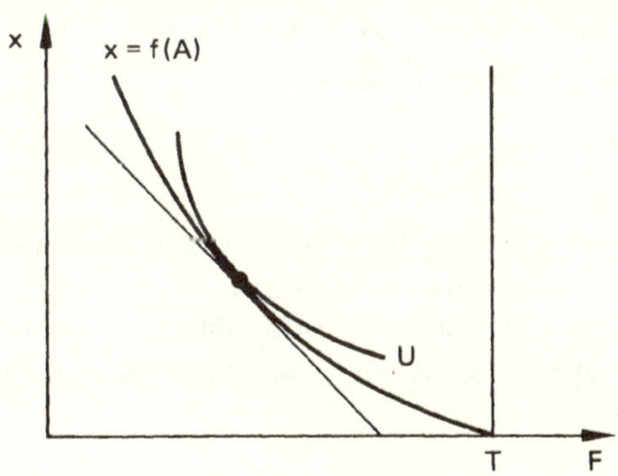

Abbildung 5.9

Dieses Pareto-Optimum ist jedoch nicht als Marktgleichgewicht realisierbar: Wie früher gezeigt, würde ein Unternehmen, das die Preise als gegeben ansieht, bei einer Technologie mit zunehmenden Skalenerträgen unendlich viel produzieren. Weil hier kein Marktgleichgewicht existiert, kann das Pareto-Optimum nicht mit Hilfe des Marktmechanismus mit vollkommenem Wettbewerb verwirklicht werden.

e) Im Teil IV haben wir untersucht, was sich auf Märkten mit vollkommenem Wettbewerb abspielt - welches Ergebnis sich bei einem Zusammenwirken von verschiedenen Märkten einstellt. Dies war eine *positive Analyse.*

Teil V behandelt dagegen die normative Frage, wie eine nach gewissen Kriterien optimale Allokation gestaltet sein sollte und wie im Sinne dieses Kriteriums (dem Pareto-Kriterium) das Marktergebnis zu werten ist (*normative Analyse*).

Aufgabe 5

In einer Modellwirtschaft gibt es ein konstantes Faktorangebot $\bar{v}$. Mit dem Faktor können zwei Güter X und Y produziert werden. Die Güter werden von einem Haushalt konsumiert.

a) Leiten Sie graphisch die Transformationskurve ab.

b) Erläutern Sie anhand der Transformationskurve den Begriff der Opportunitätskosten.

c) Was bestimmt den Verlauf der Transformationskurve? Welche Beziehung besteht zwischen der Grenzrate der Transformation und den Grenzproduktivitäten des eingesetzen Faktors?

d) Ermitteln Sie die Bedingungen für ein Pareto-Optimum. Erläutern Sie in diesem Zusammenhang die Funktion von Schattenpreisen.

e) Zeigen Sie, daß ein Marktgleichgewicht bei vollkommener Konkurrenz auf Güter- und Faktormärkten Pareto-optimal ist.

f) Inwiefern ändern sich die Ergebnisse, falls

(1) mehrere Faktoren bei der Produktion benötigt werden,

(2) mehrere Haushalte betrachtet werden.

Lösung

a) Die graphische Ableitung einer Transformationskurve bei einem Faktor finden Sie sowohl im Abschnitt E.2b des Kapitels I wie auch in Abschnitt D.2 des Kapitels V. Die Transformationskurve gibt alle gesamtwirtschaftlich effizienten Kombinationen der Produktion zweier Güter bei gegebenen gesamtwirtschaftlichen Ressourcen (Faktorbeständen) an.

b) Die Opportunitätskosten geben bei einer gesamtwirtschaftlichen Betrachtung an, auf wieviele Einheiten eines Gutes X bei gegebenen verfügbaren Ressourcen verzichtet werden muß, um dafür eine zusätzliche Einheit von einem anderen Gut produzieren zu können. Die Opportunitätskosten entsprechen somit der Steigung der Transformationskurve (dY/dX), also der Grenzrate der Transformation.

c) Die Beziehung zwischen der Grenzrate der Transformation und den Grenzproduktivitäten des Faktors erhält man durch das totale Differential der Produktionsfunktionen und der Ressourcenbeschränkungen: (bei 2 Faktoren vgl. Abschnitt B.2b des Kapitels III)

$$x = x(v_x); \qquad dx = \frac{\partial x}{\partial v_x} \cdot dv_x;$$
$$y = y(v_y); \qquad dy = \frac{\partial y}{\partial v_y} \cdot dv_y;$$
$$v_x + v_y = \bar{v}; \qquad dv_x + dv_y = 0;$$

(Der fixe Faktor wird teilweise von der Produktion für Y umgeleitet.)

$$\Rightarrow \qquad -\frac{dx}{dy} = \frac{\partial x/\partial v_x}{\partial y/\partial v_y}$$

Die (negative) Grenzrate der Transformation ist gleich dem Verhältnis der Grenzproduktivitäten eines bei der Produktion beider Güter eingesetzten Faktors.

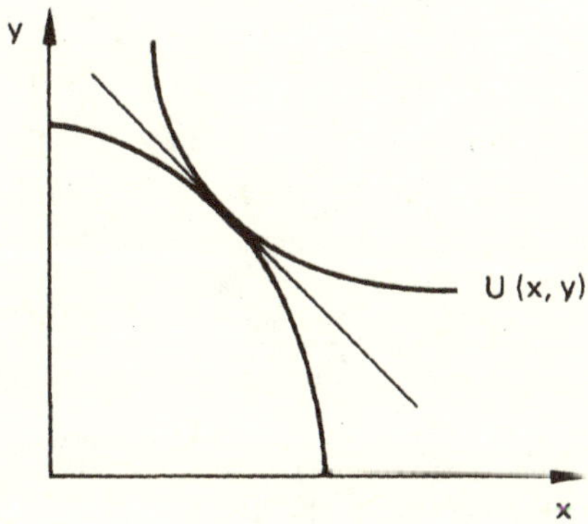

Abbildung 5.10

d) Das Pareto-Optimum für den Fall eines einzigen Haushalts ist dadurch charakterisiert, daß die Indifferenzkurve die Transformationskurve tangiert (vgl. Abbildung 5.10). Der Optimierungsansatz verläuft nach dem bekannten Schema:

$$L = u(x, y) + \mu_x \cdot [f_x(v_x) - x] + \mu_y \cdot [f_y(v_y) - y] + \theta[\bar{v} - v_x - v_y]$$

$$\frac{\partial u}{\partial x} - \mu_x = 0; \qquad \mu_x \cdot \frac{\partial x}{\partial v_x} - \theta = 0$$
$$\frac{\partial u}{\partial y} - \mu_y = 0; \qquad \mu_y \cdot \frac{\partial y}{\partial v_y} - \theta = 0$$

Daraus ergibt sich die Bedingung, daß die Grenzrate der Substitution des Haushalts gleich der Grenzrate der Transformation ist:

$$(a) \qquad \frac{\partial u/\partial x}{\partial u/\partial y} = \frac{\mu_x}{\mu_y} = \frac{\partial y/\partial v_y}{\partial x/\partial v_x} = -\frac{dy}{dx};$$

(b) $$f_x(v_x) = x; \qquad f_y(v_y) = y; \qquad \bar{v} = v_x + v_y;$$

Der Faktor wird voll eingesetzt; die produzierten Outputs werden voll konsumiert.

Implizit erhält man aus dem Optimierungskalkül die Lagrange-Multiplikatoren μ_x, μ_y und θ, deren absolute Werte von der Normierung der Nutzenfunktion abhängen. Ihre relativen Werte sind aber normierungsunabhängig und könnten die Funktion von (relativen) Schattenpreisen bei einer dezentralen Planung spielen: ein Planer, der das Pareto-Optimum durchsetzen will, müßte nur die relativen Preise so festsetzen, daß sie den implizit ermittelten Schattenpreisen μ_x/μ_y und μ_y/θ (damit ist auch μ_x/θ bestimmt) entsprechen. Dann würden die Unternehmen und der Haushalt – selbst wenn sie unkoordiniert ihr Eigeninteresse verfolgen – durch ihre individuellen Optimierungsentscheidungen automatisch das Pareto-Optimum realisieren (vgl. nächste Teilaufgabe).

e) Auf den Märkten gelten folgende individuelle Optimierungskalküle:

Für den Haushalt: $$\frac{\partial u/\partial x}{\partial u/\partial y} = \frac{p_x}{p_y}$$

Unternehmung X: $$p_x \cdot \frac{\partial x}{\partial v_x} = q;$$

Unternehmung Y: $$p_y \cdot \frac{\partial y}{\partial v_y} = q;$$

Eine Umformung ergibt:

(a) $$\frac{\partial u/\partial x}{\partial u/\partial y} = \frac{p_x}{p_y} = \frac{\partial y/\partial v_y}{\partial x/\partial v_x} = -\frac{dy}{dx};$$

(Die Grenzrate der Substitution, ausgedrückt durch das Verhältnis der Grenznutzen, ist gleich der Grenzrate der Transformation, ausgedrückt durch das Verhältnis der Grenzproduktivitäten.)

Im Marktgleichgewicht müssen alle Märkte geräumt sein:

(b) $$e_v = 0; \quad \text{oder:} \quad \bar{v} = v_x + v_y;$$
$$e_x = 0; \qquad e_y = 0;$$

(Alle Ressourcen werden in der Produktion eingesetzt, die produzierten Mengen werden voll konsumiert.)

Auch hier gilt also wieder das erste Fundamentaltheorem der Wohlfahrtstheorie (das Marktgleichgewicht ist Pareto-optimal).

f) (1) Die Einbeziehung mehrerer Faktoren verkompliziert zwar die mathematische Analyse (Vgl. die Abschnitte B.2b des Kapitels III und D.2b des Kapitels V), ändert aber an den zentralen Aussagen nichts. Die Marginalbedingungen können analog formuliert werden. Die Grenzrate der Transformation entspricht nun dem Verhältnis der Grenzproduktivitäten für *jeden* in der Produktion verwendeten Faktor (Beweis siehe Abschnitt B.2b in Kapitel III):

$$-\frac{dy}{dx} = \frac{\partial y/\partial v_{1y}}{\partial x/\partial v_{1x}} = \frac{\partial y/\partial v_{2y}}{\partial x/\partial v_{2x}} = \ldots = \frac{\partial y/\partial v_{my}}{\partial x/\partial v_{mx}} \quad (= \frac{\partial u/\partial x}{\partial u/\partial y})$$

Damit ist zugleich gewährleistet, daß auf der Kurve der effizienten Produktion produziert wird (die Grenzrate der technischen Substitution ist bei beiden Gütern gleich). Alle Aussagen gelten selbstverständlich auch, falls das Faktorangebot modellendogen aus dem Optimierungskalkül der Haushalte abgeleitet wird (vgl die vorangegangene Aufgabe).

(2) Die Marginalbedingungen bleiben zwar auch bei mehreren Haushalten unverändert:

$$\frac{\partial u_1/\partial x_1}{\partial u_1/\partial y_1} = \frac{\partial u_2/\partial x_2}{\partial u_2/\partial y_2} = \ldots = \frac{\partial u_H/\partial x_H}{\partial u_H/\partial y_H} = -\frac{dy}{dx}$$

Es gibt nun jedoch unendlich viele Pareto-Optima (ähnlich wie in der Edgeworthbox): für beliebig vorgegebene Nutzenniveaus aller restlichen Haushalte kann man den Nutzen des ersten Haushaltes maximieren (üblicher Lagrange-Ansatz), um ein Pareto-Optimum zu ermitteln. Die optimale Produktionsstruktur ist nun nicht mehr eindeutig bestimmbar, sondern hängt davon ab, welches Pareto-Optimum realisiert werden soll.

Auch hier gelten wieder die Fundamentaltheoreme der Wohlfahrtstheorie. Welches Pareto-Optimum konkret durch ein Marktgleichgewicht realisiert wird, hängt freilich stark davon ab, wie die Anfangsausstattung an Gewinnanteilen und Faktorbeständen verteilt ist (vgl. Übungsaufgabe 7 in Teil IV).

Aufgabe 6

Nehmen Sie zu folgenden Aussagen Stellung:

a) Ist die Produktion in einem oder mehreren Unternehmen einzelwirtschaftlich ineffizient, so ist sie auch gesamtwirtschaftlich ineffizient.

b) Ist die Produktion gesamtwirtschaftlich ineffizient, so kann die Güterversorgung nicht Pareto-optimal sein.

c) Wenn die Produktion einzelwirtschaftlich effizient erfolgt, dann ist sie auch gesamtwirtschaftlich effizient.

d) Auch bei gesamtwirtschaftlich effizienter Produktion muß die Güterversorgung nicht Pareto-optimal sein.

Lösung

a) Vgl. Abschnitt D.1: Die Unternehmung erreicht nicht die maximale Güterproduktion x_1, die mit der Faktormenge v_1 produziert werden könnte. Folglich ließe sich natürlich auch gesamtwirtschaftlich mehr produzieren.

b) Wenn mit den vorhandenen Ressourcen von mindestens einem Gut mehr produziert werden könnte (ohne dabei von einem anderen weniger zu produzieren), dann könnte mindestens ein Haushalt besser gestellt werden, ohne daß andere sich verschlechtern - der Zustand kann also nicht Pareto-optimal sein.

c) Die Aussage ist falsch: Wenn nicht auf der Kurve der effizienten Produktion produziert wird (also die technische Substitutionsrate nicht für alle Unternehmen gleich ist), befindet sich die Wirtschaft nicht auf der Transformationskurve, obwohl die Faktoren vollständig für die Produktion verwendet werden und die Unternehmen einzelwirtschaftlich effizient produzieren.

In Abbildung 5.11a wird im Punkt S produziert mit den Mengen (x_o, y_o). Man könnte jedoch gesamtwirtschaftlich mehr produzieren (etwa bei konstanter Menge von x_o mehr von y : Punkt A oder analog Punkt B bei konstantem y_o oder irgendeinen anderen Punkt auf der Kurve effizienter Produktion im Bereich der Linse. Die entsprechende Gesamtproduktion (Punkt S im Güterraum, Abbildung 5.11b) liegt also nicht auf der Transformationskurve.

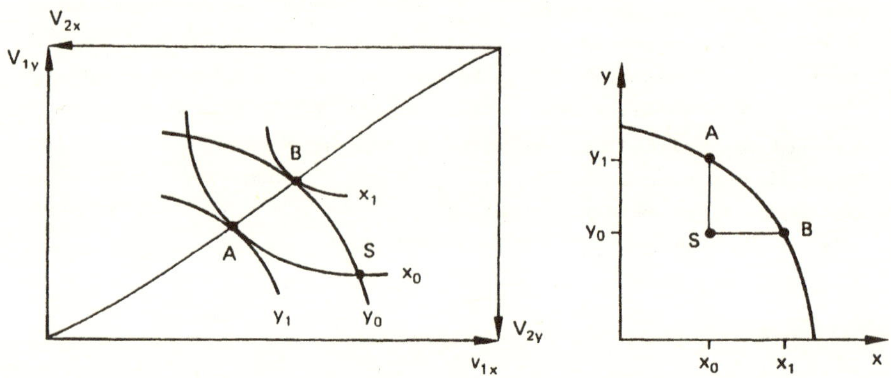

Abbildung 5.11

d) Vgl. Abbildung 21 in Abschnitt D.2b: Punkt Q liegt auf der Transformationskurve; da die Substitutionsrate des Haushaltes nicht mit der gesamtwirtschaftlichen Transformationsrate übereinstimmt, wäre eine Verbesserung (durch einen Übergang zu Punkt R) möglich: Produktionseffizienz ist eine notwendige, aber keine hinreichende Bedingung für Pareto-Optimalität.

B) Weiterführende Probleme:

Anwendungen der mikroökonomischen Wohlfahrtstheorie auf die Umweltökonomie und die Außenhandelstheorie

Vorwort:

Dieser Abschnitt befaßt sich ausführlicher mit der Umweltökonomie (Aufgabe 1 bis 3) sowie der Außenhandelstheorie (Aufgabe 4). Auf beiden Gebieten bringt die Anwendung der mikroökonomischen Wohlfahrtstheorie interessante Ergebnisse, die auch von wirtschaftspolitischer Relevanz sind. Gerade in der Umweltökonomie hat die mikroökonomische Analyse externer Effekte wesentliche Beiträge zum Verständnis der Probleme geliefert und in gewissem Maße die Wahl der umweltpolitischen Instrumente beeinflußt. Die behandelten Aufgaben sollen vor allem zeigen, wie das Instrumentarium auf konkrete Fragestellungen angewandt werden kann. Die Themen werden in folgenden Büchern intensiver besprochen:

E. **Sohmen**, Allokationstheorie und Wirtschaftspolitik, Tübingen 1976
H. **Siebert**, Ökonomische Theorie der Umwelt, Tübingen 1978
P. **Dasgupta**/G.**Heal**, Economic Theory and Exhaustible Resources, Cambridge 1979
K. **Rose**, Theorie der Außenwirtschaft, 8. Auflage, München 1981
F. **Gehrels**, Außenwirtschaftstheorie, München 1985.

Aufgabe 1

Ein Kohlekraftwerk produziert Energie (Gut Y) mit dem Faktor Arbeit gemäß der Produktionsfunktion $y = y(A_y)$. Je produzierter Energieeinheit wird gleichzeitig eine bestimmte Menge an umweltverschmutzenden Schadstoffen emittiert, die in einem forstwirtschaftlichen Betrieb die Produktion von Holz (Gut X) beeinträchtigt. Die Produktionsfunktion $x = x(A_x, y)$ wird durch die Emission negativ beeinflußt: $\partial x/\partial y < 0$. (y drückt – auf Grund der unterstellten proportionalen Beziehung zwischen Emission und Energie-Output – das entsprechende Schadstoffniveau aus.)

a) Wie lauten die Optimalbedingungen, wenn der Forstbetrieb X keinen Einfluß auf die Entscheidungen des Energieproduzenten hat?

b) Wie ändern sich diese Werte aus Teilaufgabe a), wenn der Gesamtgewinn beider Unternehmen maximiert wird?

c) Die Produktionsfunktionen seien $y = \sqrt{A_y}$, $x = \sqrt{A_x} - 0.5y$; die Güterpreise betragen $p_x = p_y = 8$, und der Arbeitslohn l sei 1. Vergleichen Sie die Marktlösung mit einer effizienten Allokation!

d) Welche institutionellen Regelungen sind denkbar, um eine gesamtwirtschaftlich effiziente Produktion zu erreichen?

Lösung

Das Kohlekraftwerk verursacht einen negativen *externen Effekt*. Externe Effekte technologischer Art liegen immer dann vor, wenn die Handlungen von Wirtschaftssubjekten die Möglichkeiten (der Produktion oder des Konsums) anderer beeinflussen, ohne daß diese Einflüsse über den Marktmechanismus laufen. Aus diesem Grund werden solche Wirkungen nicht in die Entscheidungen der (verursachenden) Handelnden einbezogen. Soziale und private Kosten beziehungsweise Erträge divergieren. Das Marktgleichgewicht ist nicht effizient (nicht Pareto-optimal). Im konkreten Fall sind die sozialen Grenzkosten der Energieproduktion wegen des negativen Einflusses der Schadstoffemission höher als die privaten.

a) Der Energieproduzent maximiert seinen Gewinn

$$G_y = p_y \cdot y(A_y) - l \cdot A_y.$$

Aus der Input-Regel (privates Wertgrenzprodukt = Faktorpreis)

(ay)
$$p_y \cdot \frac{\partial y}{\partial A_y} = l$$

ergeben sich die individuell optimalen Mengen $\tilde{y}$, $\tilde{A}_y$.

Der Holzproduzent kann die Menge $\tilde{y}$ nicht beeinflussen und maximiert daher seinen Gewinn bei gegebenem $\tilde{y}$:

$$G_x = p_x \cdot x(A_x, \tilde{y}) - l \cdot A_x$$

Aus der Inputregel:

(ax)
$$p_x \cdot \frac{\partial x}{\partial A_x} = l$$

erhält man die individuell optimalen Werte $\tilde{x}, \tilde{A}_x$.

Eine derartige unkoordinierte Gewinnmaximierung ist gesamtwirtschaftlich nicht effizient: Der Kraftwerksbesitzer berücksichtigt bei seiner Entscheidung nicht den negativen Effekt, den er bei dem Holzproduzenten verursacht. Würde dies in sein Kalkül eingehen, so ergäbe sich eine Wohlfahrtsverbesserung.

b) Wenn die Preise die soziale Wertschätzung der Güter für alle Haushalte korrekt wiederspiegeln (davon gehen wir im folgenden aus), wird die Gesamtwohlfahrt optimiert, indem der Gesamtgewinn beider Unternehmen maximiert wird:

$$\text{Max} \quad G = p_y \cdot y(A_y) + p_x \cdot x[A_x, y(A_y)] - l \cdot A_x - l \cdot A_y$$

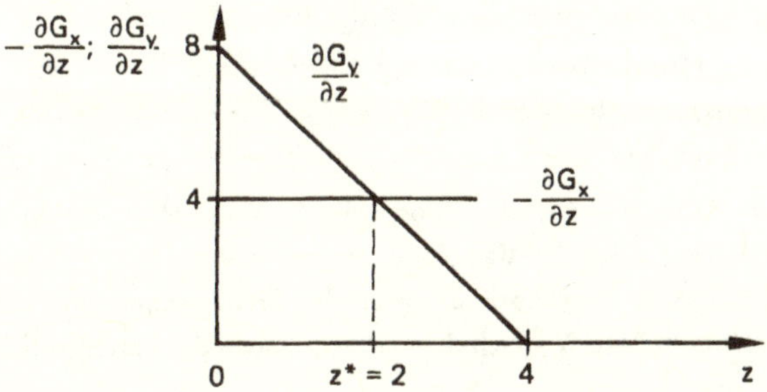

(b)

Abbildung 5.12

Dies ergibt folgende gesamtwirtschaftliche Optimalitätsbedingungen:

(by) $$p_y \cdot \frac{\partial y}{\partial A_y} + p_x \cdot \frac{\partial x}{\partial y} \cdot \frac{\partial y}{\partial A_y} = (p_y + p_x \cdot \frac{\partial x}{\partial y}) \cdot \frac{\partial y}{\partial A_y} = l;$$

(bx) $$p_x \cdot \frac{\partial x}{\partial A_x} = l$$

(by) besagt, daß das soziale Wertgrenzprodukt, das dem privaten, korrigiert um den negativen Einfluß der Gewinnreduktion des Holzproduzenten bei einer Steigerung des Energieausstoßes, entspricht, gleich dem Lohnsatz sein muß.

c) Das private Optimum bei unkoordinierter Gewinnmaximierung ergibt folgende Produktionsniveaus:

Gut Y: $\tilde{y} = 4; \quad \tilde{A}_y = 16; \quad \tilde{G}_y = 16$

Gut X: $\tilde{x} = 2; \quad \tilde{A}_x = 16; \quad \tilde{G}_x = 0$

Im sozialen Optimum muß für die Produktion von Y gelten:

$$\left(p_y + p_x \cdot \frac{\partial x}{\partial y}\right) \cdot \frac{\partial y}{\partial A_y} = l \quad \text{oder} \quad 2 \cdot \frac{1}{\sqrt{A_y}} = 1;$$

daraus folgt: $A_y^* = 4; \quad y^* = 2; \quad G_y^* = 12.$

Für Gut X erhält man dann:

$A_x^* = 16; \quad x^* = 3; \quad G_x^* = 8.$

Der Gesamtgewinn ist größer:

$G_x^* + G_y^* = 20 > \tilde{G}_x + \tilde{G}_y = 16$

Die Struktur des Problems wird klarer, wenn wir uns überlegen, daß bei der Produktion von Gut Y gleichzeitig (als Kuppelprodukt) das (negative) "Gut" Z (Luftverschmutzung) produziert wird (wobei die Einheiten so normiert seien, daß gelte: $z = y$). Gut Z beeinträchtigt die Produktion von X: $x = \sqrt{A_x} - 0,5 \cdot z$. Der maximal erreichbare Gewinn der Unternehmen hängt vom Ausmaß an Luftverschmutzung z folgendermaßen ab (vgl. Abbildung 5.12):

$G_y(z) = 8z - z^2$ (weil $G_y = 8y - A_y$ und y = z sowie $A_y = y^2 = z^2$).

$G_x(z) = 16 - 4z$ (Die Luftverschmutzung reduziert den Output von X linear; der optimale Arbeitseinsatz ist daher unabhängig von Z. Für z = 0 ist der maximale Gewinn 16. Jede Einheit Z reduziert den Erlös um 4 Einheiten: $p_x \cdot \partial x / \partial z = -8 \cdot 0,5 = -4$)

Bei einer Verschmutzung z = 4 ist der Gewinn des Produzenten von Y maximal; der Gesamtgewinn aber steigt, wenn das Verschmutzungsniveau auf z = 2 reduziert wird. Das Verschmutzungsniveau ist dann optimal, wenn der Grenzgewinn einer weiteren Schadstoffemission für Unternehmer Y gleich dem Grenzschaden der Emission für Unternehmer X ist (vgl. Abbildung 5.12):

$\partial G_y / \partial z = 8 - 2z$ marginaler Gewinn einer Emissionssteigerung

$-\partial G_x / \partial z = 4$ konstanter Grenzschaden

Das optimale Schadstoffniveau z* ergibt sich aus:

8 - 2z* = 4 bzw. z* = 2

Überlegen Sie sich, wie sich das Ergebnis ändert, wenn auch noch andere Unternehmen (und Haushalte) negativ von der Schadstoffemission des Kraftwerks betroffen sind.

Hinweis: Für alle betroffenen Unternehmen und Haushalte lassen sich (zumindest theoretisch) Schadensfunktionen ermitteln. Da das Verschmutzungsniveau Z für alle Betroffenen gleich ist (obwohl natürlich jeder in unterschiedlichem Maß geschädigt sein kann), ist Z als öffentliches Gut (oder besser als "public bad") zu behandeln: Das optimale Verschmutzungniveau erhält man, wenn die vertikale *Summe* aller Grenzschäden gleich dem Grenzgewinn für Y ist.

d) Unkoordiniertes Verfolgen von Eigeninteresse bewirkt im Fall externer Effekte eine sub-optimale Lösung; dies wird vielfach als "Marktversagen" (Versagen der "unsichtbaren Hand") bezeichnet; dieser Ausdruck ist allerdings nicht gerechtfertigt deshalb, weil der Markt nicht etwas optimal regeln kann, was per definitionem gar nicht über ihn läuft. Um das Erreichen eines Optimums zu gewährleisten, sind korrigierende Institutionen erforderlich. Ziel einer solchen Institution muß es sein, eine Regelung zu gestalten, die sicherstellt, daß der externe Effekt (die sozialen Kosten) in die Entscheidungen des Produzenten von Y miteinbezogen ("internalisiert") wird.

Es sind verschiedene Mechanismen zur Korrektur des Marktergebnisses denkbar. Man kann sie anhand von zwei Extrempositionen charakterisieren:

A) "Staatseingriffe sind erforderlich"

Im konkreten Beispiel ist ein absolutes Produktionsverbot für Y sicher nicht optimal. Wirksam wäre aber die Festsetzung einer Verschmutzungshöchstgrenze (hier $z \leq 2$), also von Grenzwerten der Schadstoffemission. In dem einfachen Beispiel würde dies eine optimale Allokation garantieren. Im allgemeinen aber haben undifferenzierte Emissionsquoten den Nachteil, daß alle Unternehmen Schadstoffe in gleicher Weise reduzieren müssen, obwohl die Grenzkosten einer Reduktion der Emissionen stark variieren können (vgl. Aufgabe 2).

Die Festlegung von Quoten ist im allgemeinen ein recht inflexibles Instrument und nur in Ausnahmefällen ökonomisch effizient. Eine marktwirtschaftliche, flexiblere Form von Staatseingriffen wäre die Erhebung von korrigierenden Steuern (bzw. Gewährung von Subventionen). Auf diese Weise werden über Eingriffe in den Preismechanismus ökonomische Anreize zu einer wohlfahrtsverbessernden Korrektur der Marktergebnisse gesetzt.

Der optimale Steuersatz muß so gewählt werden, daß es im Eigeninteresse des Stromproduzenten liegt, die Menge Y = 2 zu produzieren. Der Produzent erhält pro verkaufter Einheit die Differenz zwischen Preis und Steuer:

$G_y = (p - t) \cdot y - A_y$

Der Gewinn ist maximal, falls:

$$(\tilde{a}y) \qquad (p_y - t) \cdot \frac{\partial y}{\partial A_y} = l$$

Das individuelle Optimum ($\tilde{a}y$) entspricht der Effizienzbedingung (by), falls für den Steuersatz gilt:

$t = -p_x \cdot \frac{\partial x}{\partial y*}$

Der Stromproduzent muß entsprechend den sozialen Grenzkosten (hier: dem marginalen Schaden von X) besteuert werden, damit er die sozialen Kosten in sein Optimierungskalkül einbezieht (internalisiert).

(In dem konkreten Beispiel beträgt der Steuersatz t = 8· 0,5 = 4)

Daß Steuern, die zur Korrektur externer Effekte eingesetzt werden, eine effizientere Ressourcenallokation ermöglichen, wurde bereits von Arthur Pigou gezeigt (man spricht deshalb auch von einer Pigou-Steuer). Viele Ökonomen sind aber der Ansicht, daß solche starken Eingriffe in den Marktmechanismus überflüssig sind. Sie vertreten die Auffassung:

B) Der Staat muß nur rechtliche Rahmenbedingungen schaffen (Eigentumsrechte definieren).

Die These, lenkende Steuern seien in jedem Fall als systemwidriger Eingriff in das "freie Spiel" der Marktkräfte abzulehnen, ist ohne Zweifel etwas naiv. Schließlich führt das freie Spiel der Marktkräfte bei externen Effekten ja gerade zu ineffizienten Lösungen (Marktversagen). Dagegen läßt sich die Auffassung, solche Steuern seien überflüssig, sofern nur Eigentumsrechte für das Gut "Umwelt" garantiert werden, durchaus begründen. Ausgangspunkt ist die Überlegung, daß die Ressource Umwelt deshalb nicht effizient genutzt wird, weil sie niemandem gehört ("common property" ist). Sobald Eigentumsrechte (property rights) an diesem Gut definiert sind, liegt es im Eigeninteresse der Wirtschaftssubjekte, sich durch Tausch von Eigentumsrechten zu verbessern, bis ein Pareto-Optimum erreicht ist. (Dies gilt allerdings nur, wenn keine Verhandlungskosten bestehen.)

Nach dem **Coase-Theorem** ist es dabei gleichgültig, wer die Eigentumsrechte besitzt: Egal, ob X das Recht auf "saubere Luft" hat oder ob Y das Recht hat, eine bestimmte Menge z an Emissionen in die Luft zu leiten - das Eigeninteresse garantiert, daß die effiziente Menge z=2 realisiert wird. Die Frage, wer über die Rechte verfügt, hat nur Konsequenzen für die Aufteilung des Gewinns, nicht aber für die Effizienz der Allokationslösung.

Die Grundidee läßt sich am Beispiel der Teilaufgabe b) gut verdeutlichen:

1) Falls X das Recht auf saubere Luft hat, kann Y zunächst nicht produzieren (z=0). Y wird jedoch X Zahlungen anbieten, wenn er die Luft verschmutzen darf. Seine Zahlungsbereitschaft entspricht seiner marginalen Gewinnsteigerung; die Gewinnfunktion von Y läßt sich demzufolge auch als Nachfragefunktion für Verschmutzungsrechte interpretieren. Seine Zahlungsbereitschaft ist zunächst (solange $z < 2$) höher als der Grenzschaden von X: X kann durch einen Verkauf von Verschmutzungsrechten einen Erlös erzielen, der die Gewinnschmälerung durch die stärkere Verschmutzung überkompensiert. Er wird deshalb auf das Angebot eingehen, bis z^* erreicht ist. Die Grenzschadensfunktion ist gewissermaßen seine Angebotsfunktion an Verschmutzungsrechten.
2) Falls Y ein Recht auf Emission von 4 Einheiten hat, wird X ihm Zahlungen für eine Produktionseinschränkung anbieten. Seine Zahlungsbereitschaft entspricht dem Grenzschaden (4). Y wird das Angebot akzeptieren, solange die Zahlung größer ist als der Verlust, der durch eine Produktionsreduktion entsteht (solange $z > 2$).

Im ersten Fall würde Y 2 Einheiten saubere Luft kaufen; im zweiten Fall würde X 2 Einheiten Emissionsrechte kaufen. Durch die Definition von Eigentumsrechten wird quasi *ein Markt für das Gut "Umwelt"* (bzw "Schadstoffemission") *geschaffen*. Bei Mengenanpasserverhalten wäre der Marktpreis $p_z = 4$ (gleich der Pigousteuer). Wie hoch die Zahlungen tatsächlich ausfallen (welcher Preis verlangt wird), hängt freilich vom Verhandlungsgeschick ab.

Die skizzierten Argumente basieren auf der Überlegung, daß eine Pareto-Verbesserung möglich ist. Sowohl X als auch Y können sich besser stellen, wenn sie sich auf $z = 2$ einigen. Der Gesamtgewinn ist dann maximal und kann jeweils so aufgeteilt werden, daß beide mehr erhalten als in der Ausgangssituation. Es besteht ein Anreiz, solange zu verhandeln, bis ein Pareto-Optimum erreicht ist.

Das ist jedoch nicht notwendigerweise immer der Fall: Wenn strategisches Verhalten (etwa durch Täuschung und Drohung) individuelle Vorteile verspricht, kann das Verhandlungsergebnis eventuell sogar ein Verschlechterung gegenüber der Ausgangssituation bedeuten. Das Problem verschärft sich, wenn an den Verhandlungen viele Teilnehmer beteiligt sind.

Zudem sind die Kosten der Durchsetzbarkeit von Eigentumsrechten am Gut "saubere Luft" zu beachten. Luft ist in gewissem Maße ein öffentliches Gut, das von allen im gleichen Umfang konsumiert wird. Nutzungsrechte durchzusetzen, die andere vom Konsum ausschließen, wäre mit hohen Kosten verbunden und wegen des Kollektivgut-Charakters nicht effizient. Die überregionale Ausbreitung von Luft und Schadstoffen macht die Einhaltung von Eigentumsrechten ohnehin problematisch: Praktikabel wäre allenfalls eine Kontrolle der Emissionen beim Verursacher, während eine Zurechnung auf die einzelnen Geschädigten nahezu unmöglich ist.

Verhandlungs- und Transaktionskosten fallen je nach der institutionellen Regelung ganz unterschiedlich aus. Die Wahl der besten Regelung ist von der konkreten Situation abhängig. (So müßte man etwa die Verhandlungskosten der Property-Rights-Lösung den staatlichen Informationkosten zur Ermittlung des optimalen Pigou-Steuersatzes gegenüberstellen.)

Aufgabe 2

Eine Reduktion um z Einheiten Stickstoffoxyd verursacht bei einem alten Steinkohlekraftwerk Kosten in Höhe von $K_1 = 4z_1^2$. Bei einem neueren Kraftwerk betragen die Kosten $K_2 = z_2^2$.

Jedes Kraftwerk emittiert 30 Einheiten.

a) Die gesamte Stickstoffoxydmenge soll um die Hälfte reduziert werden. Vergleichen Sie die Gesamtkosten, wenn jedes Kraftwerk 15 Einheiten reduzieren muß, mit einer effizienten Lösung.

b) Wie hoch müßten Strafzahlungen je Einheit Stickstoffoxyd sein, damit die Schadstoffe insgesamt um 30 Einheiten reduziert werden. Welche Lösung ergibt sich, wenn jedes Kraftwerk das Recht auf 15 Einheiten Emission erhält?

c) Die Kraftwerke schädigen zwei Gruppen von Haushalten. Deren Zahlungsbereitschaft für eine Schadstoffreduktion beträgt $\mu_1 = 1000/z$; $\mu_2 = 1250/z$. Um wieviel Einheiten sollten die Schadstoffe reduziert werden?

Lösung

a) Wenn jedes Kraftwerk die Emission um 15 Einheiten verringert, belaufen sich die Gesamtkosten auf $K = 4 \cdot 15^2 + 15^2 = (4+1) \cdot 225 = 1125$.

Der gleiche Effekt könnte zu geringeren Gesamtkosten erzielt werden, wenn das ältere Kraftwerk mehr emittieren würde und statt dessen das Werk mit den geringeren Grenzkosten seine Schadstoffe stärker reduziert. Die Gesamtkosten werden minimiert, wenn:

min $K = 4z_1^2 + z_2^2$ bei: $z_1 + z_2 = 30$.

Die Lagrangefunktion lautet:

$L = 4z_1^2 + z_2^2 + \mu[30 - z_1 - z_2]$;

mit den Bedingungen 1.Ordnung:

$8z_1 = \mu$ oder $z_1 = \mu/8$;

$2z_2 = \mu$ oder $z_2 = \mu/2$;

$z_1 + z_2 = 30 = z$.

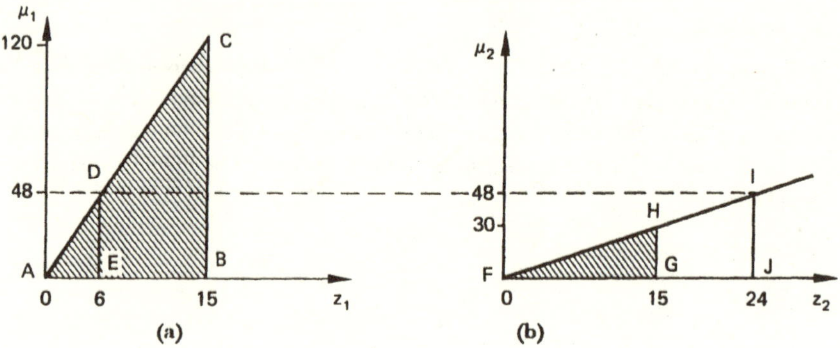

Abbildung 5.13

Daraus erhält man : $\mu/8 + \mu/2 = \mu \cdot 5/8 = z = 30$ oder $\mu = 48$ sowie $z_1 = 6; z_2 = 24$; und die Gesamtkosten K = 144 + 576 = 720.

μ ist der volkswirtschaftliche Schattenpreis für eine weitere Schadstoffreduktion. Wenn man, ausgehend vom Niveau z, die Schadstoffe um eine weitere marginale Einheit reduzieren will, erhöhen sich die Gesamtkosten gerade um $\mu = 8/5 \cdot z = 1,6 \cdot z$.

Wenn für jede Einheit Schadstoffemission eine Strafgebühr in Höhe von μ berechnet wird, dann ist es für die einzelnen Unternehmen sinnvoll, die Schadstoffe zu reduzieren, solange die Grenzkosten kleiner als μ sind. Wenn die Grenzkosten μ übersteigen, ist es ökonomischer, die Strafgebühr zu zahlen. Bei einer Gebühr von 48 werden also die Emissionen insgesamt um 30 Einheiten reduziert, zu volkswirtschaftlich minimalen Kosten.

Als volkswirtschaftliche Kosten bezeichnen wir den (physischen) Verbrauch an gesamtwirtschaftlichen Ressourcen, der bei der Durchführung der geforderten Schadstoffreduktion anfällt. Die Abgabenbelastung der einzelnen Unternehmen(also die Steuern, die sie entrichten), sind dagegen keine volkswirtschaftlichen Kosten (kein Ressourcenverzehr), sondern nur eine Umverteilung von Ressourcen an den Staat (Der Staat könnte ja die Abgaben zum Beispiel wieder pauschal an die Unternehmen zurückerstatten).

Die volkswirtschaftlichen Kosten der Schadstoffbeseitigung sind dann minimial, wenn die Grenzkosten der Beseitigung bei allen Unternehmen gleich hoch sind. Die Kostenersparnis durch eine Abgabenregelung läßt sich graphisch anhand der Abbildung 5.13 veranschaulichen: da die Gesamtkosten sich als Integral über die Grenzkosten bestimmen lassen, kann man sie jeweils als Fläche unter der Grenzkostenkurve ablesen. Wenn beide Unternehmen je 15 Einheiten reduzieren müssen, setzen sich die Gesamtkosten aus den Flächen der beiden schraffierten Dreiecke (ABC, FGH) zusammen.

Bei einer Abgabenregelung reduziert das zweite Unternehmen weitere 9 Einheiten; seine Kosten steigen damit um die Fläche GHIJ. Das ältere Kraftwerk mit den höheren Beseitigungskosten dagegen reduziert 9 Einheiten weniger (die Gesamtmenge bleibt ja gleich). Weil die Grenzkosten dort wesentlich höher sind, übersteigt die Kostenersparnis beim Kraftwerk 1 (Fläche BCDE) deutlich die zusätzlich beim zweiten Kraftwerk anfallenden

Kosten.

Die Inversen der Grenzkostenkurven: $Z_1 = \mu/8$; $Z_2 = \mu/2$; kann man auch als individuelle Angebotsfunktionen an Schadstoffreduktion in Abhängigkeit vom Schadstoffpreis μ interpretieren. Das Gesamtangebot ist die aggregierte Funktion $z^A = \mu \cdot 5/8 = 0{,}625 \cdot \mu$. Wenn die Nachfrage vom Staat auf $z^N = 30$ Einheiten fixiert ist, beträgt der Marktpreis für Z gerade $\mu = 48$ (vgl. Abbildung 5.14).

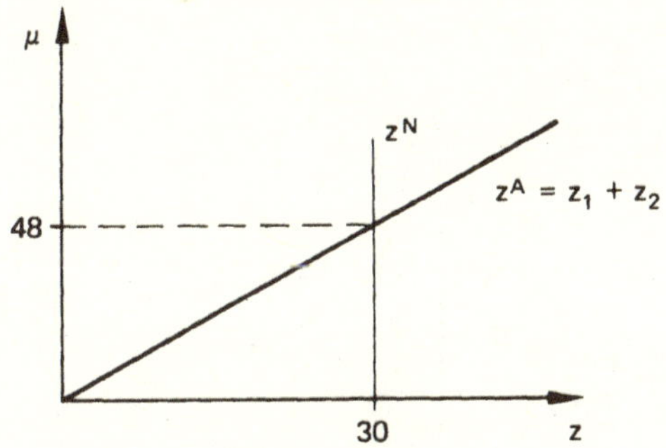

Abbildung 5.14

Eine staatliche Festsetzung der Gesamtnachfrage z^N ist dann erforderlich, wenn die Präferenzen der Haushalte (ihre "Nachfragefunktion" für Schadstoffreduktion) wegen des Free-Rider-Problems nicht ermittelt werden können. Wenn die vom Staat festgesetzte Menge (30 Einheiten) nicht den Präferenzen entspricht, ist die beschriebene Lösung zwar technisch effizient (die festgelegte Menge wird mit den gesamtwirtschaftlich geringsten Kosten erreicht), aber nicht Pareto-optimal: Es ist eine "zweit-beste" Lösung, die nur optimal unter der Bedingung ist, daß die wahre Nachfrage nicht ermittelt werden kann. (Wie man sonst vorgehen müßte, dazu siehe Teilaufgabe c.)

b) Wenn die Rechte nicht handelbar sind, wird jedes Unternehmen seine Schadstoffemission um 15 Einheiten reduzieren. Wenn die Rechte auf Schadstoffanteile aber frei handelbar sind, so wird das Kraftwerk 1 weitere 9 Einheiten Emissionsrecht hinzukaufen, weil für dieses Unternehmen die Kosten eines Kaufs von Schadstoffanteilen niedriger sind als die Kosten einer Reduktion. Seine Grenzkosten und damit seine Zahlungsbereitschaft für zusätzliche Emissionsrechte (sein Schattenpreis) betragen ja $8 \cdot z_1$ bei einer Reduktion um Z_1 Einheiten. Durch einen entsprechenden Tausch von Anteilen wird so die effiziente Lösung erreicht (wenn wir von Verhandlungskosten absehen).

Diese Vorstellung liegt dem "Bubble"-Konzept zugrunde, das in manchen Bundesstaaten der USA verwirklicht wurde: dort können Schadstoffanteile an einer Börse gehandelt werden, um die Belastung in einer Region zu den gesamtwirtschaftlich geringsten Kosten auf ein gegebenes Niveau zu reduzieren.

c) Die Schadstoffmenge ist ein öffentliches Gut: Beide Haushalte sind von der Gesamtmenge z gleichermaßen betroffen. Die gesamte Zahlungsbereitschaft ergibt sich demnach aus der Aggregation der einzelnen Zahlungsbereitschaften: $\mu = \mu_1 + \mu_2 = 2250/z$. (Dies entspricht der vertikalen Aggregation der individuellen Nachfragefunktionen in Abbildung 5.15: Zu jeder Schadstoffemission wird die Summe der Preise ermittelt). Die Gesamtnachfrage nach Schadstoffreduktion beträgt demnach: $z^N = 2250/\mu$, das Angebot ist $z^A = 0,625 \cdot \mu$.

Die optimale Menge ergibt sich aus $\mu^2 = 3600$ beziehungsweise $\mu = 60$ als $z^* = 37,5$. In diesem Fall ist also die Präferenz der Haushalte nach stickoxydfreier Luft größer als vom Staat geschätzt.

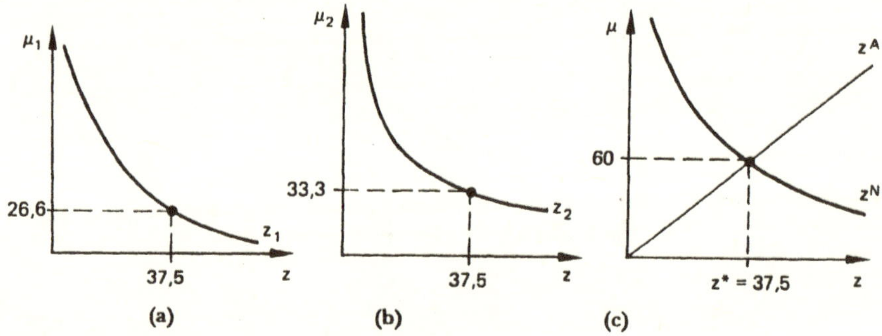

Abbildung 5.15

Ob die Haushalte den Kraftwerken für jede Einheit reduzierter Schadstoffe einen Preis von $\mu = 60$ zahlen müssen, hängt von den rechtlichen Rahmenbedingungen ab: Wenn die Kraftwerke das Recht auf freien Emissionsausstoß haben, müssen die Haushalte zahlen, um einen geringeren Ausstoß zu erreichen. Wenn aber die Haushalte das Recht auf saubere Luft besitzen, müssen die Kraftwerke den Haushalten für jede Einheit Schadstoffanteil einen Preis von 60 zahlen. Unabhängig von den Verteilungswirkungen betragen die effizienten Reduktionsmengen: $z_1 = 7,5$; $z_2 = 30$.

Aufgabe 3

Der gesamte Fischfangertrag x in einem See hängt von der Zahl N der Fischerboote [$x = F(N)$] ab. Die Grenzerträge nehmen mit zunehmender Zahl der Boote ab ($F'(N) < 0$). Der Preis pro kg Fisch sei 1; die Opportunitätskosten je Fischerboot (die Einnahmen eines Fischers aus anderer Tätigkeit) betragen q. Weil alle Boote gleich sind, fängt jeder die gleiche Menge $F(N)/N$.

a) Vergleichen Sie die gesamtwirtschaftliche Wohlfahrt und die Zahl der Boote, wenn
   (1) der See frei zugänglich ist, oder
   (2) ein Eigentümer eine Nutzungsgebühr je Fischerboot erhebt.
   Wie hoch müßte eine Pigousteuer sein, um eine effiziente Allokation zu garantieren?

b) Berechnen Sie die entsprechenden Werte für $x = 20 \cdot \sqrt{N}$ und q = 2.

Lösung

a) zu (1):

Wenn keine Eigentumsrechte an dem Fanggrund bestehen, kann ihn jeder frei nutzen. Dies führt zu einer Übernutzung der Ressource (Common-Property-Problem): Jedes neu hinzukommende Boot übt einen externen Effekt auf alle anderen Boote aus, weil der Grenzertrag dieses Bootes F'(N) kleiner ist als sein individueller Erlös: Er erzielt den Durchschnittsertrag F(N)/N > F'(N). Damit sinkt der Durchschnittsertrag aller anderen Boote; dies wird vom neuen Boot aber nicht berücksichtigt. Wenn bereits N-1 andere Boote aktiv sind, lohnt es sich für einen N-ten Fischer ebenfalls zu fangen, falls der **Durchschnitts**ertrag größer ist als die Opportunitätskosten: F(N)/N > q. Bei freiem Zutritt bestimmt sich die Zahl $\bar{N}$ der Boote so, daß der Gewinn je Boot Null beträgt: F($\bar{N}$)/$\bar{N}$ = q. Dies ist volkswirtschaftlich ineffizient: die Grenzkosten q sind höher als der Grenzertrag (F'(N)); zu viele Boote auf dem See führen zu einer Übernutzung der Ressource. Ein Teil der Fischer wäre effizienter in anderen Industrien tätig.

Bei freiem Zugang ist der volkswirtschaftliche Wohlfahrtsgewinn aus dem Fischfang gleich Null: Die Gesamtkosten sind genau so hoch wie der Gesamtertrag: F($\bar{N}$) = q· N.

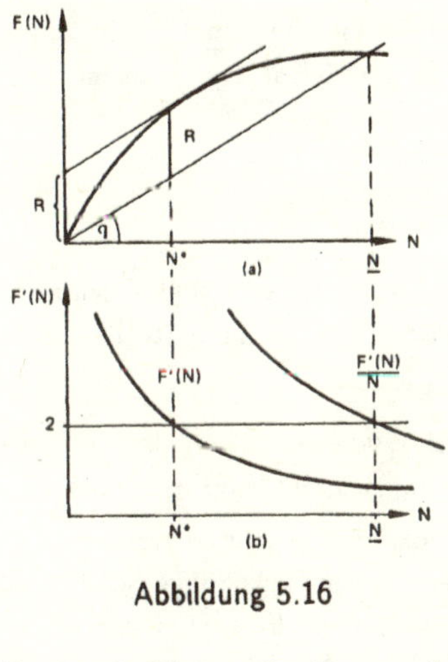

Abbildung 5.16

zu (2):

Die Bootszahl ist dann volkswirtschaftlich optimal, wenn die Differenz zwischen Ertrag und Kosten F(N) - q· N maximal ist, also wenn: Grenzertrag gleich Grenzkosten: F'(N) = q (vgl. Abbildung 5.16)

Befindet sich der See in Privatbesitz, dann wird der Eigentümer die Knappheitsrente für den fixen Faktor "Fischgrund" als Differenz zwische Ertrag und Kosten maximieren. Er wird je Boot eine Nutzungsgebühr $r = F(N^*)/N^* - F'(N^*)$ erheben. Dann sind genau N^* Fischer bereit, die Gebühr r zu bezahlen: es lohnt sich für einen Fischer zu fangen, sofern $q + r \geq F(N)/N$. Für q + r = F(N)/N gilt q = F'(N^*).

r ist als Differenz zwischen Durchschnittsertrag und Grenzertrag gerade gleich dem negativen externen Effekt, den ein zusätzlicher Fischer allen anderen auferlegt.

Die gesamte Rente R = rN (als volkswirtschaftlicher Wohlfahrtsgewinn des Fischgrundes) fließt dem Eigentümer zu. Dieser Verteilungseffekt läßt sich folgendermaßen vermeiden: da der Faktor fix ist, könnte er voll besteuert werden, ohne daß sich die Steuerlast überwälzen ließe. Eine andere Möglichkeit wäre es, den Fischgrund an den Höchstbietenden zu versteigern. Auf einer effizienten Auktion würde gerade R geboten (abgesehen von strategischen Erwägungen, ist es attraktiv, den Fischgrund zu ersteigern, solange der Preis dafür niedriger ist als die dort erzielbare Rente R).

Schließlich könnte der Staat Nutzungslizenzen in Höhe von r (als eine Art Pigousteuer) auf jedes Boot erheben. In diesem Fall läge das Eigentumsrecht beim Staat.

Unabhängig von den Verteilungswirkungen, die sich durch verschiedene institutionelle Regelungen ergeben, ist es volkswirtschaftlich sinnvoll, für die Nutzung des knappen Faktors "Fanggrund" eine Rente (die man auch als Schattenpreis für die Knappheit interpretieren kann) zu erheben.

Wird für einen volkswirtschaftlich knappen Faktor kein Preis gezahlt, dann erfolgt eine Übernutzung: Die knappe Ressource wird verschwendet, die Allokation ist ineffizient.

b) Ohne Eigentumsrechte beträgt die Anzahl der Boote $\bar{N} = 100$. Der Ertrag F(N) = 200 ist gleich den Kosten. Die optimale Zahl von Booten ist $N^* = 25$. Die Differenz zwischen Ertrag und Kosten ist dann maximal (=50). Eine Nutzungsgebühr in Höhe von r = 2 stellt sicher, daß genau 25 Boote produzieren.

Aufgabe 4

In den Ländern A und B werden die Güter X und Y gemäß folgender Produktionsfunktionen unter Einsatz des Faktors Arbeit V hergestellt:

Land A: $x_A = a \cdot v_{Ax}$ $\quad y_A = c \cdot v_{Ay}$

Land B: $x_B = b \cdot v_{Bx}$ $\quad y_B = d \cdot v_{By}$

Beide Länder verfügen über die gleiche Menge an Arbeitskräften $\bar{v}$.

a) In welchem Fall spricht man von absoluten Kostenvorteilen für das Land A in der Produktion von X? Unter welchen Bedingungen besitzt das Land A gegenüber Land B komparative Kostenvorteile in der Erzeugung von X? Ist es möglich, daß ein Land
   - absolute Kostenvorteile in der Produktion beider Güter besitzt?
   - komparative Kostenvorteile in der Produktion beider Güter besitzt?

b) Es sei a=2, b=3, c=1, d=3 und $\bar{v} = 100$.
   1) Bestimmen Sie für jedes Land die Transformationskurve. Welches Preisverhältnis herrscht in den einzelnen Ländern ohne internationalen Handel?
   2) Welches Gut wird ein geschäftstüchtiger Händler aus Land A exportieren? In welchem Bereich kann sich im internationalen Handelsverkehr das Preisverhältnis p_x/p_y einspielen?

3) Land A produziert beide Güter zu höheren Kosten. Muß nach der Aufnahme internationaler Handelsbeziehungen das Lohnniveau in Land A sinken, damit der Export überhaupt attraktiv wird?

c) Angenommen die Transformationskurve von Land A sei konkav. Vergleichen Sie die Produktions- und Konsummöglichkeiten im Autarkiefall mit einer Situation internationalen Güteraustauschs, wenn der Weltmarktpreis für Gut X höher ist als in Land A.

Lösung

a) Absolute Kostenvorteile liegen vor, wenn bei einem Gut die gleiche Menge mit weniger Arbeitseinheiten produziert werden kann – oder bei gleicher Einsatzmenge an Arbeit mehr von dem Gut hergestellt werden kann (das Land also produktiver ist). Land A hat demnach einen absoluten Kostenvorteil bei Gut X, wenn die Produktivität a höher ist als b in Land B: a > b.

Komparative Kostenvorteile bei der Produktion eines Gutes ergeben sich, wenn die Opportunitätskosten, die bei der Produktion von Gut X relativ zu Gut Y anfallen, in Land A niedriger sind als in

Land B. Die Opportunitätskosten erhalten wir aus folgender Überlegung: Auf wieviele Einheiten von Gut Y muß ein Land verzichten, um eine zusätzliche Einheit von Gut X zu produzieren zu können? Das ist gerade die Grenzrate der Transformation:

$$-\frac{dy_A}{dx_A} = \frac{\partial y_A/\partial v_{Ay}}{\partial x_A/\partial v_{Ax}} = \frac{c}{a} < \frac{d}{b} = \frac{\partial y_B/\partial v_{By}}{\partial x_B/\partial v_{Bx}} = -\frac{dy_B}{dx_B}$$

Den komparativen Kostenvorteil können wir auch mit Hilfe einer anderen Überlegung ermitteln: die relative Produktivität des Faktors Arbeit bei der Produktion von Gut X im Vergleich zu Gut Y $[x_A/v/y_A/v = a/c]$ muß höher sein als im Land B: $[x_B/v/y_B/v = b/d]$. Also: a/c > b/d oder eben c/a < d/b.

Wenn Arbeit in Land A bei der Produktion beider Güter jeweils produktiver ist als in Land B (wenn also sowohl a>b als auch c>d ist), hat das Land A in beiden Branchen absolute Kostenvorteile: Es kann die gleiche Gütermenge jeweils mit einem geringeren Arbeitseinsatz herstellen.

Schon aus dem Begriff "komparativer Kostenvorteil" wird deutlich, daß bei einem Vorteil bei der Produktion von X im Vergleich zu Gut Y nicht zugleich auch ein Vorteil bei der Produktion von Y im Vergleich zu X bestehen kann. Dies ist logisch unmöglich: Es kann nicht gleichzeitig gelten: c/a < d/b und c/a > d/b!

Selbst wenn ein Land bei der Produktion beider Güter absolut unterlegen ist, kann sich das Land durch einen Gütertausch auf dem internationalen Markt verbessern, wenn es sich darauf spezialisiert, das Gut zu produzieren, bei dem es einen komparativen Vorteil besitzt. Für den Gütertausch kommt es nicht auf die absoluten, sondern auf die komparativen Kostenvorteile an. Dies wird an Hand der nächsten Teilaufgabe deutlich.

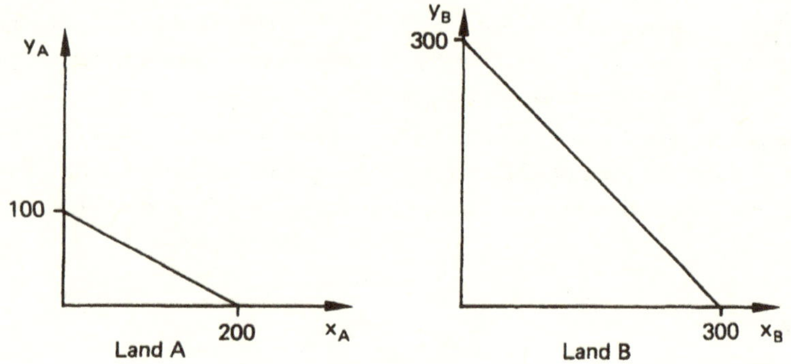

Abbildung 5.17

b1) Land A kann entweder 200 Einheiten von Gut X oder 100 Einheiten von Gut Y produzieren (oder eine Kombination beider Möglichkeiten). Land B kann 300 Einheiten X bzw 300 Einheiten Y oder eine Kombination davon produzieren (vgl. Abbildung 5.17).

Land B hat bei beiden Gütern einen absoluten Kostenvorteil. Es kann von beiden Gütern mit der gleiche Menge Arbeit jeweils mehr produzieren.

Bei welchem Gut hat Land A einen komparativen Vorteil? Es ist bei der Produktion X im Vergleich zu Gut Y relativ produktiver als Land B: 2:1 statt 3:3. Anders formuliert: Um ein zusätzliche Einheit von Gut X zu produzieren, muß Land B auf eine Einheit von Gut Y verzichten, Land A aber nur auf eine halbe Einheit. Die Opportunitätskosten sind für Land A geringer (1/2 statt 1). Das nationale Preisverhältnis muß bei gegebenen Ressourcen jeweils die Knappheitsverhältnissse im Land (Opportunitätskosten der Volkswirtschaft) wiederspiegeln. Es muß deshalb gelten, daß die Grenzrate der Transformation (die Opportunitätskosten) dem reziproken Preisverhältnis entspricht:

$$-\frac{dy}{dx} = \frac{p_x}{p_y}.$$

Im Land A betragen die Opportunitätskosten für Gut X gerade 1/2, es muß daher um die Hälfte billiger sein als Gut Y: $p_x/p_y = 1/2$ (und umgekehrt betragen die Opportunitätskosten für Gut Y 2; wenn beide Güter z.B gleich teuer wären, wäre es nicht rentabel, dieses Gut zu produzieren).

Im Land B dagegen gilt: $p_x/p_y = 1$.

b2) Ein Händler, der Gut X im Land A verkauft, erhält dafür eine halbe Einheit Y. Nehmen wir an, es bestehen keine Transportkosten zwischen beiden Ländern. Dann könnte der Händler folgendes Arbitragegeschäft vornehmen: er verkauft das Gut X im Land B und erhält dafür gleich viele Einheiten von Gut Y. Diese Güter tauscht er in Land A wieder ein gegen X und erhält dafür jetzt die doppelte Menge an X. Wenn die unterschiedlichen Preisrelationen bestehen bleiben, könnte er diese Transaktionen unbeschränkt fortsetzen und so hohe Gewinne erzielen (Das gilt analog für einen Produzenten von Gut Y in Land B).

Die Preisunterschiede können jedoch nicht auf Dauer bestehen bleiben, weil dies zu einem Überangebot von Gut X in Land B und von Gut Y in Land A führen würde. Solche Arbitragegeschäfte bewirken daher in der Abwesenheit von Transportkosten und Handelshemmnissen eine Angleichung der relativen Preise. Welches internationale Preisverhältnis sich im Gleichgewicht ergibt, ist von den Präferenzen für die beiden Güter in den zwei Ländern (also von der Weltnachfrage nach beiden Gütern) abhängig. Das Preisverhältnis muß sich so einspielen, daß die gesamte Nachfrage auf dem Weltmarkt dem Weltangebot entspricht. Auf jeden Fall muß gelten:

$$\frac{1}{2} \leq \frac{p_x}{p_y} \leq 1.$$

Land A wird sich auf die Produktion von Gut X spezialisieren und dieses Gut exportieren, Land B auf die Produktion von Gut Y. Es erfolgt also jeweils eine Spezialisierung auf das Gut, bei dem die Opportunitätskosten niedriger sind als der relative Preis. Liegt der Preis zwischen 1/2 und 1, können sich beide Länder durch internationalen Tausch verbessern: Ihre Konsummöglichkeiten (die in Abbildung 5.18 gestrichelte "Budgetgerade" der Länder) verschieben sich nach außen:

Sei etwa $p_x/p_y = 0.75$. Dann kann Land A, wenn es nur Gut X produziert (200 Einheiten), maximal 150 Einheiten von Gut Y auf dem Weltmarkt kaufen, 50 mehr als vorher (Abbildung 5.18).

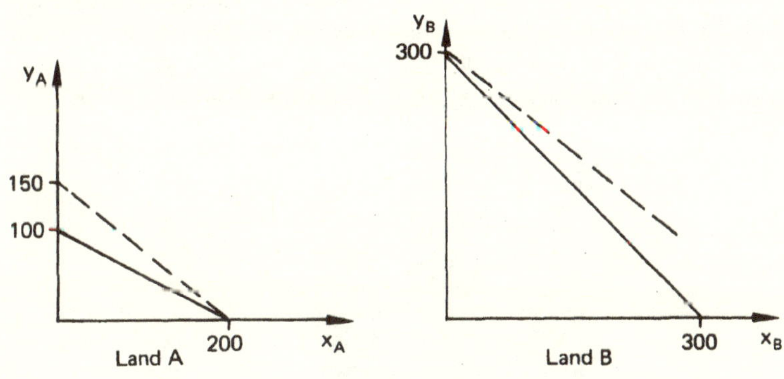

Abbildung 5.18

Umgekehrt könnte Land B theoretisch für 300 Einheiten Y 450 Einheiten X kaufen. Wie stark sich die Konsummöglichkeiten gegenüber der Autarkiesituation verbessern, hängt davon ab, wie stark das internationale Preisverhältnis vom nationalen (im Autarkiefall) abweicht.

b3) Das absolute Lohn- und Preisniveau spielt bei der Betrachtung keine Rolle, weil es nur auf die relativen Preise ankommt (Abwesenheit von Geldillusion). Die entscheidende Frage ist daher, wie sich die **Reallöhne** nach Aufnahme internationalen Handels verändern.

Unter der Bedingung vollkommenen Wettbewerbs werden die Arbeiter nach ihrem Wertgrenzprodukt entlohnt:

$$l = p_x \cdot \frac{\partial x}{\partial v_x} \qquad \text{und} \qquad l = p_y \cdot \frac{\partial y}{\partial v_y}$$

Bei Autarkie gilt demnach für:

Land A: $l = p_x \cdot 2; \quad l = p_y \cdot 1$

Land B: $l = p_x \cdot 3; \quad l = p_y \cdot 3$

Wegen ihrer geringeren Produktivität ist der Reallohn der Arbeiter in Land A niedriger als in Land B (Für eine Einheit Y muß man in Land A dreimal so lange arbeiten wie in Land B). Nach Aufnahme der Tauschbeziehungen wird in Land A nur Gut X produziert, der Reallohn in Einheiten von Gut X bleibt unverändert $l/p_x = 2$. Da aber jetzt $p_x/p_y > 1/2$, können die Arbeiter mehr von Gut Y konsumieren (z.B. falls $p_x/p_y = 0.75$, gilt: $l/p_y = 1.5$). Ihr Reallohn, in Einheiten von Gut Y gemessen, ist gestiegen. Freilich ist der Reallohn in Land A immer noch niedriger als für die (produktiveren) Arbeiter in Land B. Dort gilt nun: $l/p_y = 3$, $l/p_x = 2,25$. Um beispielsweise eine Einheit von Gut Y kaufen zu können, muß man in Land A nur mehr doppelt so lang arbeiten wie in Land B.

Eine Angleichung der Reallohnniveaus kann im vorliegenden Fall erfolgen entweder durch eine Übernahme der Technologie des Landes B durch Land A oder durch ein Abwandern der Arbeitskräfte von Land A in Land B.

c) Zur Beantwortung dieser Frage gehen wir davon aus, daß die Güternachfrage im Land A durch gesamtwirtschaftliche Indifferenzkurven beschrieben werden kann. Im Autarkiefall wird dort produziert, wo die Transformationskurve von einer Indifferenzkurve tangiert wird (Punkt 1 in Abbildung 5.19). Das Preisverhältnis entspricht der Steigung beider Kurven.

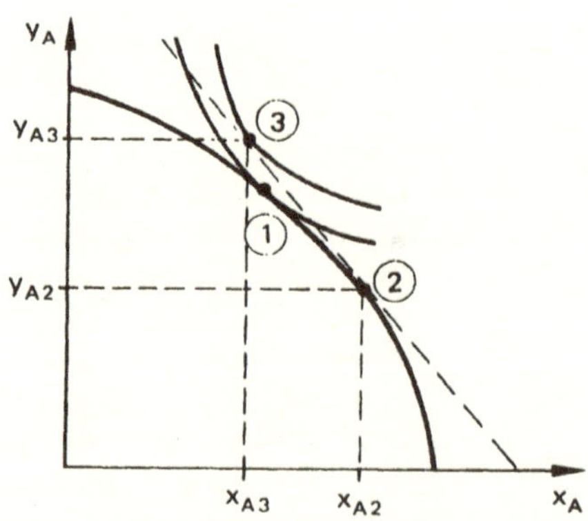

Abbildung 5.19

Ist der (relative) Weltmarktpreis für Gut X (p_x/p_y) höher als in Land A, wird das Land mehr von Gut X produzieren und einen Teil davon exportieren, um dafür mehr von Gut Y zu kaufen. Der Produktionspunkt 2 liegt dort, wo die Grenzrate der Transformation dem Weltmarktpreisverhältnis entspricht. Es erfolgt eine Bewegung entlang der Transformationskurve, aber keine Verschiebung der Produktionsmöglichkeiten; die vorhandenen Ressourcen bleiben unverändert, da wir von Faktorwanderungen absehen. Die Konsummöglichkeiten dagegen erweitern sich: ereichbar sind nun alle Punkte auf der gestrichelten Export/Import-"Budgetgerade", während vorher nur Punkte auf der Transformationskurve konsumiert werden konnten. Wieviel importiert bzw. exportiert wird, hängt vom neuen Konsumoptimum (3) ab. Bei einer konkaven Transformationskurve wird sich das Land nicht vollständig spezialisieren, sondern nur relativ mehr vom Gut X produzieren. Im dargetellten Fall wird das Land A die Menge $(x_{A2} - x_{A3})$ exportieren und die Menge $(y_{A3} - y_{A2})$ importieren. Der Konsumpunkt liegt auf einer höheren gesamtwirtschaftlichen Indifferenzkurve. Durch die Aufnahme von Außenhandel hat sich also das Wohlfahrtsniveau des Landes A erhöht.

VI. Intertemporale Gleichgewichte

Das Instrumentarium der Mikroökonomie kann auf vielfältige Fragestellungen angewendet werden; es ist eine Sprache, mit deren Hilfe man viele verschiedene Probleme analysieren kann. In diesem Kapitel soll am Beispiel der Optimierung über die Zeit illustriert werden, wie sich durch eine geeignete Uminterpretation das erlernte Instrumentarium auf ganz neue Aspekte übertragen läßt.

Kenntnisse über intertemporale Modelle werden dabei nicht vorausgesetzt. Zur Vertiefung sind als Einführungen in die Mehrperiodenanalyse folgende Lehrbücher zu empfehlen (Die Reihenfolge entspricht einem zunehmenden mathematischen Schwierigkeitsgrad):

J. **Hirshleifer**, Kapitaltheorie, Köln 1974

J.M. **Henderson**/R.E. **Quandt**, Mikroökonomische Theorie, Kapitel 12, 5. Auflage, München 1983,

P. **Dasgupta**/G. **Heal**, Economic Theory and Exhaustible Resources, Cambridge 1979

C. **Bliss**, Capital Theory and the Distribution of Income, Amsterdam 1975

1) Intertemporale Allokation

Eine geschickte Erweiterung des Güterraums ermöglicht es, auch den zeitlichen Aspekt mit den bekannten Techniken zu erfassen. Dabei eröffnen sich freilich auch ganz neue Betrachtungsweisen und Perspektiven. Der Trick ist einfach: ein Gut wird je nach dem Zeitpunkt, zu dem es verfügbar ist (konsumiert wird), als jeweils verschiedenes Gut interpretiert, mit einem jeweils anderen Preis. (Als Beispiel könnte man frische Erdbeeren an Weihnachten oder im Sommer anführen.)

Betrachten wir eine Wirtschaft, in der es ein Gut gibt, über einen Zeitraum von zwei Perioden (t=1; t=2). Die Präferenzen eines Haushaltes bezüglich des Konsums in beiden Perioden lassen sich formal durch eine Nutzenfunktion $u(c_1, c_2)$ darstellen. Verschiedene Kombinationen von c_1 und c_2, die den gleichen Nutzen bringen, liegen wieder auf einer Indifferenzkurve. Wieder gehen wir davon aus, daß Indifferenzkurven streng konvex verlaufen und Konsum zwischen beiden Perioden nur beschränkt substituiert werden kann – eine in diesem Fall recht einleuchtende Annahme. Die Steigung $-dc_2/dc_1$ der Indifferenzkurve gibt an, in welchem Verhältnis der zukünftige Konsum c_2 des Haushaltes erhöht werden müßte, um den Verlust einer Einheit Gegenwartskonsum c_1 so zu kompensieren, daß das Nutzenniveau konstant bleibt. Ist diese Grenzrate der Substitution größer als Eins, muß der Zukunftskonsum um mehr als eine Einheit steigen. Man bezeichnet den Betrag, um den er mehr als Eins steigen muß, als *Zeitpräferenzrate des Konsums*, diese ändert sich in Abhängigkeit von den betrachteten Mengen – im Prinzip genau so wie die bisher betrachteten Substitutionsraten für zwei verschiedene Güter zum gleichen Zeitpunkt. Die Steigung der Indifferenzkurve ist also gerade $-dc_1/dc_2 = 1+$ Zeitpräferenzrate des Konsums.

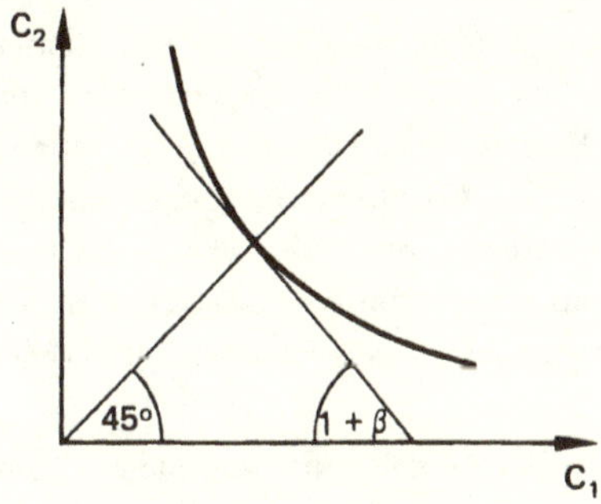

Abbildung 6.1

Die Zeitpräferenz gibt an, um wieviel Einheiten der Zukunftskonsum höher sein muß, damit man auf eine Einheit des Gegenwartskonsums verzichtet. Weil sich die Steigung entlang der Indifferenzkurve ändert, ändert sich die Zeitpräferenzrate des Konsums entsprechend; sie ist nicht konstant (vgl. Abbildung 6.1).

Häufig unterstellt man, daß der Gegenwartskonsum generell gegenüber dem Zukunftskonsum präferiert wird. Um ein konstantes Maß für diese Gegenwartspräferenz zu erhalten, ist es sinnvoll, die Steigung der Indifferenzkurve dort zu betrachten, wo die Konsummengen in beiden Perioden gleich sind ($c_1 = c_2$, entlang der 45° -Linie).

Besonders einfach ist dies zu analysieren, wenn die Nutzenfunktion folgende Gestalt hat:

$$u(c_1, c_2) = u(c_1) + \frac{1}{1+\beta} u(c_2)$$

mit der Steigung
$$-\frac{dc_2}{dc_1} = (1+\beta)\frac{\partial u/\partial c_1}{\partial u/\partial c_2}$$

Hier wird der Nutzen aus dem Zukunftskonsum mit der Rate $1/(1+\beta)$ abdiskontiert. Ist der Konsum in beiden Perioden gleich ($c_1 = c_2$), so gilt: $\partial u/\partial c_1 = \partial u/\partial c_2$; in diesem Fall beträgt die Grenzrate der Substitution gerade:

$$-\frac{dc_2}{dc_1} = 1 + \beta$$

Man bezeichnet β als die **Zeitpräferenzrate des Nutzens**. Bei **gleichen** Konsummengen muß der Haushalt für den Verzicht auf eine Einheit Gegenwartskonsum mit $1+\ \beta$

Einheiten Zukunftskonsum kompensiert werden; er präferiert Konsum heute; der Nutzen aus Zukunftskonsum wird abdiskontiert. Die Zeitpräferenzrate des Nutzens ist also gerade die Zeitpräferenzrate des Konsums für den Fall, daß in beiden Perioden gleich viel konsumiert wird (also entlang der 45°-Linie; vgl. Abbildung 6.1). Von nun an werden wir immer mit derartigen intertemporalen Nutzenfunktionen arbeiten.

Betrachten wir nun die Konsummöglichkeiten eines Haushalts, der zwei Perioden lang lebt. Er kann in jeder Periode arbeiten, hat vielleicht zusätzlich ein Vermögen geerbt und möchte eventuell seinen Kindern ebenfalls ein Erbe hinterlassen. Zur Vereinfachung gehen wir aber davon aus, daß sein Vermögensbestand am Lebensanfang und am Lebensende Null ist (keine Vererbung) und daß er in jeder Periode eine gewisse Anfangsausstattung (E_1, E_2) erhält. Die Arbeitsentscheidungen werden nicht betrachtet, weil dies keine zusätzlichen Erkenntnisse bringt. Wir wählen das Modell vielmehr genau so, daß die Fragen der intertemporalen Konsumentscheidung für den einfachst-möglichen Fall analysiert werden können: ein Gut, zwei Perioden mit gegebener Anfangsaussattung E_1, E_2.

Versuchen Sie nun, die folgende Aufgabe zu lösen, indem Sie das statische Entscheidungsmodell eines Haushalts uminterpretieren und auf eine Zwei-Perioden-Analyse übertragen.

Aufgabe 1

Analysieren Sie in einem Zwei-Perioden-Modell die Wahl des optimalen Konsumplanes für einen Haushalt mit der Nutzenfunktion:

$$u = u(c_1) + \frac{1}{1+\beta} \cdot u(c_2)$$

a) Formulieren und skizzieren Sie die Vermögensbeschränkung.

b) Formulieren Sie die Lagrangefunktion und leiten Sie die Bedingungen 1. Ordnung für einen optimalen Konsumplan ab.

c) Erörtern Sie das Konzept der Zeitpräferenzrate. In welchem Fall wird der Haushalt einen konstanten Konsumstrom wählen, dh. gleiche Mengen in beiden Perioden konsumieren? Existiert auch bei einem negativen Zinssatz ein optimaler Konsumplan?

d) Zerlegen Sie die Wirkung einer Zinssteigerung graphisch in Vermögens- und einen Substitutionseffekt (Unterscheiden Sie dabei zwischen Schuldnern und Gläubigern).

e) Bestimmen sie die Nachfrage (beziehungsweise das Angebot) auf dem Kapitalmarkt für folgende Werte:
$u = c_1\sqrt{c_2}$ r=0,1 $E_1 = 660$ $E_2 = 396$
Wie ändern sich die Ergebnisse, falls r=0,2 bzw. r=0,25 ist?
Bestimmen Sie die Zeitpräferenzrate des Nutzens.

f) Nehmen Sie an, das Konsumgut kann kostenlos gelagert werden.
Wie ändern sich die bisherigen Ergebnisse, wenn

- ein vollkommener Kreditmarkt existiert
- überhaupt kein Kreditmarkt besteht
- Schuld- und Sparzins unterschiedlich hoch sind?

Lösung

a) Welche Möglichkeiten bestehen für den Haushalt, den Einkommensstrom aus beiden Perioden entsprechend seinen Präferenzen zu konsumieren? Er kann einen Teil vom Einkommen E_1 sparen (also S $>$ 0 zum Sparzins r anlegen) und erst in der zweiten Periode konsumieren (nun angewachsen auf S(1+r)), oder er verschuldet sich (S $<$ 0) und konsumiert in der ersten Periode mehr, muß dafür aber in der zweiten Periode die entsprechend verzinste Schuld zurückzahlen.

Gehen wir davon aus, daß ein perfekter Kreditmarkt besteht, auf dem Schuld- und Sparzins r identisch sind und der Haushalt theoretisch sein gesamtes Einkommen E_2 beleihen könnte.

Seine Budgetbeschränkung je Periode sieht folgendermaßen aus:

$c_1 + S = E_1$ (S>0 bedeutet Ersparnis; S<0 Verschuldung) $c_2 = E_2 + S(1 + r)$

Bei einem vollkommenen Kreditmarkt kann man dies zu einer *Vermögens*beschränkung über den gesamten Lebenszeitraum zusammenfassen:

$$c_2 = E_2 + (1 + r)S = E_2 + (1 + r) \cdot (E_1 - c_1)$$

In Abbildung 6.2 verläuft die Vermögensbeschränkung als Gerade (intertemporale Budgetgerade) durch den Punkt(E_1, E_2) mit der Steigung: $-dc_2/dc_1 = 1 + r$.

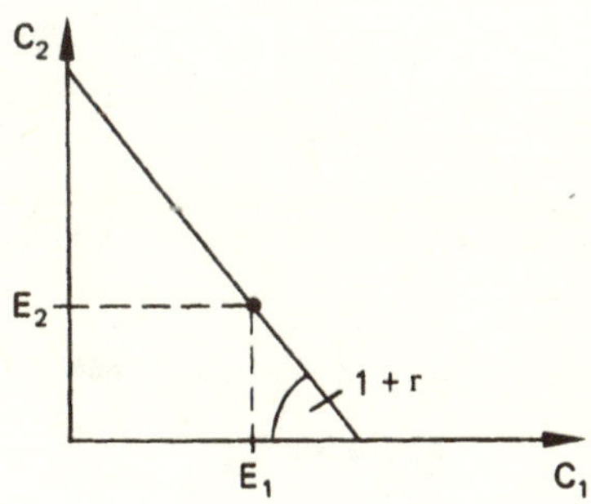

Abbildung 6.2

Einkommen und Konsum in verschiedenen Perioden sind nur miteinander vergleichbar, wenn man sie auf einen Zeitpunkt abdiskontiert. Auf Periode 1 abdiskontiert, lautet die Vermögensbeschränkung:

$$c_1 + \frac{c_2}{1+r} = E_1 + \frac{E_2}{1+r}$$

Der Gegenwartswert des Konsumstroms muß gleich dem Gegenwartswert des Einkommensstroms sein. Konsum und Einkommen der 2. Periode werden dabei mit dem Faktor 1/(1+r) abdiskontiert.

b) Der optimale Konsumplan ergibt sich aus der Maximierung der Lagrangefunktion:

$$L = u(c_1) + \frac{1}{1+\beta}u(c_2) + \mu[E_2 - c_2 + (1+r)(E_1 - c_1)]$$

mit den Bedingungen 1. Ordnung:

$$(1+\beta)\frac{\partial u/\partial c_1}{\partial u/\partial c_2} = 1 + r$$

und: $c_2 - E_2 = (1+r)(E_1 - c_1); \quad c_1 > 0; \quad c_2 > 0.$

c) Im Optimum tangiert die Indifferenzkurve die Budgetgerade. Anders formuliert: die Zeitpräferenzrate des **Konsums** ist im Optimum gleich dem Zinssatz:

$$-\frac{dc_2}{dc_1} = 1 + r \quad \text{oder} \quad -\frac{dc_2}{dc_1} - 1 = r.$$

Entlang der 45°-Linie beträgt die Steigung der Indifferenzkurve genau $1 + \beta$ (mit β als Zeitpräferenzrate des **Nutzens**). Wenn $r=\beta$, wird in beiden Perioden gleich viel konsumiert. (Die Budgetgerade tangiert dann genau die Indifferenzkurve auf der 45°-Linie.) Ist $r < \beta$, muß der optimale Konsumplan rechts von der 45°-Linie liegen, weil die Indifferenzkurven links der 45°-Linie immer steiler sind als $1+\beta$ (vgl. Abbildung 6.3).

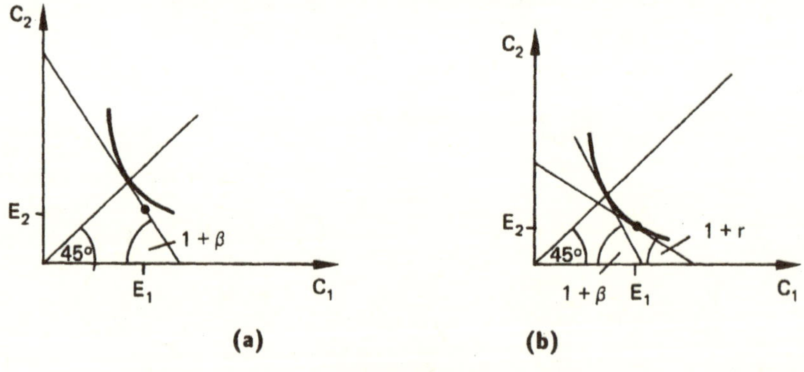

Abbildung 6.3

Für $r < \beta$ wird in der Gegenwart mehr konsumiert als in der Zukunft. Bei einem negativen Zinssatz ist die Steigung der Budgetgeraden kleiner als 1. Auch in diesem Fall existiert ein optimaler Konsumplan. Der Haushalt wird den Konsum stärker in die Gegenwart verlagern.

d) Eine Zinssteigerung dreht die Budgetgerade im Punkt der Erstausstattung (A); die Gerade wird steiler. Der höhere Zinssatz hat 2 Wirkungen: Einen Substitutionseffekt und einen Vermögenseffekt:

Betrachten wir die Wirkungen für einen Sparer (Abbildung 6.4a): Den Substitutionseffekt isolieren wir, indem wir die neue Budgetgerade parallel verschieben, bis die alte Indifferenzkurve tangiert wird. Der Substitutionseffekt führt zu einer Verlagerung des Konsums in die Zukunft (von 1 auf 2), da sich dieser relativ zum Gegenwartskonsum verbilligt hat.

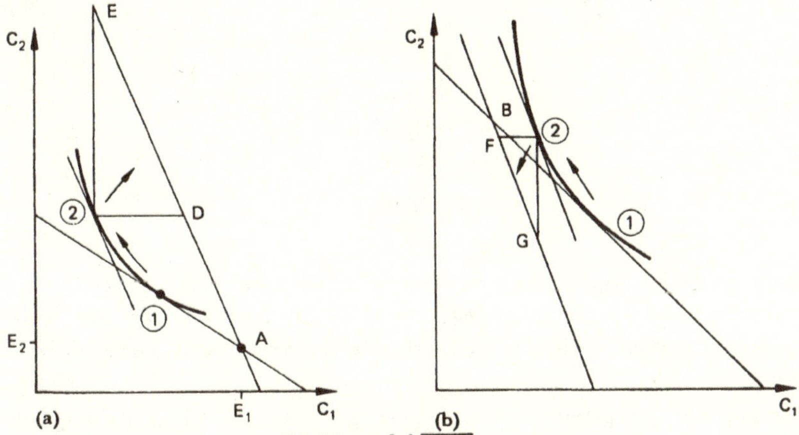

Abbildung 6.4

Gleichzeitig aber macht eine Zinserhöhung den Sparer reicher: Sein Vermögen steigt; er kann ein höheres Nutzenniveau erreichen, weil ihm die Zinssteigerung höhere Erträge aus seinen Ersparnissen ermöglicht. Bei der hier zugrundegelegten additiven Nutzenfunktion wird der Haushalt bei einer Vermögenssteigerung das Konsumniveau in beiden Perioden erhöhen (Der Konsum in beiden Perioden ist superior). Der neue optimale Konsumplan liegt demnach im Bereich DE auf der neuen Budgetgeraden durch A. Sowohl Vermögens- wie Substitutionseffekt bewirken somit einen erhöhten Zukunftskonsum; für den Gegenwartskonsum aber haben sie entgegengesetzte Effekte: Der Gesamteffekt auf c_1 ist unbestimmt.

Untersuchen wir nun die Wirkung auf das Vermögen für einen Schuldner (Abbildung 6.4b). Für ihn gilt gerade umgekehrt: Eine Zinserhöhung bringt ihn auf ein niedrigeres Nutzenniveau. Auch dies ist intuitiv einleuchtend: wer sich verschuldet, um heute mehr konsumieren zu können, muß bei höheren Zinsen morgen mehr zurückzahlen; seine Konsummöglichkeiten werden eingeschränkt. Wenn der Konsum in beiden Perioden superior ist, wird bei einer Vermögensreduktion der Konsum in beiden Perioden reduziert. Der neuen optimale Konsumplan liegt im Bereich FG auf der neuen Budgetgeraden durch B.

Die unterschiedliche Wirkung der Vermögenseffekte wird am deutlichsten, wenn wir die Konsummöglichkeiten eines Haushaltes, der nur in der Gegenwart konsumiert (Schuldner S), vergleichen mit einem, der nur in der Zukunft konsumiert (Sparer P) (vgl: Schnittpunkte der Budgetgeraden mit den Achsen in Abbildung 6.3): Der erste Haushalt kann nun erheblich weniger konsumieren (der Gegenwartswert seines Einkommens $E_1 + E_2/(1+r)$ sinkt bei einer Zinssteigerung von S auf S'); der zweite Haushalt kann

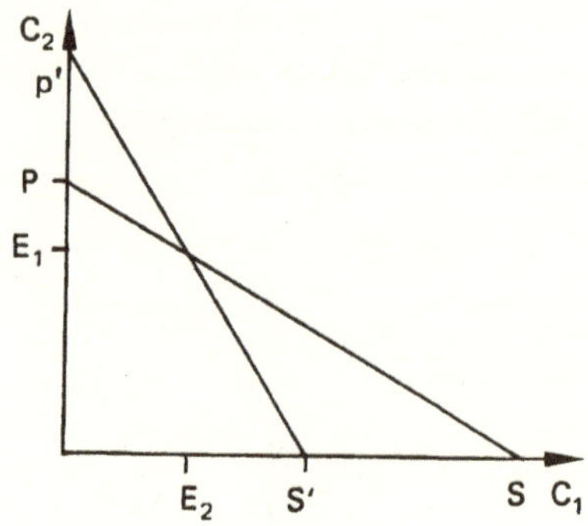

Abbildung 6.5

mehr konsumieren, (der Vermögenswert eines Einkommensstroms, von der 2. Periode aus gemessen $(E_2 + (1+r)E_1)$, steigt mit steigendem Zins von P auf P'). Es hängt folglich vom Konsumverhalten ab, ob ein Haushalt bei einer Zinssteigerung reicher oder ärmer wird.

Gesamtwirtschaftlich betrachtet, müssen sich Verschuldung und Ersparnis ausgleichen: eine Zinserhöhung hat daher für einen Teil der Haushalte einen positiven, für andere einen negativen Vermögenseffekt; gesamtwirtschaftlich ruft der Vermögenseffekt also nur Verteilungswirkungen hervor. Viele Ökonomen gehen davon aus, daß solche Umverteilungswirkungen keinen spürbaren (zumindest aber keinen eindeutigen) Einfluß auf die gesamtwirtschaftliche Konsumstruktur haben und deshalb vernachlässigt werden können. Das bedeutet: Eine Zinssteigerung macht die Gesellschaft insgesamt weder reicher noch ärmer (höchstens in dem Maß, in dem die Nettoauslandsverschuldung ungleich Null ist). Deshalb ist makroökonomisch nur der reine Substitutionseffekt relevant.

e) Im Optimum muß gelten:

$$-\frac{dc_2}{dc_1} = 2 \cdot \frac{c_2}{c_1} = 1 + r \quad \text{oder} \quad c_2 = 0.5 \cdot c_1(1+r)$$

Eingesetzt in die Vermögensbeschränkung, erhält man als allgemeine Nachfragefunktionen:

$$c_1 = 2/3 \cdot [E_1 + E_2/(1+r)]$$

$$c_2 = 1/3 \cdot [E_1 + E_2/(1+r)](1+r) = 1/3 \cdot [E_1(1+r) + E_2]$$

für $E_1 = 660$ und $E_2 = 396$ ergibt sich

bei r=0.1 : $c_1 = 680,\ c_2 = 374$;

bei r=0.2 : $c_1 = 660,\ c_2 = 396$;

bei r=0.25: $c_1 = 651{,}20\ c_2 = 407$;

Bei einem Zins von 10% nimmt der Haushalt einen Kredit in Höhe von 20 auf, der sein verfügbares Einkommen in der Folgeperiode um $20 \cdot 1.1 = 22$ reduziert. Bei einem Zinssatz von 20% entspricht der Einkommensstrom dem optimalen Konsumstrom. Eine weitere Zinssteigerung veranlaßt den Haushalt zu positiver Ersparnis.

Die Grenzrate der Substitution des Haushaltes beträgt $-dc_2/dc_1 = 2c_2/c_1$. Die Zeitpräferenzrate des Nutzens ist definiert als $\beta = -dc_2/dc_1 - 1$ entlang der 45°-Linie (also für $c_1 = c_2$). Da dann $-dc_2/dc_1 = 2$ ist, beträgt $\beta = 1$. Der Gegenwartskonsum wird "doppelt so hoch" eingeschätzt, wie der Zukunftskonsum; der Verzicht auf eine Einheit heute muß durch zwei Einheiten morgen kompensiert werden.

Hinweis: Zeigen Sie, daß der Haushalt einen konstanten Konsumstrom wählt ($c_1 = c_2$), wenn der Zinssatz gleich der Zeitpräferenzrate des Nutzens β ist ($r = \beta = 1$).

f) Falls ein Kreditmarkt mit positivem Zinssatz existiert, wird das Gut nicht gelagert: ein Sparer kann durch Kreditvergabe eine höhere Verzinsung erzielen, ein Schuldner kann das Gut nicht aus der Zukunft in die Gegenwart "entlagern".

Existiert kein Kreditmarkt, besteht die einzige Möglichkeit eines Einkommenstransfers in der Lagerhaltung. Verschuldung ist nicht möglich; in der Gegenwart kann nicht mehr konsumiert werden als $E_1 : c_1 \leq E_1$. Die Budgetbeschränkung bricht bei E_1 ab (Abbildung 6.6). In der zweiten Periode kann in Höhe der Ersparnis $S_1 = E_1 - c_1$ mehr konsumiert werden: $c_2 = E_2 + (E_1 - c_1)$.

In Abbildung 6.6 ergibt sich eine Randlösung. Der Haushalt könnte sich besserstellen, wenn ein Kreditmarkt eingerichtet würde, der ihm die Möglichkeit bietet, sich zu verschulden.

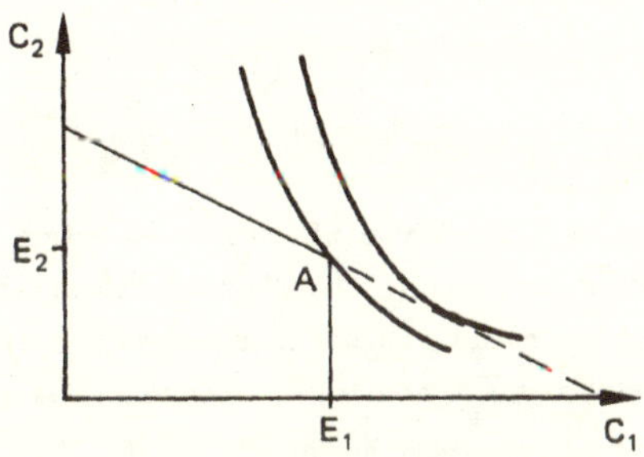

Abbildung 6.6

Voraussetzung für einen funktionierenden Kreditmarkt ist, daß die vereinbarten Verträge auch durchsetzbar sind. Es erfolgt ja kein direkter Tausch von Gütern, sondern Güter werden heute gegen ein Zahlungsversprechen in der Zukunft abgegeben. Rechtliche Regelungen müssen sicherstellen, daß solche Zahlungsversprechen bindend eingehalten werden. Wenn die Gefahr besteht, daß der Schuldner seinen Vertrag nicht erfüllt (man bezeichnet dieses Risiko häufig als **moral hazard**), dann kann der Kreditmarkt nicht perfekt funktionieren.

In vielen Fällen verhindern solche Risiken überhaupt das Zustandekommen von Kreditbeziehungen. So ist etwa vielfach die Beleihung von Human-Kapital (potentiellem Arbeitseinkommen in der Zukunft) nicht möglich, weil die Kreditgeber nicht das Risiko eingehen wollen, daß der Vertragspartner den vereinbarten Betrag nicht zurückzahlt (nach dem Erhalt des Kredits ist sein Anreiz gesunken, so viel zu arbeiten, wie er ursprünglich beabsichtigte). Weil aus solchen Gründen zukünftiges Arbeitseinkommen nicht beleihbar ist, wird eine intertemporale Umschichtung des Einkommensstroms erschwert. Dies kann drastische Konsequenzen haben: Ein unvollkommener Kreditmarkt kann z.B. die private Finanzierung von hohen Ausbildungsinvestitionen und damit von zukünftig potentiell erzielbarem, höherem Einkommen verhindern.

In der Regel ist der Kreditmarkt unvollkommen in dem Sinn, daß der Sparzins niedriger ist als der Schuldzins. Die Vermögensbeschränkung muß dann wie inAbbildung 6.7 modifiziert werden: Im Punkt A der Anfangsausstattung gibt es einen Knick; ist der Haushalt Sparer (Schuldner), so muß er mit einem niedrigeren (höheren) Zins kalkulieren.

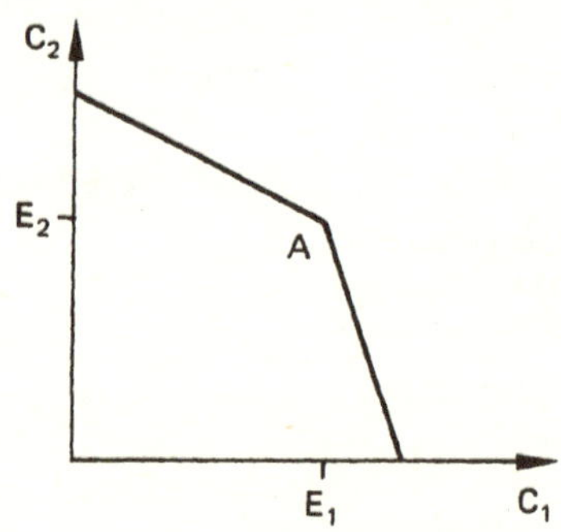

Abbildung 6.7

Der Fall, daß der Sparzins den Schuldzins übersteigt, ist schon aus folgenden Arbitrageüberlegungen ausgeschlossen: Ein Haushalt könnte sich beliebig hoch verschulden und den Kredit zu einem höheren Zins wieder anlegen; solche Arbitrage würde unbegrenzte Gewinne ermöglichen; der Zustand könnte nicht auf Dauer stabil sein.

Aufgabe 2

Folgende Daten sind für die Haushalte A und B gegeben:

$$A : u_A = lnc_{A1} + \frac{1}{1+\beta} \cdot lnc_{A2}; \quad E_{A1}; \quad E_{A2}$$

$$B : u_B = \ln c_{B1} + \frac{1}{1+\beta} \cdot \ln c_{B2}; \quad E_{B1}; \quad E_{B2}$$

(Hinweis: für die erste Ableitung gilt: $d(\ln c)/dc = 1/c$!) A und B sind die einzigen Marktteilnehmer auf dem Kreditmarkt. Sie können also in einer Periode mehr oder weniger von dem Gut konsumieren, indem sie von dem jeweils anderen Haushalt einen entsprechenden Betrag borgen beziehungsweise ausleihen.

Jeder einzelne Haushalt betrachtet den Zinssatz r als exogen gegeben.

Die insgesamt verfügbare Gütermenge je Periode beträgt $E_1 = E_{A1} + E_{B1}$ beziehungsweise $E_2 = E_{A2} + E_{B2}$.

a) Bestimmen Sie für den Gütermarkt der zweiten Periode die Nachfragefunktionen sowie die Gleichgewichtsbedingungen.

b) Sei $E_2 = (1+n)E_1$ [die insgesamt verfügbare Gütermenge in der zweiten Periode ist um den Faktor n (der Wachstumsrate) höher als in der ersten Periode]. Zeigen Sie, daß für den Gleichgewichtszinsatz gelten muß: $r = \beta + n + \beta \cdot n$.

c) Betrachten Sie folgende Fälle:

c1) Sei $E_{A1} = E_{A2}$ und $E_{B1} = E_{B2}$

c2) Sei $\beta = 0$; $E_{A2} = (1+n) \cdot E_{A1}; E_{B2} = (1+n) \cdot E_{B1}$ (die Anfangsaustattung jedes Haushalts wächst mit der Rate n).

Wie hoch ist der Gleichgewichtszins? Ermitteln Sie, wieviel jeweils getauscht wird.

d) Sei $\beta = 0; E_{A1} = 200; E_{B2} = 180; E_{A2} = E_{B1} = 0$. Ermitteln Sie den Gleichgewichtszinssatz, falls

(1) das Gut nicht lagerfähig ist,

(2) das Gut kostenlos gelagert werden kann.

Lösung

a) Diese Aufgabe analysiert den einfachsten Fall eines allgemeinen intertemporären Marktgleichgewichts mit vollkommenen Kreditmärkten. Das Modell könnte man wieder durch eine Edgeworth-Box darstellen, wobei die beiden Güter als Gegenwarts- beziehungsweise Zukunftskonsum zu interpretieren wären. Die Vermögensbeschränkung für den Haushalt h lautet:

(1) $$c_{h2} + (1+r)c_{h1} = E_{h2} + (1+r)E_{h1} \quad h = A, B;$$

Die Bedingung 1.Ordnung für einen Haushalt liefert:

(2) $$c_{h1} = \frac{1+\beta}{1+r} \cdot c_{h2};$$

In die Vermögensbeschränkung eingesetzt, erhält man die Nachfragefunktion:

(3) $$c_{h2} = \frac{1}{2+\beta} \cdot [(1+r) \cdot E_{h1} + E_{h2}]$$

und als aggregierte Nachfrage :

(4) $$c_{A2} + c_{B2} = \frac{1}{2+\beta} \cdot [(1+r) \cdot E_1 + E_2]$$

Ein Gleichgewicht in der zweiten Periode besteht, wenn die Menge, die ein Haushalt gespart hat, gerade so hoch ist, wie die Schuldenrückzahlung des anderen. Es muß gelten:

(5) $$c_{A2} - E_{A2} + c_{B2} - E_{B2} = 0 \quad \text{oder:} \quad c_{A2} + c_{B2} = E_2$$

Nach dem Gesetz von Walras ist auch der Kreditmarkt (und damit auch der Gütermarkt der ersten Periode) im Gleichgewicht, wenn auf dem Gütermarkt der zweiten Periode Gleichgewicht herrscht. In dem Modell haben beide Haushalte die gleiche Zeitpräferenzrate des Nutzens β. Es ist eine reine Tauschwirtschaft ohne Produktion und ohne Kapital. Ein positiver Gleichgewichtszinssatz kann sich in dieser Wirtschaft ergeben,

1) falls die Haushalte Zukunftskonsum geringer schätzen (sie haben eine positive Zeitpräferenz $\beta > 0$) oder
2) falls in der zweiten Periode insgesamt mehr an Gütern verfügbar ist (die Wachstumsrate n positiv ist).

In den folgenden Teilaufgaben untersuchen wir die beiden Effekte.

b) Den Gleichgewichtszinssatz erhalten wir, indem die aggregierte Nachfragefunktion (4) in die Gleichgewichtsbedingung (5) eingesetzt wird. Wenn $E_2 = (1+n)E_1$, vereinfacht sich die aggregierte Nachfrage zu:

(4') $$c_{A2} + c_{B2} = \frac{1}{2+\beta} \cdot [(1+r) \cdot E_1 + (1+n) \cdot E_1]$$

Im Gleichgewicht (5) muß dann gelten:

(5') $$\frac{1}{2+\beta} \cdot (2+r+n) \cdot E_1 = E_2 = (1+n)E_1$$

d.h. $$(2+r+n) \cdot E_1 = (2+\beta) \cdot (1+n)$$

oder $$r = \beta + n + \beta \cdot n$$

Annäherungsweise gilt: $r \sim \beta + n$. Das heißt, der Zins muß im Gleichgewicht der Summe aus der Wachstumsrate n und der Gegenwartspräferenz β entsprechen (wenn die Periodenlänge entsprechend kurz ist, wird der Faktor $\beta \cdot n$ vernachläßigbar klein). Dieses Ergebnis ist - unabhängig von der konkreten Nutzenfunktion - allgemein gültig.

c1) Wenn die gesamtwirtschaftlich verfügbaren Konsummöglichkeiten in beiden Perioden gleich hoch sind - wenn kein Wachstum stattfindet ($E_1 = E_2$; $n = 0$), dann vereinfacht sich die Bedingung (5') zu: $r = \beta$; der Zinssatz entspricht im Marktgleichgewicht der Zeitpräferenzrate des Nutzens.

c2) Wenn keine Gegenwartspräferenz besteht ($\beta = 0$), entspricht der Zinssatz im Marktgleichgewicht der Wachstumsrate der gesamtwirtschaftlichen Konsummöglichkeiten: $r = n$.

In Teilaufgabe c1) und c2) wird im Gleichgewicht nicht getauscht. Der Zins ist gerade so hoch, daß die Haushalte in jeder Periode genau ihre Anfangsausstattung konsumieren möchten - dies deshalb, weil bei den gewählten Parametern kein Anreiz für einen intertemporären Austausch bestehen kann: Bedingung dafür wäre, daß entweder die

Zeitpräferenzraten der Haushalte unterschiedlich hoch sind, oder daß die Einkommensverteilung über die Zeit für die Haushalte unterschiedlich ausfällt. Nur unter solchen Bedingungen ist es für **beide** vorteilhaft, den Einkommens-Konsum-Strom durch gegenseitigen Tausch zu ändern.

Dies betrachten wir in der folgenden Teilaufgabe. Hier besteht keine Gegenwartspräferenz (β=0), aber Haushalt A erzielt nur in der ersten Periode Einkommen; Haushalt B nur in der zweiten Periode. Es besteht somit ein starker Anreiz für intertemporale Einkommenstransfers. In der 2. Periode ist das Niveau der Güterversorgung niedriger; der Gleichgewichtszins wird folglich negativ sein.

d) In (4) eingesetzt, erhält man:

$c_{A2} + c_{B2} = 1/2 \cdot [(1+r)200 + 180] = 100(1+r) + 90;$

Aus (5) ergibt sich: 100(1+r)+90 = 180 oder r = 0.9-1 = -0.1

Wenn das Gut nicht lagerfähig ist, wird Haushalt A einen Teil seiner Anfangsausstattung in der 1. Periode (durch Kreditgewährung) an Haushalt B abtreten und den Kredit in der nächsten Periode von B (mit negativer Verzinsung) zurückgezahlt bekommen. Die Haushalte wählen:

$$c_{A1} = 100 \quad c_{A2} = 90 \quad c_{B1} = 100 \quad c_{B2} = 90$$

Wenn das Gut gelagert werden kann, würde Haushalt A jedoch lieber das Gut lagern, statt B einen Kredit mit negativer Verzinsung einzuräumen. Er kann dann nämlich in der 2. Periode 100 Einheiten konsumieren. Dies würde jedoch B deutlich schlechter stellen. Folgende Pareto-Verbesserung wäre möglich: Haushalt B erhält einen Kredit zum Zins von Null und konsumiert in beiden Perioden 90 Einheiten; A lagert nur 10 Einheiten und konsumiert in der 2. Periode 90 + 10 Einheiten.

Aufgabe 3

Ein Ölscheich besitzt ein Rohölvorkommen von y Barrel Öl, die er kostenlos abbauen kann. Der Ölpreis per Barrel beträgt p_t. Statt Öl zu lagern, kann er es verkaufen und den Erlös entweder in eine Technologie investieren, die in einem Jahr (t+1) einen Realertrag von 10% abwirft, oder aber in Aktien, die – bezogen auf einen Kurswert q_t – eine Jahresdividende von d% erbringen. Wie hoch muß der Preis von Ölp_t+1 und der Kurswert der Aktie q_t+1 in einem Jahr sein, damit der Scheich zwischen den verschiedenen Anlageformen indifferent ist? Wie hoch muß die Nominalverzinsung eines Wertpapieres sein, wenn eine Inflationsrate in Höhe von 5% erwartet wird?

Lösung

Der Ölscheich hat die Wahl zwischen verschiedenen Kapitalanlagen. Zur Vereinfachung nehmen wir an, es bestehe keine Unsicherheit über die Preise der Kapitalgüter in der nächsten Periode (sei es, weil für alle Kapitalgüter ein Zukunftsmarkt existiert, oder weil alle Wirtschaftssubjekte korrekte Erwartungen über die Preise haben). Der Scheich wird – ebenso wie alle anderen Anleger – die Anlageform wählen, die ihm den höchsten Ertrag bietet. Aus dieser einfachen Überlegung folgt, daß die Anleger nur dann bereit sind, verschiedene Anlageformen gleichzeitig zu halten, wenn deren effektive Erträge gleich hoch sind. Wäre dies nicht der Fall, könnte jeder durch ein Umschichten der Kapitalanlagen Gewinne erzielen.

Als ein Beispiel untersuchen wir, wann es für den Ölscheich sinnvoll sein könnte, die unproduktive Ressource Öl zu lagern, statt sie zu verkaufen und den Erlös zu investieren (d.h. in eine Kapitalanlage mit einer Rendite von 10%). Wenn er seinen Bestand an Öl y heute zum Preis p_t verkauft, kann er den Betrag $p_t \cdot y$ investieren und erhält in der nächsten Periode den Betrag $p_t \cdot y \cdot (1+r)$. Wenn er das Öl dagegen lagert, verfügt er im Zeitpunkt t+1 wieder über die gleiche Menge y.

Die Investition scheint auf den ersten Blick auf jeden Fall attraktiver zu sein, weil sie ja einen Realertrag r abwirft. Wenn jedoch der Preis für Öl in der nächsten Periode auf p_{t+1} steigt, kann der Ölscheich mit der gleichen Menge Öl mehr Konsumgüter kaufen als in der Vorperiode.

Öl erfährt somit eine Wertsteigerung (einen sogenannten "capital gain"). Für den Scheich ist es gerade dann gleichgültig, ob er Öl lagert oder es verkauft und den Erlös investiert, falls der Ölpreis so stark steigt, daß er genau so viel Konsumgüter kaufen kann, wie er bei einer Investition (also der alternativen Anlageform) erhalten würde - das aber ist gerade der Betrag $p_t \cdot y \cdot (1+r)$. Es muß also gelten:

$$(A) \qquad p_{t+1} \cdot y = p_t \cdot y \cdot (1+r) \quad \text{oder} \quad \frac{p_{t+1}}{p_t} = 1 + r$$

Man bezeichnet diese Bedingung als Arbitrage-Gleichung: nur wenn sie erfüllt ist, gibt es keine Möglichkeit, durch Umschichtung der Anlageformen Arbitragegewinne zu realisieren - nur dann herrscht auf den Kapitalmärkten Arbitragegleichgewicht.

Überlegen wir uns, welcher Mechanismus garantiert, daß die Bedingung auch tatsächlich im Marktgleichgewicht erfüllt ist: Wenn $p_{t+1} \cdot y < p_t \cdot y \cdot (1+r)$, hat keiner einen Anreiz, Öl zu lagern. Alle versuchen heute, ihr Öl zu verkaufen; der Preis für Öl in Periode t müßte daher solange sinken, bis das Öl vollständig konsumiert würde. Andererseits wäre Öl dann in der nächsten Periode knapp und könnte einen hohen Preis erzielen. Falls aus diesem Grunde Arbitrageure erwarten, daß $p_{t+1} \cdot y > p_t \cdot y \cdot (1+r)$, wollen sie ihr ganzes Kapital in Öl anlegen. Solche Arbitragegeschäfte bewirken somit automatisch, daß - als einzig mögliches Gleichgewicht - der effektive Ertrag von Kapitalgütern (als Summe aus Eigenrendite und Wertsteigerung des Kapitalgutes) sich für alle Anlageformen angleicht.

Die Arbitragegleichung besagt, daß der Preis für ein Kapitalgut ohne Eigenrendite, das durch Lagerung nicht wächst (wie etwa Öl), mit dem Zinssatz steigen muß: Eine Umformung von (A) liefert:

$$\frac{p_{t+1} - p_t}{p_t} = \frac{p_{t+1}}{p_t} - 1 = r$$

Nur durch eine entsprechende Preissteigerung nämlich kann der effektive Ertrag der Öllagerung der Rendite r des alternativen Anlagegutes angeglichen werden. Diese Aussage wird nach dem Ökonomen Harald Hotelling, der sie 1931 formuliert hat, als **Hotelling-Regel** bezeichnet.

Derartige Arbitrageüberlegungen sind jedoch nicht allein für solche Ressourcen wie Öl von Bedeutung; die allgemeine Arbitragebedingung (gleicher effektiver Ertrag) ist vielmehr die fundamentale Gleichgewichtsbedingung für alle Kapitalmärkte (und kann angewendet werden auf alle Bestandsmärkte, etwa auf Finanz-, Devisen-, Geld- oder Grundstücksmärkte). Sie ist die Grundlage jeder Kapitaltheorie. (Natürlich muß bei Preisunsicherheiten die Arbitrageüberlegung entsprechend modifiziert werden; das Prinzip bleibt jedoch das gleiche).

Vergleichen wir als weiteres Beispiel den Ertrag aus Aktien mit dem Realertrag einer Sachinvestition in ein Kapitalgut. Ein Aktienbesitzer kann seinen Aktienbestand Z zum Kurs q_t verkaufen und den Erlös $q_t \cdot Z$ in das Kapitalgut investieren. Er erhält dann in t+1 den Betrag $q_t \cdot Z \cdot (1+r)$. Die erwartete Dividende auf die Aktie, bezogen auf den Kurs q_t, betrage d. Wenn er die Aktie hält und erst in der nächsten Periode verkauft, erzielt er den Betrag $q_{t+1} \cdot Z + q_t \cdot d \cdot Z$. Der Aktionär ist genau dann zwischen beiden Formen indifferent, wenn die Arbitragebedingung gilt:

$$q_{t+1} \cdot Z + q_t \cdot d \cdot Z = q_t \cdot Z \cdot (1+r) \quad \text{oder} \quad \frac{q_{t+1}}{q_t} + d = 1 + r$$

beziehungsweise
$$\frac{(q_{t+1} - q_t)}{q_t} + d = r$$

Die letzte Formulierung ist besonders einfach zu interpretieren: die Summe aus Eigenrendite (Dividende d) und Kurswertsteigerung $(q_{t+1} - q_t)/q_t$ (dem "capital gain") muß gleich der Alternativverzinsung sein [die Hotelling-Regel ist ein Spezialfall dieser Bedingung mit $d = 0$].

Ähnliche Arbitrageüberlegungen lassen sich auf beliebig viele Beispiele anwenden. (Aus ganz analogen Erwägungen müssen sich etwa die Wechselkurse an verschiedenen Handelsplätzen aneinander angleichen, damit Arbitragegewinne verhindert werden.)

Zum Abschluß zwei Anwendungen auf ganz verschiedene Problembereiche:

1) Betrachten wir zwei Kapitalgüter K_1, K_2 mit unterschiedlicher Rendite $r_1 > r_2$. Der relative Preis von Kapitalgut 2 in Einheiten von K_1 sei p_t. Dann ist ein Investor zwischen beiden Anlagemöglichkeiten indifferent, wenn die niedrigere Rendite im Sektor 2 durch eine entsprechende Wertsteigerung (von p_t auf p_{t+1}) des Kapitalgutes 2 (relativ zu K_1) ausgeglichen wird, so daß gilt:

$$\frac{p_{t+1} - p_t}{p_t} + r_2 = r_1$$

Die Folgerung, die Eigenrendite in verschiedenen Kapitalgütersektoren müsse gleich hoch sein (einheitliche Profitrate in allen Sektoren) ist folglich nur dann korrekt, wenn der relative Preis der Kapitalgüter im Zeitablauf konstant bleibt $(p_{t+1} = p_t)$.

2) Eine Investition von einer Einheit in Gut X heute bringt in der nächsten Periode eine reale Rendite in Höhe von r_2. In der Wirtschaft erwarte man eine konstante Inflationsrate

π : alle Güterpreise (also auch die von Gut X) steigen (relativ zum Gut Geld) mit der Rate $\pi = (p_{t+1} - p_t)/p_t$. Wie hoch muß die Nominalverzinsung r_1 eines Wertpapiers sein, damit Investoren bereit sind, das Wertpapier zu kaufen?

Wieder muß die Arbitragegleichung erfüllt sein: $\pi + r_2 = r_1$

Die Nominalverzinsung muß um die erwartete Inflationsrate höher sein als der Realzins, weil andernfalls alle Anleger in Sachwerte "flüchten" würden.

Aufgabe 4

Ein Unternehmer erhält aus einer Investition I_1 in der nächsten Periode einen Erlös $E_2 = 24 \cdot \sqrt{I_1}$. Er verfügt über ein Kapital von 50 und kann zum Marktzinssatz r=0,20 Kapital aus- oder verleihen. Bestimmen Sie die optimale Investitionshöhe und seinen Verschuldungsgrad.

Lösung

Eine direkte Anwendung der in Aufgabe 3 diskutierten Arbitrageüberlegungen bezieht sich auf die Bestimmung der optimalen Investitionshöhe: Es lohnt sich, zu investieren, solange der marginale Ertrag die Opportunitätskosten (nämlich den Ertrag aus einer Investition in andere Anlageformen) übersteigt. Im Beispiel kann man Geld beliebig zum Zinssatz r = 0.2 = 20% auf der Bank anlegen(oder ausleihen). Der Gewinn aus der Investition ist somit die Differenz zwischen dem Ertrag $E_2(I_1)$ und dem, was der Unternehmer bei einer Geldanlage auf der Bank erzielt hätte [den Opportunitätskosten $I_1(1+r)$].

$$\max G = E_2(I_1) - I_1(1+r);$$

Der Gewinn ist maximal, wenn $dE_2/dI_1 = 1 + r$ (Grenzertrag = Grenzkosten) beziehungsweise wenn die marginalen Renditen gleich sind: $dE_2/dI_1 - 1 = r$ (vgl. Abbildung 6.8).

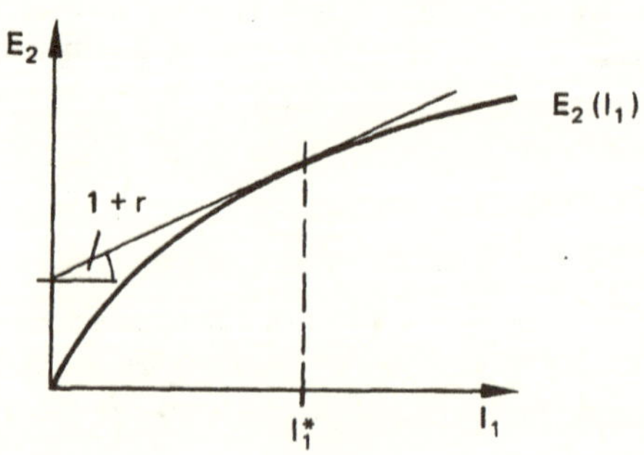

Abbildung 6.8

Konkret gilt : $G = 24\sqrt{I_1} - I_1 \cdot 1.2$ und aus $dG/dI_1 = 0$ folgt:

$$\sqrt{I_1} = 10 \quad \text{bzw.} \quad I_1^* = 100;$$

Die optimale Investitionshöhe beträgt $I_1^* = 100$ mit einem Gewinn G = 240 - 120 = 120. Es ist nicht sinnvoll, mehr in die Technologie zu investieren, weil zusätzliches Kapital auf der Bank einen höheren Ertrag abwerfen würde. Andererseits wäre es rentabel,sich zu verschulden, falls das Eigenkapital niedriger als 100 ist: Solange die Opportunitätskosten (Schuldenzahlung 1+r) niedriger sind als der marginale Ertrag dE_2/dI_1, ist es günstiger, sich weiter zu verschulden.

Die Höhe des Eigenkapitals spielt also für die Investitionsentscheidung keine Rolle. Dies ist das einfachste Beispiel für das sogenannte **Modigliani-Miller-Theorem**: die Finanzierungsart(also die Frage, ob die Investition durch Eigen- oder Fremdkapital finanziert wird), ist irrelevant, wenn der Kapitalmarkt perfekt ist, d.h. wenn es gleichgültig ist, ob die Opportunitätskosten in Form entgangener Erträge aus Alternativanlagen oder in Form von Verschuldungskosten anfallen.

Aufgabe 5

Ein Unternehmer mit der Nutzenfunktion $u = c_1^2 \cdot c_2$ verfügt nur in der ersten Periode über eine Erstausstattung von einem Gut in Höhe von 45 Einheiten. Das Gut kann sowohl konsumiert wie investiert werden.

a) Bestimmen Sie den optimalen Konsumplan, wenn er sein Einkommen zum Zins r = 0.2 anlegen kann.

b) Wenn er I_1 Einheiten von dem Gut investiert, erzielt er in der nächsten Periode den Ertrag $E_2 = 24 \cdot \sqrt{I_1}$. Welchen Konsumplan wird er wählen, wenn er keine alternative Anlagemöglichkeit hat?

c) Bestimmen Sie die optimale Investitionshöhe und den optimalen Konsumplan, falls der Unternehmer sowohl investieren kann [wie in Teilaufgabe b)] als auch zum Zinssatz r = 0.2 beliebig viel sparen bzw. ausleihen kann.

Lösung

In dieser Aufgabe werden die Konsum- und Produktionsentscheidungen, die bisher getrennt behandelt wurden, für einen Haushalt gleichzeitig betrachtet. Teilaufgabe a) behandelt das übliche Konsumproblem (wie in der 1. Aufgabe). In Teilaufgabe b) lebt der Haushalt wie Robinson Crusoe: Er kann das Gut selber anpflanzen, hat aber keine anderen Spar- bzw. Kreditmöglichkeiten. Der interessanteste Fall ist c): die Entscheidungen als Unternehmer können dort wegen des perfekten Kapitalmarktes unabhängig von den Konsumentscheidungen getroffen werden.

a) Die Vermögensbeschränkung lautet: $c_1 + c_2/(1+r) = 45$.

Die Bedingung erster Ordnung $c_2 = 0.5c_1(1+r)$ liefert:

$$c_1 = \frac{2}{3} \cdot E_1 = \frac{2}{3} \cdot 45 = 30;$$

Der Haushalt spart 15 Einheiten und konsumiert in der 2. Periode $c_2 = 15 \cdot 1.2 = 18$ (vgl. Abbildung 6.9).

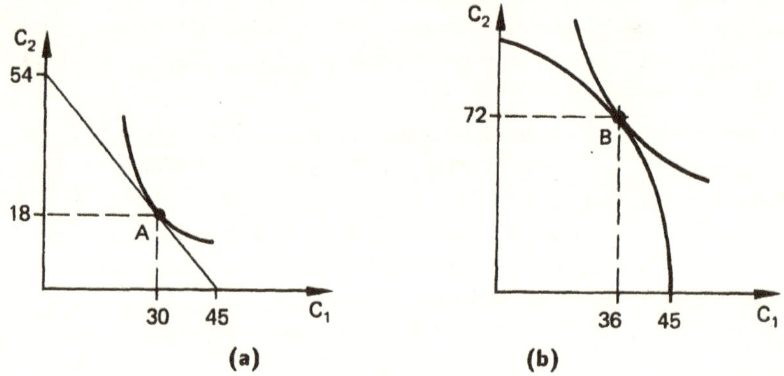

Abbildung 6.9

b) Während im Fall a) die Konsummöglichkeiten durch die lineare Vermögensbeschränkung (mit dem Konsumplan A in Abbildung 6.9a) charakterisiert sind, werden sie nun durch die intertemporale Produktionsfunktion beschrieben. Der Haushalt wird den Konsumplan wählen, für den gilt: Die Indifferenzkurve tangiert die Produktionsfunktion (Konsumplan B in Abbildung 6.9b). Der Haushalt kann in der 2. Periode den Ertrag $E_2 = 24 \cdot \sqrt{I_1}$ aus seiner Investition konsumieren, wenn er in der 1. Periode auf Konsum in Höhe $I_1 = 45 - c_1$ verzichtet. Er maximiert:

$$u = c_1^2 c_2 = c_1^2 \cdot 24\sqrt{45 - c_1} = 0$$

$$\frac{du}{dc_1} = 2c_1 \cdot 24\sqrt{45 - c_1} - 0.5c_1^2 \cdot 24 \cdot \frac{1}{\sqrt{45 - c_1}} = 0$$

beziehungsweise:

$$4 \cdot (45 - c_1) = c_1 \quad \text{oder} \quad c_1 = 36$$

Er investiert $I_1 = 45 - 36 = 9$ und konsumiert in der 2. Periode $c_2 = 24 \cdot 3 = 72$.

c) Die optimale Investition bestimmt sich durch die Bedingung $dE_2/dI_1 = 1 + r$ (vgl. Aufgabe 4) unabhängig von den Konsumpräferenzen des Unternehmers. Der Unternehmer erzielt einen Gewinn, den er entsprechend seinen Präferenzen in den beiden Perioden konsumieren wird. Weil er sich zum Zinssatz r = 0.2 beliebig verschulden kann, kann er seine Konsumentscheidungen völlig getrennt von der Investitionsentscheidung treffen: selbst wenn er nur in der ersten Periode konsumieren wollte, wäre es für ihn sinnvoll, zu investieren und sich gleichzeitig zu verschulden, solange der Zinssatz niedriger ist als die marginale Rendite der Investition.

Graphisch sind Investitions- (C) und Konsumplan (D) bestimmt wie in Abbildung 6.10: Die Konsummöglichkeiten sind durch die lineare Vermögensbeschränkung charakterisiert, die durch den Investitionspunkt C verläuft. Sie sind im Vergleich zu a) und b) stark erweitert worden.

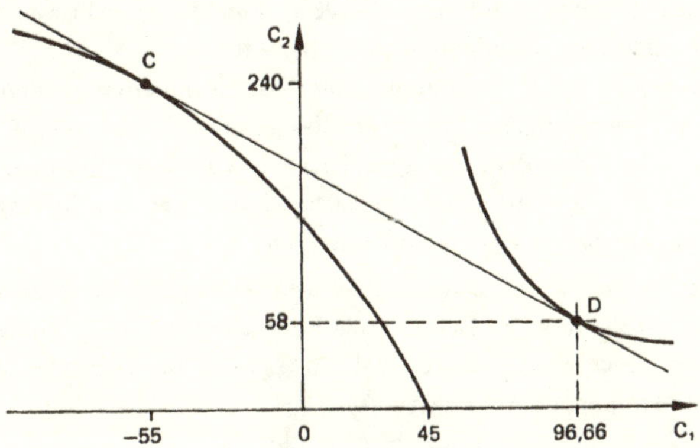

Abbildung 6.10

Die Investitionshöhe beträgt (wie in Aufgabe 4) $I_1^* = 100$. Der Erlös in der 2. Periode beträgt 240. Davon ist die Hälfte Gewinn. Um die Investition durchführen zu können, muß der Unternehmer einen Kredit in Höhe von 55 aufnehmen und mit 20% verzinst als Schuld in Höhe von 66 zurückzahlen. Sein Gesamtvermögen, gemessen zum Zeitpunkt t=2, beläuft sich also auf 240-66= 174. In der Periode 1 kann er maximal das abdiskontierte Vermögen (174/1.2=145) (das ist der abdiskonierte Gewinn (120/1.2 = 100) und das Anfangsvermögen 45) konsumieren.

Seine Vermögensgleichung lautet also: $c_1 + c_2\ (1+r) = 145$. Der optimale Konsumplan berechnet sich demnach als: $c_1 = 96.66$ und $c_2 = 58$.

Wäre der Kreditmarkt unvollkommen, sodaß der Unternehmer nur sein Anfangsvermögen investieren könnte, wäre dieses Optimum nicht erreichbar; die Höhe des Eigenkapitals ist also bei einem unvollkommenen Kapitalmarkt von großer Bedeutung. Diese Überlegung wirft die Frage auf, in welchem Sinn ein intertemporales Gleichgewicht optimal ist – insbesondere in dem Fall, in dem Zukunftsmärkte unvollkommen sind. Dieser Frage wenden wir uns zum Abschluß zu.

2) Pareto-Optimalität intertemporaler Gleichgewichte bei unvollständigen Märkten

In Mehrperiodenmodellen läßt sich die Frage der Pareto-Optimalität von Allokationen formal analog zu statischen Modellen behandeln. Für Marktgleichgewichte kann man folgendes verallgemeinerte Wohlfahrtstheorem beweisen:
Ein Marktgleichgewicht ist Pareto-optimal, wenn bereits in der ersten Periode auch für alle anderen Perioden ein eigener Markt für jedes einzelne Gut besteht. Alle Kontrakte werden bereits in der ersten Periode abgeschlossen und in den Folgeperioden werden die Kontrakte nur noch ausgeführt. In einem solchen intertemporalen Marktgleichgewicht sind die Bedingungen für ein Pareto-Optimum erfüllt. Es gilt:

(1) Die Grenzrate der Substitution zwischen dem Konsum in verschiedenen Perioden ist für alle Haushalte gleich (weil für alle Haushalte gilt: die Zeitpräferenzrate des Konsums ist gleich dem Zinssatz – vgl. Aufgabe 2: das Marktgleichgewicht liegt auf der intertemporalen Kontraktkurve).

(2) Die intertemporale Grenzrate der Transformtion für Investitionsgüter ist für alle Unternehmen gleich (weil für alle Unternehmen gilt: die marginale Rendite ist gleich dem Zinssatz).

Daraus folgt schließlich, daß die intertemporalen Grenzraten der Substitution gleich den intertemporalen Grenzraten der Transformation sind (vgl. Aufgabe 5).

Ein Modell, in dem für alle Güter bereits in der Anfangsperiode Zukunftsmärkte für alle weiteren Perioden bestehen (man bezeichnet es als **Arrow-Debreu-Modell**), hat mit der Realität so gut wie nichts zu tun; es hat einen meta-statischen Charakter: Alle Preise der künftigen Perioden sind bereits am Anfang bestimmt – es ist daher auch nicht notwendig, Preiserwartungen zu bilden.

Die geforderte Bedingung war in den vorhergehenden Aufgaben implizit immer erfüllt: Weil nur zwei Perioden und ein Gut betrachtet wurde, und für dieses Gut auch ein Kreditmarkt existierte, gab es in der ersten Periode den geforderten Zukunftsmarkt. In der Realität existieren zwar für eine ganze Reihe von Gütern Zukunftsmärkte – aber insgesamt nur für einen verschwindend kleinen Teil.

Die Frage, ob die Eigenschaft von Marktgleichgewichten, Pareto-optimal zu sein, auch unter weniger restriktiven Bedingungen zutrifft, wurde in den letzten Jahren intensiv untersucht. Es wurde das Konzept eines temporären Gleichgewichtes entwickelt, in dem je Periode nur Gegenwartsmärkte bestehen; intertemporäre Transfers erfolgen durch Geldhaltung. Die Eigenschaften solcher Gleichgewichte werden stark von der Erwartung über die Preise in der Zukunft bestimmt. Je nach dem, welche Erwartungen herrschen, ergeben sich unterschiedliche Lösungen. Ein Marktgleichgewicht ist dadurch in der Regel nicht Pareto-optimal.

Dies führt zur Frage, ob allein Erwartungsfehler für Ineffizienzen des Marktmechanismus verantwortlich sind. Um dies zu beantworten, ist es sinnvoll, zu analysieren, welche Eigenschaften ein Marktgleichgewicht mit korrekten, sichselbst bestätigenden Preiserwartungen aufweist. Falls die Preiserwartungen korrekt sind und kein Risiko über zukünftige Ereignisse besteht, ist ein Marktgleichgewicht bereits Pareto-optimal, sofern je Periode jeweils für mindestens ein Gut ein Zukunftsmarkt existiert. Bei Unsicherheit über zukünftige Ereignisse müßten zusätzlich Märkte für jeden möglichen Umweltzustand bestehen. Wenn diese Bedingungen nicht erfüllt sind, ist ein Marktgleichgewicht in der Regel nicht Pareto-optimal.

Betrachten wir eine Welt mit 2 Haushalten und 2 Gütern X,Y über 2 Perioden, in der aus irgendwelchen institutionellen Gründen überhaupt keine Zukunftsmärkte existieren. Wir nehmen an, daß die Güter nicht gelagert werden können. Dies bedeutet, daß ein intertemporaler Einkommenstransfer überhaupt nicht möglich ist (die folgenden Ausführungen sind jedoch auch unter weit weniger restriktiven Annahmen gültig, sofern die zukünftigen Ereignisse unsicher sind). Ohne Zweifel könnten in einem solchen Fall Marktgleichgewichte für jede einzelne Periode nicht das Optimum verwirklichen, das möglich wäre, wenn auch entsprechende intertemporale Tauschmöglichkeiten bestünden und es wäre unsinnig, das tatsächliche Marktergebnis an einem solchen "first-best"-Optimum zu messen.

Viel interessanter ist die Frage, ob ein Planer, der den gleichen Beschränkungen unterliegt (also auch keinen intertemporalen Transfer herbeiführen kann), das Marktgleichgewicht verbessern kann, oder ob das Gleichgewicht in einem eingeschränkten, schwächeren Sinn (also gegeben die beschriebene Restriktion) Pareto-optimal ist. Es läßt sich recht einfach zeigen, daß letzteres nicht zutrifft:
Wenn keine Zukunftsmärkte existieren und die Nutzenfunktionen der beiden Haushalte die Form

$$u_h = u_h(x_h^1, y_h^1) + \frac{1}{1+\beta_h} u_h(x_h^2, y_h^2) \quad h = 1, 2;$$

(mit x_h^t als Konsum des Haushalts h von Gut X in Periode t) aufweisen, lassen sich die Marktgleichgewichte in jeder Periode durch zwei getrennte Edgeworth-Boxen darstellen.

Angenommen, es sind in jeder Periode 2 Marktgleichgewichte möglich (A und B oder C und D in Abbildung 6.11 mit den jeweiligen relativen Preisen p_A, p_B, p_C, p_D).

Wenn in der ersten Periode die Haushalte beim Preis p_A für die Folgeperiode den Preisvektor p_D erwarten, ergibt sich als Gleichgewicht bei sich selbst bestätigenden Erwartungen die Allokation (A,D). In dieser Situation konsumiert Haushalt 1 in der Anfangsperiode von beiden Gütern weniger, in der zweiten mehr als Haushalt 2. Wenn Haushalt 1 jedoch eine wesentlich stärkere Präferenz für Gegenwartskonsum hätte als Haushalt 2, wäre die Allokation (B,C) für beide Haushalte eine Pareto-Verbesserung.

Das Marktgleichgewicht (A,D) ist nicht Pareto-effizient, obwohl die Preiserwartungen der Haushalte korrekt sind. Dieses Marktgleichgewicht, das sich automatisch ergibt, wenn die Haushalte die Preise (p_A, p_D) erwarten, ist also auch nicht in einem beschränkten Sinn optimal. Es gibt aber keine dem Markt inhärenten Kräfte, die die Wirtschaft

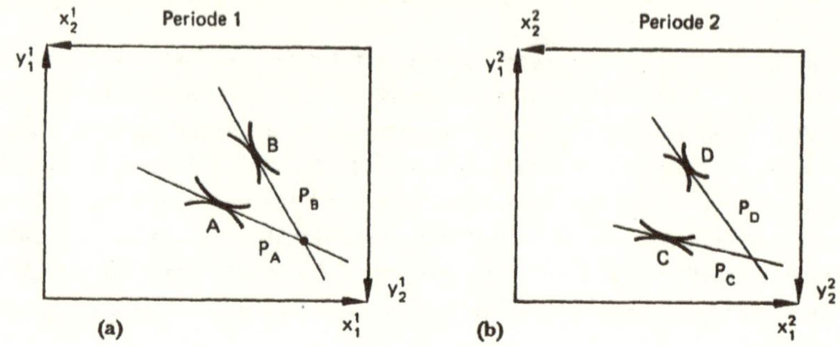

Abbildung 6.11

vom Zustand (A,D) in den Zustand (B,C) lenken könnten: Befindet sich die Wirtschaft einmal im Zustand (A,D), so bleibt sie in diesem inferiorem Gleichgewicht. Ein Planer könnte jedoch selbst bei gegebenen Beschränkungen den Zustand (B,C) verwirklichen (etwa indem er in beiden Perioden jeweils die Preise p_B und p_C festsetzt).

Das Beispiel scheint sehr abstrakt zu sein, doch die Aussage ist allgemein gültig: Wenn es keine vollständige Menge von Zukunftsmärkten gibt, existieren in der Regel multiple Gleichgewichte, die im Sinne von Pareto geordnet werden können. Diese Erkenntnis liefert eine moderne mikroökonomische Fundierung der Keynesianischen Theorie: Der Marktmechanismus kann (etwa aufgrund pessimistischer Erwartungen) einen Zustand herbeiführen, der die Erwartungen selbst bestätigt, obwohl andere mögliche Allokationen für alle Wirtschaftssubjekte besser wären. Das Marktgleichgewicht ist nicht alleine von den Grunddaten (wie Präferenzen, Technologien, Ressourcen) abhängig, sondern auch von den Erwartungen (etwa den "animal spirits" der Investoren).

Die skizzierten Überlegungen basieren auf einem mathematisch anspruchsvollen Ansatz von O. **Hart**, On the Optimum of Equilibrium when the Market Structure is Incomplete, Journal of Economic Theory 11, 1975, S 418 ff.

Weiterführende Argumente finden sich z.B. in D. **Cass**/K. **Shell**, Do Sunspots Matter?, Journal of Political Economy 91, 1983, S. 193 ff. und in B. **Greenwald**/J. **Stiglitz**, Externalities in Economies with Imperfect Information and Incomplete Markets, Quarterly Journal of Economics, Vol. 101, 1986, S. 229-264.

Die dynamische Betrachtung sieht sich in der Regel immer auch mit der Problematik von Risiko und Unsicherheit konfrontiert. Aus analytischen Gründen erweist es sich jedoch als zweckmäßig, die beiden Aspekt (Zeit und Unsicherheit) getrennt voneinander zu behandeln. Deshalb sind wir immer davon ausgegangen, daß die Wirtschaftssubjekt sichere Erwartungen über die Zukunft haben. Die Probleme der Unsicherheit wurden hier nicht betrachtet. Einführungen in die ökonomische Analyse von Unsicherheit finden Sie in:

H.W. **Sinn**, Ökonomische Entscheidungen bei Ungewißheit, Tübingen 1980

J. **Hey**, Uncertainty in Microeconomics, Oxford 1979

K. **Arrow**, Essays on the Theory of Risk-Bearing, Amsterdam 1971

J. **Hirshleifer**/J. **Riley**, The Analytics of Uncertainty and Information – An expository

Survey, Journal of Economic Literature 17, 1979, S. 1375-1421

P. **Diamond**/M. **Rothschild** (eds.), Uncertainty in Economics, New York 1978 (eine Aufsatzsammlung moderner Arbeiten über Unsicherheit in der ökonomischen Theorie)

www.ingramcontent.com/pod-product-compliance
Lightning Source LLC
LaVergne TN
LVHW042240300926
849161LV00003B/411